7가지
동시성 모델

SEVEN CONCURRENCY MODELS
IN SEVEN WEEKS

7가지 동시성 모델 : 프로그래머라면 알아야 할 미래를 품은

초판발행 2016년 7월 15일
2쇄발행 2016년 10월 1일

지은이 폴 부처 / **옮긴이** 임백준 / **펴낸이** 김태헌
펴낸곳 한빛미디어(주) / **주소** 서울시 마포구 양화로 7길 83 한빛미디어(주) IT출판부
전화 02-325-5544 / **팩스** 02-336-7124
등록 1999년 6월 24일 제10-1779호 / **ISBN** 978-89-6848-298-4   93000

총괄 전태호 / **책임편집** 김창수 / **기획** 이상복 / **편집** 이미연 / **교정** 김상수
디자인 표지 김진디자인, 표지일러스트 BRICKS, 내지 여동일, 조판 이경숙
영업 김형진, 김진불, 조유미 / **마케팅** 박상용, 송경석, 변지영 / **제작** 박성우, 김정우

이 책에 대한 의견이나 오탈자 및 잘못된 내용에 대한 수정 정보는 한빛미디어(주)의 홈페이지나 아래 이메일로
알려주십시오. 잘못된 책은 구입하신 서점에서 교환해 드립니다. 책값은 뒤표지에 표시되어 있습니다.

한빛미디어 홈페이지 www.hanbit.co.kr / 이메일 ask@hanbit.co.kr

SEVEN CONCURRENCY MODELS IN SEVEN WEEKS by Paul Butcher

지금 하지 않으면 할 수 없는 일이 있습니다.
책으로 펴내고 싶은 아이디어나 원고를 메일(writer@hanbit.co.kr)로 보내주세요.
한빛미디어(주)는 여러분의 소중한 경험과 지식을 기다리고 있습니다.

프로그래머라면 알아야 할 미래를 품은 **7가지**

동시성 모델

SEVEN CONCURRENCY MODELS
IN SEVEN WEEKS

폴 부처 지음 | **임백준** 옮김

H3 한빛미디어
Hanbit Media, Inc.

지은이 · 옮긴이 소개

지은이 **폴 부처** Paul Butcher

베테랑 개발자. 비트 슬라이스 프로세서용 마이크로코드를 짜는 일부터 고수준 선언형 프로그래밍까지 다양한 추상 계층의 개발 업무를 담당하였다. 스타트업에서 근무한 경험을 바탕으로, 최신 기술로 무장한 여러 팀과 협업하기도 했다. 국내 번역된 저서로는 『Debug It! 실용주의 디버깅』(에이콘, 2010)이 있다.

옮긴이 **임백준** Baekjun.Lim@gmail.com

한빛미디어에서 『나는 프로그래머다 2탄』, 『임백준의 대살개문』, 『팟캐스트 나는 프로그래머다』, 『임백준의 아카 시작하기』, 『폴리글랏 프로그래밍』, 『누워서 읽는 퍼즐북』, 『프로그래밍은 상상이다』, 『뉴욕의 프로그래머』, 『소프트웨어 산책』, 『나는 프로그래머다』, 『누워서 읽는 알고리즘』, 『행복한 프로그래밍』을 출간했고, 로드북에서 『프로그래머 그 다음 이야기』를 출간했다. 삼성SDS, 루슨트 테크놀로지스, 도이치은행, 바클리스, 모건스탠리 등에서 근무했고, 현재는 맨해튼에 있는 스타트업 회사에서 분산처리, 빅데이터, 머신러닝과 관련된 업무를 수행하고 있다. ZDNet Korea와 한겨레신문에 정기적으로 칼럼을 기고하고 있고, 〈나는 프로그래머다〉 팟캐스트 방송 호스트로 활약 중이다.

옮긴이의 말

월스트리트의 회사에서 실시간 거래 시스템을 열심히 개발하고 있던 무렵이었다. 자바 언어로 개발된 클라이언트와 서버 코드는 이곳저곳에 스레드와 잠금장치를 사용했다. 2000년대 중반이었기 때문에 더그 리가 작성한 동시성 패키지가 뜨거운 환영을 받던 시절이었다. 포크/조인 스레드 풀이 등장했을 때는 JVM에서 동시성과 병렬성 문제가 모두 해결되었다는 성급한 전망이 나오기도 했다.

하지만 자바 동시성에 대한 브라이언 괴츠의 책이 시장을 강타하면서 개발자들은 망연자실했다. JVM 언어를 사용하는 개발자에게 국한된 이야기가 아니었다. '스레드와 잠금장치를 이용해서 코드를 작성하는 것이 이렇게 어렵고 복잡한 일이었던가!!' 하는 탄식과 깨달음이 쏟아졌고, 사람들은 자기 회사에서 사용하고 있는 코드가 멀티스레드 지원이라는 관점에서 보았을 때 완전히 엉망인broken 코드라는 사실을 알게 되었다.

나는 이런 업계의 흐름을 거의 정확히 따랐다. 어느 순간 스레드와 잠금장치를 이용한 코드의 정확성을 확신할 수 없게 되면서 새로운 방법론에 대한 열망을 품게 되었다. 그 무렵에 잠금장치가 없는 자료구조lock-free data structure, 소프트웨어 트랜잭션 메모리STM, 그리고 액터actor 모델이 주목을 받기 시작했다. 이런 방법론을 검토하던 나는 액터 모델에 매력을 느꼈고, 그때 이후로 계속 아카AKKA 라이브러리를 사용하고 있다.

코드에 synchronized 키워드를 사용하거나 스레드와 관련된 구조물을 직접 사용하는 개발자가 있으면 액터를 이용해서 코드를 다시 작성하라고 말할 정도로 액터 모델을 새로운 대안으로 신뢰하고 있다. 그리고 지금까지 그런 판단과 결정은 대단히 성공적이었다. 폴 부처의 책은 액터 모델을 포함하여 동시성이나 병렬성을 지원하기 위한 다양한 방법론을 설명하고 있다. 사용하고 있는 언어가 무엇이든 간에 아직도 스스로 잠금장치, 세마포어, 뮤텍스 등을 만들고 있는 개발자라면 이 책을 반드시 읽어야 한다.

멀티코어, 멀티스레딩, 동시성, 병렬성과 같은 주제가 나오면 머리가 복잡해지는 초보 개발자도 이책을 반드시 읽어야 한다. 이 책에 등장하는 개념을 모두 이해할 필요도 없고, 이 책에서 사용하는 언어인 클로저나 엘릭서를 알아야 할 필요도 없다. 그냥 눈길이 가는 대로, 이해할 수 있는 만큼 편한 마음으로 읽으면 충분하다. 오늘날 동시성과 분산 컴퓨팅 개념을 제대로 이해하지 못하는 개발자는 1990년대 개발자가 인터넷 개념을 모르는 것과 마찬가지다. 공부라고 생각하지 말고 상식의 지평을 넓힌다는 마음가짐으로 이 책을 읽기 바란다. 7주가 눈깜빡할 새에 지나갈 것이다.

뉴저지에서_ **임백준**

수십 년 동안, 프로그래머들은 스레드와 잠금장치로 동시성과 병렬성을 다뤄왔다. 하지만 이 모델은 『7가지 동시성 모델』에서 상세히 다룬 모델 중 하나일 뿐이다. 액터, CSP, 데이터 병렬성, 함수형 프로그래밍, 클로저의 통합 승계 모델을 지원하는 언어로 성공하길 원한다면, 이 책을 읽으라.

Cognitect 공동설립자_ **스튜어트 할로웨이**

장치에 더 많은 코어가 필요할수록 동시성을 이해하는 것은 이전보다 더 중요해진다. 이 책은 동시성을 위한 함수형 프로그래밍의 문제점은 무엇인지, 어떻게 액터가 분산 소프트웨어를 작성하는 데 활용할 수 있는지, GPU를 활용한 병렬 프로세스로 어떻게 빅데이터를 처리할 수 있는지 알아볼 것이다. 이 책은 소프트웨어를 작성하기 위한 여러분의 도구상자를 확장할 것이며, 그 덕에 여러분은 다가올 수년을 대비할 수 있을 것이다.

엘릭서 창시자_ **조제 발링**

세상은 변하고 있다. 모든 프로그래머는 동시성 프로그래밍에 대한 사고를 배워야 한다. 이제 여러분이 "어떻게 그렇게 하나요?"라고 물으면 자신 있게 제안할 책이 생겼다. 나는 이 책으로 많은 것을 배웠고 이 책을 추천할 수 있어서 기쁘다.

Red Hat 자바 리드 엔지니어_ **앤드루 헤일리**

암달의 법칙이 무어의 법칙보다 주목받으면서, 객체 지향 프로그래밍에서 동시성 지향 프로그래밍으로 변화하고 있다. 폴은 여러분에게 가장 효과적인 방식으로 동시성 모델을 설명하는 훌륭한 일을 해냈다. 여러분이 멀티코어 시대에 소프트웨어를 개발한다면 이 책은 반드시 읽어야 한다.

Erlang Solutions 설립자&기술 담당자_ **프란체스코 체사리니**

동시성과 병렬성의 차이에 대한 명료한 설명은 나로 하여금 눈을 번쩍 뜨게 했다. 『7가지 동시성 모델』은 설명과 실습 사이에 훌륭한 조화를 이루고 있다.

Dressipi CTO_ **프레더릭 청**

이 책을 통해 폴은 동시성 및 병렬 처리에 대한 접근 방식을 명확하고 매력적인 방법으로 훌륭하게 소개하고 있다.

ARM GPU 아키텍트_ **숀 엘리스**

복잡한 주제에 대한 간단한 접근이다. 동시성 모델에 대한 대학 강의 교재로 활용하기에 충분하다.

Groupon 안드로이드 개발자_ **카를로스 세사**

폴 부처는 많은 개발자들이 자신이 만든 소프트웨어에서 동시성을 다룰 수 있도록 실제 프로그래밍 패러다임의 명확한 설명을 제공한다.

SwiftKey 소프트웨어 엔지니어_ **파이디 크리드**

폴이야말로 프로그래밍 언어의 설계와 구조에 대한 진정한 권위자다. 이 책에는 현대 소프트웨어 공학에서 다루는 주제에 대한 명쾌한 설명이 담겨 있다.

SwiftKey 공동설립자&CTO_ **벤 메드록**

이 책은 이야기를 전달한다

이야기를 전달한다는 말은 내게 중요한 의미를 갖는다. 서로 상관 없는 일곱 개의 에세이를 들고 와서 "7주에 7개"로 구성된 책 시리즈를 만들 수 있다고 주장하는 사람들을 우리는 수도 없이 되돌려 보냈다. 응집력이 부족한 책은 우리가 만들고자 하는 책이 아니다.

시리즈의 시작인 『브루스 테이트의 세븐 랭귀지』

『프로그래밍 언어를 배우는 효율적인 가이드』에서는 객체 지향 프로그래밍이 한때 의미가 있었지만 최근 소프트웨어 주변에 구축되는 복잡성이 증가하는 점, 멀티코어 아키텍처를 활용하는 동시성이 요구되는 점에 주목했다. 그래서 함수형 프로그래밍 언어가 출현하여 우리가 매일 작성하는 프로그램의 모습을 바꾸어 놓을 것이라는 이야기를 풀어내었다. 폴 부처는 그 책을 가장 효과적으로 검토한 사람이었다. 우리의 관계가 4년 동안 지속되면서 나는 그 이유를 깨닫게 되었다.

폴은 실제 비즈니스 애플리케이션에 확장성 있는 동시성을 적용하는 데 앞장서고 있다. 『브루스 테이트의 세븐 랭귀지』를 읽고, 그는 중요하고 복잡한 어떤 문제에 대해서 언어 수준의 해답을 내놓을 수 있다는 아이디어를 얻었다. 2년 정도가 지난 후, 폴은 우리에게 자기 책을 써보고 싶다고 했다. 그는 이야기 전체에서 언어가 중요한 역할을 담당하겠지만 겉모습에 불과하다고 말했다. 커다란 병렬 문제를 확장성 있는 방식으로 해결하기 위해 현대 애플리케이션이 사용하는 핵심 도구들을 누구나 쉽게 이해할 수 있는 말로 설명하여 이야기를 완결 짓고 싶어 했다.

우리는 처음엔 조금 망설였다. 이런 책은 정말 쓰기 어렵기 때문이었다. 글을 쓰는 과정이 다른 책보다 오래 걸릴 뿐만 아니라 실패할 확률도 높았다. 게다가 폴이 선택한 대상은 공략하기 어려운 거대한 공룡이었다. 그래도 우리는 하나의 팀으로 뭉쳐서 싸우고 연구함으로써 폴이 처음 제안한 목차에서 더 그럴듯한 줄거리를 만들어냈다. 완성된 페이지가 늘어날수록 폴은 기술에만 뛰어난 것이 아니라 이 주제를 다루기에 충분한 열정이 있음이 드러났다. 그리하여 우리는 이 책이 정말 적절한 시점에 쓰여진 특별한 책이라는 사실을 깨닫게 되었다. 책을 읽다 보면 이 말의 의미를 알게 될 것이다.

현재 동시성 문제를 해결하기 위해 가장 널리 사용하고 있는 스레드와 잠금장치에 대한 설명을 들으면 두려움이 엄습할지도 모른다. 하지만 책을 읽을수록 그런 해결책이 어떤 한계를 지니고 있는지, 그런 한계를 어떻게 극복할 수 있는지 알게 될 것이다. 폴은 가장 대중성 있는 소셜 네트워크 회사에서 사용하는 람다 아키텍처에서부터 가장 크고 안정적인 텔레콤 회사에서 사용하는 액터 기반 모델에 이르기까지 다양한 대안을 설명할 것이다. 이런 과정에서 자바에서 클로저 그리고 얼랭에 기반을 둔 엘릭서에 이르기까지 다양한 언어 선택에 대해서도 설명할 것이다. 이 모든 과정에서 폴은 우리가 다루는 기술을 속속들이 꿰뚫고 있는 내부자의 관점을 견지하며 여러분이 복잡한 동시성의 길을 헤치고 나아갈 수 있도록 안내해줄 것이다.

『7가지 동시성 모델』을 여러분 앞에 내놓는 것이 대단히 기쁘다. 내가 그랬던 것만큼, 여러분도 이 책에서 값진 보석을 캐내기를 희망한다.

icanmakeitbetter.com CTO

7주에 7개 시리즈 편집자_ **브루스 테이트**

감사의 말

내가 이 책을 쓰기로 계약했다고 말하자 한 친구가 내게 이렇게 물었다. "첫 번째 책을 쓰면서 고생했던 것을 잊을 만큼 오랜 시간이 흐른 거니?" 이 말을 듣고 나는 두 번째 책을 쓰는 것은 더 쉬울 것이라고 믿은 내 생각이 순진한 것임을 깨달았다. 7주에 7개 시리즈보다 더 쉬운 형식을 선택했더라면 그런 내 믿음이 옳았을 수도 있었을 텐데.

이 시리즈의 편집자인 브루스 테이트와 개발 편집자 재키 카터의 지원이 없었더라면 이 책을 완성하지 못 했을 것이다. 중간에 어려운 순간이 있었음에도 끝까지 나와 함께 해주며 격려해준 두 사람에게 깊은 감사의 말을 전한다. 그리고 이 시리즈에 기여할 수 있도록 기회를 열어준 데이브와 앤디에게도 고마움을 전한다.

초벌 원고를 읽고 많은 사람이 다양한 조언과 피드백을 주었다. 그들은 (순서 없이) 사이먼 하디-프랑시스, 샘 할리데이, 마이크 스미스, 닐 엑클스, 매튜 루디 제이콥스, 조 오스본, 데이브 스트라우스, 데릭 로, 벤 코핀, 키트 스미서스, 앤드류 이코트, 프리랜드 애벗, 제임스 에일리, 매튜 월슨, 심스 도슨, 더그 오르, 요나스 보네어, 스튜 할로웨이, 리치 모린, 데이비드 휘태커, 보 라이드버그, 제이크 굴딩, 아리 골드, 후안 마누엘 기메노 일라, 스티브 바셋, 노버토 오티고자, 루시아노 라말호, 시바 자야라만, 숀 페리, 그리고 조 반더워프다.

이 책의 기술 검토자인 (역시 순서 없이) 카를로스 세사, 데니 우즈, 벵캇 수브리마니암, 사이먼 우드, 페이디 크리드, 이안 롤리, 앤드류 톰슨, 앤드류 헤일리, 숀 엘리스, 제프리 클레멘츠, 로렌 샌즈-램쇼, 그리고 폴 헛슨에게 특별한 고마움을 전한다.

끝으로 내 친구들, 동료들, 그리고 가족에게 고마움과 사과를 동시에 전하고 싶다.

여러분의 지원과 격려에 고마움을 전한다. 그리고 18개월 동안 집필 하나만 생각하느라 다른 일에는 신경 쓰지 못한 것에 미안함을 전한다.

이 책에 대하여

1989년에 나는 병렬 분산 컴퓨팅 분야의 박사 과정을 밟고 있었다. 동시성 프로그래밍이 곧 주류가 될 것이라고 확신했지만 내 생각이 맞았음이 밝혀지기까지 20년이라는 오랜 시간이 흘렀다. 그 긴 시간이 흐른 지금에야 멀티코어에 대한 이야기와 그들을 어떻게 활용할 것인가에 대한 이야기가 세상을 뒤덮고 있는 것이다.

그렇지만 동시성이라는 개념은 멀티코어를 어떻게 최대한 활용할 것인가라는 질문을 뛰어넘는다. 동시성을 제대로 구현하는 것은 반응성responsiveness, 장애 허용, 효율성, 그리고 단순성이라는 목적을 구현하는 열쇠를 제공한다.

이 책의 구성

이 책은 프로그마틱 북셀프스의 7주에 7개 시리즈의 형식을 따른다. 『7주에 7개의 언어』[1], 『7주에 7개의 데이터베이스』, 『7주에 7개의 웹프레임워크』 등이 시리즈에 속한 책들이다. 이 책에서는 동시성에 대한 폭넓은 시야를 제공하기 위해서 7개라는 접근 방식이 채택되었다. 이미 주류인 내용과 함께 현재 빠른 속도로 주류로 부상하고 있는 내용을 다루고, 영원이 주류가 될 것처럼 보이지는 않지만 어느 한 틈새시장에서는 엄청나게 강력한 기능을 제공할 수 있는 것들도 다룬다. 나의 바람은 이 책을 읽은 독자가 특정한 동시성 문제를 해결하기 위해서 어떤 동시성 도구를 사용해야 할지 판단할 수 있도록 만드는 것이다.

각 장은 하루에 읽을 수 있는 내용을 3개씩 포함하고 있어 금요일부터 일요일까지 3일이면 읽을 수 있다. 각 절은 매일 그날 배운 내용을 검토할 수 있도록 연습문제와 함께 끝난다. 그리고 각 장 끝에는 본문에서 다룬 접근 방식에 대한 장점과 단점을 정리하였다.

책을 읽다 보면 약간 지나치다 싶을 정도로 철학적인 내용도 나타나지만 이 책의 초점은 실전적인 예제 코드를 기본으로 하고 있다. 책을 읽는 동안 예제 코드를 반드시 공부할 것을 권장한다. 실제로 동작하는 코드보다 더 확실한 공부는 없는 법이다.

....

1 역자주_ 한국어판 도서명 『브루스 테이트의 세븐 랭귀지』

이 책에서 다루지 않는 것

이 책은 참고서가 아니다. 이 책은 언어에 대한 책이 아니라 동시성에 대한 책이기 때문에 여러분이 낯설게 느낄지도 모르는 클로저와 엘릭서를 사용할 것이다. 일일이 자세한 설명 없이 이런 언어들의 기능을 사용하는 경우도 있을 것이다. 문맥을 따라가는 과정에서 그런 것들이 모두 명확하게 이해될 것이라고 생각한다. 그렇지만 더 깊고 자세한 이해가 필요한 사람은 웹 검색 등을 이용해 스스로 노력해야 할 것이다.

이 책은 설치 매뉴얼도 아니다. 예제 코드를 실행하려면 다양한 도구를 설치하고 실행해야 한다. 예제 코드에 포함된 README 파일에서 힌트를 제공해주지만 여러분이 직접 수행해야 하는 부분이 많다. 코드 전체를 만들기 위해서 가능한 한 가장 널리 사용되는 도구를 사용했으므로 중간에 막힌다면 인터넷에서 손쉽게 도움을 얻을 수 있을 것이다.

끝으로 이 책은 모든 내용을 완벽하게 담고 있지 않다. 모든 주제를 자세하게 설명할 공간이 부족했다. 어떤 측면은 간단히 언급만 하고 넘어가거나 아예 다루지 않았다. 때로는 그렇게 하는 것이 초보자가 내용을 이해하는 데 도움이 되리라고 판단하여 일부러 가장 좋은 코드로 작성하지 않은 경우도 있다. 이 책에서 다룬 기술 중에서 어느 하나를 깊이 있게 학습해보고 싶은 사람은 해당 주제를 더 자세하게 다룬 교재를 찾아보기 바란다.

예제 코드

이 책에 담긴 코드는 한빛미디어 홈페이지(http://www.hanbit.co.kr/exam/2298)에서 내려받을 수 있다. 각 예제는 소스 코드뿐만 아니라 빌드할 수 있는 도구까지 포함하고 있다. 도구는 가장 널리 사용되는 도구로 선택했다(자바는 메이븐, 클로저는 Leiningen, 엘릭서는 믹스, 스칼라는 SBT, 그리고 C는 GNU Make).

대개 이런 도구들은 단순히 소스 코드를 컴파일하는 데 그치지 않고 뭔가 필요한 다른 것들을 자동으로 내려받는다. SBT와 Leiningen의 경우에는 적절한 버전의 스칼라 혹은 클로저 컴파일러를 내려받을 것이다. 따라서 이런 빌드 도구를 제대로 설치하면 충분하다. 이 외에 필요한 설명은 모두 인터넷에 있다.

한 가지 예외는 7장 '데이터 병렬성'에서 사용한 C 코드다. 이 코드를 위해서는 자기가 사용하는 운영체제와 그래픽카드를 위한 OpenCL 툴킷을 설치해야 한다(맥을 사용하는 경우는 Xcode가 필요한 내용을 다 포함한다).

• IDE 사용자

빌드 시스템은 모두 명령줄에서 실행되고 테스트되었다. IDE를 사용하는 사람이라면, 해당 빌드 도구를 IDE에 통합할 수 있을 것이다. 대부분의 IDE는 이미 메이븐을 통합하고 있고, SBT나 Leiningen은 플러그인을 통해 대부분의 IDE 내에서 프로젝트를 생성할 수 있다. 하지만 이런 방식은 내가 직접 테스트하지 않기 때문에 그냥 명령줄을 이용하는 것이 더 편할지도 모르겠다.

• 윈도우 사용자

예제 코드는 모두 OS X과 리눅스에서 테스트되었다. 윈도우에서도 원활히 동작할 것이지만 내가 직접 테스트하지는 않았다.

온라인 리소스

이 책에서 사용한 앱과 예제는 프라그마틱 프로그래머스의 웹 사이트(http://pragprog.com/book/pb7con/)에서 찾아볼 수 있다. 커뮤니티 포럼과 잘못된 내용을 보고할 수 있는 폼도 있다. 텍스트에 담긴 문제나 미래의 버전을 위한 제안도 할 수 있다.

폴 부처
텐 텐스 컨설팅
paul@tententhsconsulting.com

CONTENTS

CHAPTER 1 서문

CONTENTS

CHAPTER 3 함수형 프로그래밍

CONTENTS

CHAPTER **4 클로저 방식 – 아이덴티티를 상태에서 분리하기**

CHAPTER **5** 액터

CONTENTS

CHAPTER 6 순차 프로세스 통신

CONTENTS

CHAPTER **7** 데이터 병렬성

CHAPTER **8 람다 아키텍처**

CONTENTS

CHAPTER **9 마치며**

서문

동시성 프로그래밍은 새롭게 등장한 개념은 아니지만 최근에 뜨거운 주제로 떠오르고 있다. 요즘에는 얼랭, 하스켈, 고^{Go}, 스칼라, 클로저 같은 언어들이 동시성에 탁월한 지원을 하기 때문에 더욱 주목받고 있다. 이렇게 동시성에 대한 관심이 급증하는 배후에는 '멀티코어의 위기'가 자리하고 있다. 무어의 법칙에 따라 칩 하나에 들어가는 트랜지스터의 수는 계속 증가해왔는데,[1] 최근 들어서 우리는 하나의 CPU 속도가 빨라지는 것이 아니라 컴퓨터에 들어가는 코어의 개수가 늘어나는 것을 알게 되었다.

허브 서터$^{Herb\ Sutter}$가 말한 것처럼 "공짜 점심은 끝났다".[2] 단순히 더 빠른 하드웨어가 출시되기를 기다리기만 하면 소프트웨어의 속도를 향상시킬 수 있던 시대는 지나갔다. 이제는 여러 개의 코어, 즉 병렬성을 활용해야 하는 것이다.

1.1 동시성 혹은 병렬성?

이 책은 동시성에 대한 책인데, 왜 병렬성에 대한 이야기를 하고 있는가? 이 두 개념은 종종 비슷한 의미로 사용되지만, **동시적**이라는 말과 **병렬적**이라는 말은 서로 다른 개념이다.

---

1 http://en.wikipedia.org/wiki/Moore's_law
2 http://www.gotw.ca/publications/concurrency-ddj.htm

1.1.1 비슷하지만 다른

동시적 프로그램은 여러 개의 논리적 **통제 흐름**threads of control을 갖는다. 이러한 논리적 흐름, 즉 스레드는 병렬로 실행될 수도 있고 그렇지 않을 수도 있다.

이에 비해서 **병렬적** 프로그램은 계산에 필요한 부분을 한꺼번에 (병렬로) 실행함으로써 순차적 프로그램보다 빨리 동작할 가능성이 있다. 프로그램에서 사용하는 논리적 통제 흐름은 하나가 될 수도 있고 그 이상일 수도 있다.

이러한 차이를 이해하는 또 다른 방식은 동시성이라는 문제 자체가 가진 속성에 있다고 생각한다는 점이다. 동시성 프로그램은 여러 사건을 한꺼번에(혹은 거의 한꺼번에) 처리해야 하는 요구사항을 갖는다. 이에 비해서 병렬성은 문제가 아닌 해법이 가진 속성이므로, 프로그램 내의 각기 다른 부분을 병렬로 실행함으로써 해법 자체의 처리 속도를 더 빠르게 한다.

롭 파이크Rob Pike는 이렇게 말했다.

> *동시성은 여러 일을 한꺼번에 다루는 데 관한 것이다.*
> *병렬성은 여러 일을 한꺼번에 실행하는 데 관한 것이다.*

그렇다면 이 책은 동시성에 대한 책인가, 아니면 병렬성에 대한 책인가?

동시성 혹은 병렬성?

내 아내는 교사다. 다른 교사들과 마찬가지로 그녀는 멀티태스킹에 능숙하다. 어느 한 시점에서 보면 그녀는 한 가지 일을 수행하지만, 언제나 여러 일을 한꺼번에 다루어야 한다. 한 학생이 책을 읽는 것을 듣는 동시에, 떠들썩한 교실을 진정시키거나 다른 학생의 질문에 답을 주는 식이다. 이것은 동시성이지 병렬성은 아니다. 즉, 내 아내는 한 명뿐이다.

그녀를 돕는 조교가 같이 있다면 (한 사람이 책 읽는 걸 듣고 지도하는 동안, 다른 사람은 질문에 답하는 식으로) 동시성과 병렬성이 모두 가능해진다.

아내의 학급이 연하장 카드를 디자인해서 생산한다고 생각해보자. 학생 한 명당 다섯 개씩 만들도록 할당하는 방법을 쓸 수 있을 것이다. 이렇게 하는 것은 (상위의 수준에서 바라보았을 때) 카드를 만드는 한 가지 일만 일어나므로 병렬적이지만 동시적인 것은 아니다.

1.1.2 순차적 프로그래밍을 넘어서

병렬성과 동시성이 공유하는 속성은 작업이 한 번에 하나씩 순서대로 이루어지는 전통적인 순차적 프로그래밍 모델을 넘어선다는 데 있다. 이 책에서 우리는 병렬성과 동시성을 함께 공부할 것이다.

동시성과 병렬성이 혼동되는 이유는 전통적으로 사용하는 스레드와 잠금장치는 병렬성을 직접 지원하지 않기 때문이다. 이러한 스레드와 잠금장치를 이용해서 멀티코어를 활용하는 유일한 방법은 동시적인 프로그램을 작성해 병렬로 동작하는 하드웨어에서 실행하는 것이다.

하지만 이렇게 하는 것이 쉽지 않은 이유는 동시적인 프로그램은 기본적으로 비결정적 nondeterministic이기 때문이다. 사건이 일어나는 시점, 즉 타이밍에 따라서 결과가 달라진다. 문제 자체가 본질적으로 동시적 프로그램을 작성하는 경우에는 비결정적인 동작을 자연스럽고 당연한 것으로 받아들인다. 반면 병렬성은 비결정성을 내포하지 않는다. 예컨대 배열에 담겨 있는 모든 숫자에 2를 곱하는 동작은, 배열의 절반은 한 코어에서 처리하고 나머지 절반은 다른 코어에서 처리한다는 이유만으로 결과가 달라지지 않는다(적어도 그래선 안 된다). 명시적으로 병렬성을 지원하는 언어들은 비결정성이라는 유령을 두려워하지 않고 병렬 코드를 작성하는 방법을 제공한다.

1.2 병렬 아키텍처

병렬성에 대해 이야기하다 보면 보통 여러 개의 코어를 떠올리지만, 현대 컴퓨터는 코어뿐만 아니라 여러 수준에서 다양한 병렬성을 지원한다. 최근에 이르기까지 개별 코어의 속도가 무어의 법칙에 맞춰 빨라질 수 있던 이유는 하나의 코어 내부에 비트와 명령어 수준에서 병렬로 처리되는 추가적인 트랜지스터를 사용할 수 있었기 때문이다.

1.2.1 비트 수준 병렬성

32비트 컴퓨터가 8비트 컴퓨터보다 빠른 이유는 무엇일까? 그것은 바로 병렬성 때문이다. 8비트 컴퓨터가 32비트 수를 더하고 싶으면 8비트 명령들의 수열을 생성해야 한다. 이에 비해서 32비트 컴퓨터는 각각 4바이트(32비트) 수를 병렬로, 즉 한 번의 단계로 처리할 수 있다.

그렇기 때문에 컴퓨터의 역사는 8비트에서 16비트로, 다시 32비트로, 그리고 최근에 와서 64비트 아키텍처로 발전해왔다. 그렇지만 이러한 병렬성으로 얻을 수 있는 이점에는 일정한 한계가 있으므로, 128비트 컴퓨터를 만나려면 아마 시간이 좀 걸릴 것이다.

1.2.2 명령어 수준 병렬성

현대 CPU는 **파이프라이닝**pipelining, **비순차 실행**out-of-order execution, **추측 실행**speculative execution 등의 기법을 이용하며 매우 병렬적이다.

보이지 않는 곳에서는 프로세서가 이런 작업을 병렬로 처리하지만, 겉으로는 모든 것이 정해진 순서대로 동작하는 것처럼 보이기 때문에 프로그래머들은 이런 사실을 무시해도 된다.

하지만 이런 눈속임은 때로는 바깥으로 정체를 드러내기도 한다. 프로세서를 만드는 사람들은 하나의 코어를 더 이상 빨라지게 할 방법을 찾을 수 없게 되었다. 그래서 여러 개의 코어가 협업하는 시대로 진입할 수밖에 없었고, 이제 우리는 이런 병렬성으로 인해서 명령어들이 순서대로 동작하지 않는 상황을 걱정하게 되었다. 이런 부분에 대해서는 2.2.4절 '메모리 가시성'에서 좀더 자세히 이야기하게 될 것이다.

1.2.3 데이터 병렬성

데이터 병렬(SIMDsingle instruction multiple data라고도 한다) 아키텍처는 대량의 데이터에 대해 똑같은 작업을 병렬적인 방식으로 수행하는 것을 가능하게 한다. 이렇게 하는 것이 모든 종류의 문제에 대한 해법은 아니지만, 적당한 환경에서 사용하면 매우 효율적이다.

이런 데이터 병렬성을 제공하기에 적합한 대상으로 이미지 처리가 있다. 예를 들어 이미지의 밝기를 환하게 조절하려면 우리는 각 픽셀의 밝기를 조절해야 한다. 이러한 이유로 현대의 GPUgraphics processing unit는 지극히 강력한 데이터 병렬 처리기로 진화해왔다.

1.2.4 태스크 수준 병렬성

끝으로, 대부분의 사람들이 병렬성이라는 말을 들을 때 떠올리는 멀티프로세서에 대해 알아보자. 프로그래머의 관점에서 보았을 때 멀티프로세서 아키텍처가 지닌 가장 중요하고 특징적인 부분은 메모리 모델, 그중에서도 특히 메모리가 공유되는지 아니면 분산되는지 등과 관련된 내용이다.

공유 메모리 멀티프로세서에서는 각 프로세서가 메모리의 모든 부분에 자유롭게 접근할 수 있고, 프로세서 사이의 커뮤니케이션은 [그림 1-1]과 같이 주로 메모리 자체를 통해서 이루어진다.

그림 1-1 공유 메모리

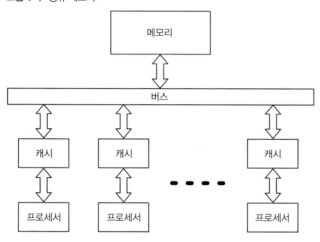

[그림 1-2]는 **분산 메모리** 시스템을 보여준다. 여기에서는 프로세서가 저마다의 메모리를 가지고 있으며, 프로세서 사이의 커뮤니케이션은 주로 네트워크를 통해 이루어진다.

그림 1-2 분산 메모리

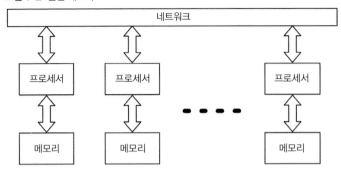

네트워크를 이용하는 경우보다 메모리를 통해서 수행하는 커뮤니케이션이 더 빠르고 간단하기 때문에, 공유 메모리 멀티프로세서를 위한 코드를 작성하는 것이 더 쉽다. 하지만 프로세서가 일정한 수를 넘어서면 공유 메모리는 병목 현상이 생기므로, 이때부터는 분산 메모리를 사용할 수밖에 없다. 하드웨어의 결함에 대비한 장애 허용^{fault tolerant} 시스템을 구축하려 하는 경우에도 분산 메모리는 불가피하다.

1.3 동시성: 멀티코어를 넘어서

동시성이라는 것은 단순히 병렬성을 활용하는 것 이상을 의미한다. 정확하게 구현된 동시성은 소프트웨어에 대해 반응성이 높고, 장애를 허용하며 효율적이고 간단하게 만들어준다.

1.3.1 동시적인 세계에 맞는 동시적 소프트웨어

실세계는 동시적이다. 따라서 소프트웨어가 세상과 효과적으로 상호작용하도록 만들려면 소프트웨어도 동시적일 필요가 있다.

요즘 우리가 사용하는 스마트폰은 음악을 틀고, 네트워크와 통신하고, 화면을 터치하는 우리의 손가락을 감지하는 일을 동시에 수행할 수 있다. IDE는 우리가 키보드를 두드리는 동안 백그라운드에서 작성된 코드의 문법을 검사할 수 있다. 비행기에서 사용하는 비행 관리 시스템은 센서를 모니터하고, 파일럿에게 정보를 보여주고, 명령을 받아들이고, 조종면[3]을 조작하는 일을 동시에 한다.

동시성은 반응형responsive 시스템의 핵심이다. 파일을 백그라운드에서 내려받음으로써 사용자가 한 시간 동안 모래시계 커서를 들여다보지 않게 해준다. 여러 개의 네트워크 연결을 동시에 다룸으로써 웹 서버는 하나의 느린 요청이 다른 요청들에 영향을 주지 않도록 할 수 있다.

1.3.2 분산된 세계에 맞는 분산 소프트웨어

문제를 해결하기 위해 때로는 지리적인 분산이 핵심 역할을 수행하는 경우도 있다. 소프트웨어가 여러 대의 컴퓨터에 분산되어 있고 미리 정해진 특별한 순서에 따라서 동작하는 것이 아니라면 그것은 기본적으로 동시적이다.

분산 소프트웨어는 특히 장애에 강하다는 장점을 가지고 있다. 예를 들어 어떤 한 지역에 발생한 재난이 시스템 전체를 마비시키는 경우를 피하기 위해 시스템의 일부는 유럽의 데이터센터에 두고, 나머지는 미국에 두는 식의 분산을 사용하는 것이다. 이러한 방법은 탄력성resilience이라는 주제로 연결된다.

1.3.3 예측 불가능한 세계에 맞는 탄력적 소프트웨어

소프트웨어에 버그가 있으면 프로그램은 충돌하기 마련이다. 버그가 하나도 없는 완벽한 코드를 작성한다고 해도 그 코드가 실행되는 하드웨어가 장애가 날 수도 있다.

동시성은 독립성과 장애 감지를 통해서 탄력성, 혹은 장애 허용을 가능하게 만든다. 독립성이 중요한 이유는 어느 한 작업에서 발생한 장애가 다른 작업에 영향을 주지 않아야 하기 때문이다. 장애 감지가 중요한 이유는 한 동작이 장애를 일으켰을 때, (충돌하거나 반응이 없기 때문에, 혹은 하드웨어가 장애가 일어난 채 실행되고 있기 때문) 다른 작업에 통지가 전달되어 그에 대한 복구 작업이 일어나도록 만들어야 하기 때문이다.

순차적으로 동작하는 소프트웨어는 동시적인 소프트웨어가 제공하는 수준의 탄력성을 결코 갖출 수 없다.

---

3 역자주_ 방향타, 승강타, 도움날개 등 조작에 따라 움직이도록 설계된 표면

1.3.4 복잡한 세계에 맞는 단순한 소프트웨어

진단하기 어려운 스레딩 버그와 씨름해본 사람이라면 믿기 어려운 말이겠지만, 제대로 선택한 언어와 도구를 사용하면 동시성 코드가 순차적인 코드보다 더 단순하고 명쾌하게 작성될 수 있다.

본래 동시적인 속성을 지닌 실세계의 문제를 해결하고자 할 때 이 말은 더욱 실감이 난다. 실세계의 동시적인 속성을 순차적인 해법에 끼워 맞추기 위해 수행하는 작업은 문제를 야기할 수 있다. 문제가 가진 속성과 동일한 구조를 가진 해법을 사용하여 그런 작업은 아예 불필요하게 만드는 것이 좋다. 여러 문제를 다루는 복잡한 스레드 한 개를 만드는 것보다 하나의 문제를 다루는 스레드를 여러 개 만드는 것이 낫다.

1.4 일곱 가지 모델

동시성과 병렬성에 대한 거시적인 안목을 제공하기 위해서 이 책에서는 다음과 같은 일곱 가지의 모델을 선택했다.

스레드와 잠금장치

스레드와 잠금장치는 문제점이 많지만 이 책에서 설명하는 다양한 모델의 배후에서 동작하는 기본 기술에 해당한다. 많은 동시성 소프트웨어에서 여전히 기본적인 선택으로 활용되고 있다.

함수형 프로그래밍

함수형 프로그래밍은 동시성과 병렬성을 잘 지원할 뿐만 아니라 여러 이유로도 사용이 확산되고 있다. 가변 상태를 원천적으로 제거했기 때문에 함수형 프로그래밍은 기본적으로 스레드-안전을 보장하며 병렬처리가 쉽다.

클로저 방식 – 아이덴티티와 상태 분리하기

클로저 언어는 명령형 프로그래밍과 함수형 프로그래밍을 효과적으로 결합하여 양쪽의 접근 방식이 지닌 장점을 극대화하고 널리 보급했다.

액터

액터 모델은 광범위한 사용처를 가진 범용의 동시성 프로그래밍 모델이다. 공유 메모리와 분산 메모리 아키텍처 양측에서 활용이 가능하고, 지리적 분산을 적극 지원하고, 장애 허용과 탄력성에 대한 지원이 특히 강하다.

순차 프로세스 통신(CSP)

순차 프로세스 통신communicating sequential processes은 겉으로 보면 액터 모델과 공통점이 많다. 둘 다 메시지를 전달하는 방식으로 동작하지만, CSP에서는 커뮤니케이션을 위해 액터 같은 개체가 아닌 채널이라는 개념이 사용되기 때문에, CSP를 사용하는 프로그램은 액터 모델과 전혀 다른 특징을 갖는다.

데이터 병렬성

우리가 사용하는 노트북 내부에는 슈퍼컴퓨터가 숨어 있다. GPU는 주로 그래픽 처리를 위해서 데이터 병렬성을 활용하지만, 그러한 기능은 사실 여러 가지 다른 작업을 위해서 활용될 수 있다. 유한 요소에 대한 분석을 수행하거나, 유체역학 계산을 수행하거나, 기타 엄청난 계산을 요구하는 코드를 작성하는 경우라면 GPU의 성능은 거의 다른 방법 전부를 능가할 것이다.

람다 아키텍처

병렬성이 아니면 빅데이터 처리는 불가능하다. 여러 개의 컴퓨팅 자원을 활용할 수 있을 때에 한해서 우리는 테라바이트에 달하는 데이터를 처리할 수 있다. 람다 아키텍처는 맵리듀스와 스트리밍 프로세스의 장점을 결합해서 다양한 빅데이터 문제를 해결할 수 있도록 해준다.

이러한 모델은 제각각 가장 알맞은 분야가 있다. 각 장을 읽으면서 다음의 질문들을 염두에 두기 바란다.

- 이 모델은 동시성 문제, 병렬성 문제, 혹은 두 개를 모두 해결하는 데 적합한가?
- 이 모델은 어떤 병렬 아키텍처를 타깃으로 삼고 있는가?
- 이 모델은 탄력성을 갖춘 코드, 혹은 지리적으로 분산된 코드를 작성할 때 필요한 도구를 제공하는가?

다음 장에서 우리는 첫 번째 모델인 스레드와 잠금장치에 대해 살펴볼 것이다.

스레드와 잠금장치

스레드와 잠금장치를 이용하는 프로그래밍은 마치 포드 모델 T와 비슷하다. 그 차로 A라는 장소에서 B라는 장소까지 운전해서 갈 수는 있지만 원시적이고 어려운 운전이 될 것이며, 새로운 기술과 비교하면 안전성도 떨어지고 위험하기까지 하다.

이미 알려진 수많은 문제점에도 불구하고 스레드와 잠금장치는 많은 동시성 소프트웨어를 작성할 때 기본 선택이 되고 있으며, 우리가 이 책에서 다루는 많은 다른 모델의 근간이 되기도 한다. 이러한 기능을 직접 사용할 계획이 없더라도 그들이 어떻게 동작하는지는 이해하고 있어야 한다.

2.1 동작하는 가장 단순한 코드

스레드와 잠금장치는 실제 하드웨어가 동작하는 방식을 그대로 옮긴 것과 크게 다르지 않다. 하드웨어와 비슷하다는 것은 엄청난 장점이기도, 엄청난 단점이기도 하다.

이들은 너무 단순하기 때문에, 대부분의 언어가 어떠한 형태로든 이런 기능을 제공하고 있다. 이런 기능을 사용할 때 따르는 제약이 거의 없기 때문에, 실력이 부족한 프로그래머를 보호해주는 기능도 없다. 따라서 이런 기능을 이용해서 정상 동작하는 코드를 작성하는 것 자체가 쉽지 않으며, 그런 코드를 유지보수하는 것은 더더욱 어렵다.

우리는 자바에서 사용하는 스레드와 잠금장치를 설명하겠지만, 기본 원리는 다른 언어에서도 마찬가지다. 1일 차에는 자바에서 사용하는 멀티스레드 코드의 기본 내용과 자주 만나게 되는 함정, 그런 함정을 피하는 데 도움이 되는 규칙 등을 살펴본다. 2일 차에는 이런 기본 내용을 뛰어넘어 java.util.concurrent 패키지에서 제공하는 내용을 살펴본다. 끝으로 3일 차에는 표준 라이브러리에서 제공하는 동시성 자료구조를 몇 개 살펴보고, 실세계에서 만날 수 있는 문제를 해결하기 위해서 그런 구조를 사용해본다.

모범 사례에 대한 한마디

자바에서 제공하는 낮은 수준의 스레드와 잠금장치를 살펴보게 될 것이다. 잘 작성된 현대적인 코드는 2장과 3장에서 설명할 상위 수준의 서비스를 사용하기 때문에, 이런 원시적인 방법을 사용할 일은 거의 없다. 그렇지만 상위 수준의 서비스가 어떻게 동작하는지 제대로 이해하려면 배후에서 동작하는 내용을 정확히 알고 있어야 하기 때문에 먼저 살펴보는 것이다. 하지만 실전 코드에서는 Thread 클래스를 직접 사용할 일은 없다는 점만 기억하기 바란다.

2.2 1일 차: 상호배제와 메모리 모델

동시성 프로그래밍을 조금이라도 해본 사람이라면 상호배제^{mutual exclusion}라는 개념을 알고 있을 것이다. 잠금장치를 사용하는 것은 특정한 데이터에 접근하는 스레드가 한 번에 하나만 존재하도록 강제한다. 경쟁 조건^{race condition}이나 데드락^{deadlock} (이러한 용어가 익숙하지 않아도 걱정할 필요는 없다. 곧 설명할 것이다)처럼 상호배제가 정상 동작하지 못하게 만드는 상태에 대해서도 알고 있을 것이다.

이런 상태는 실제로 심각한 문제기 때문에 자세히 설명할 것이다. 하지만 공유 메모리를 다룰 때는 이런 것들보다 더 중요하고 근본적으로 고민해야 하는 문제가 있는데, 그게 바로 메모리 모델이다. 경쟁 조건이나 데드락이 이상한 문제를 낳는 것처럼 보인다면 메모리 모델이라는 것은 얼마나 기괴한 문제를 낳는지 조금만 기다려보기 바란다.

먼저 스레드에 대해서 알아보도록 하자.

2.2.1 스레드 만들기

자바에서 사용하는 동시성의 가장 기본 단위는 스레드다. 이름에서 알 수 있듯이, 하나의 논리적 흐름을 의미한다. 스레드는 공유 메모리를 이용해서 다른 스레드와 의사소통한다.

프로그래밍을 다루는 책이라면 "헬로 월드"를 출력하는 데서 시작하니까, 일단 멀티스레드 방식으로 작성한 코드를 살펴보기로 하자.

ThreadsLocks/HelloWorld/src/main/java/com/paulbutcher/HelloWorld.java

```java
public class HelloWorld {

  public static void main(String[] args) throws InterruptedException {
    Thread myThread = new Thread() {
      public void run() {
        System.out.println("Hello from new thread");
      }
    };

    myThread.start();
    Thread.yield();
    System.out.println("Hello from main thread");
    myThread.join();
  }
}
```

이 코드는 Thread의 인스턴스를 생성하고 시작한다. 그 시점부터는 스레드의 run() 메서드가 main()의 나머지 부분과 동시에 실행된다. 끝으로 join()은 해당 스레드가 동작을 멈출 때까지(즉, run()이 리턴할 때까지) 기다린다.

이 코드를 실행하면 다음과 같은 결과가 화면에 출력된다.

```
Hello from main thread
Hello from new thread
```

혹은 다음과 같은 결과가 출력될지도 모른다.

```
Hello from new thread
Hello from main thread
```

이런 결과는 어느 스레드의 println()이 먼저 실행되는가에 따라서 달라진다. (내가 수행한 테스트에 의하면 각각의 결과가 50%의 확률로 관찰되었다.) 이와 같이 타이밍에 따라 결과가 달라지는 속성은 멀티스레딩 코드를 어렵게 만드는 부분이다. 코드를 한 번 실행시켰을 때 어떤 결과가 나왔다고 해서 다음에도 똑같은 결과가 나온다는 보장은 없다.

Thread.yield를 사용하는 이유는?

"헬로 월드" 코드는 다음과 같은 줄을 포함하고 있다.

```
Thread.yield();
```

자바 문서에 의하면 yield()는 다음과 같다.

- 현재 실행 중인 스레드가 사용 중인 프로세서를 양보할 용의가 있음을 스케줄러에 알려주는 힌트

이 줄을 포함시키지 않으면 새로운 스레드를 생성하는 데 따르는 오버헤드 때문에 언제나 메인 스레드의 println()이 먼저 실행될 것이다(물론 이런 순서가 보장되는 것은 아니다. 동시성 프로그래밍에서 어떤 동작이 일어날 가능성이 있으면 그것은 언젠가 일어난다. 아마도 가장 좋지 않은 시점에서 말이다).

이 줄을 주석 처리한 다음 어떤 결과가 나오는지 관찰해보기 바란다. 그 줄의 내용을 Thread.sleep(1)로 바꾸면 어떻게 되는가?

2.2.2 첫 번째 잠금장치

여러 개의 스레드가 공유된 메모리에 접근할 때에는 서로 동작이 엉킬 수도 있다. 우리는 한 번에 하나의 스레드만 보유할 수 있는 잠금장치를 사용함으로써 이러한 상황을 피할 수 있다.

서로 상호작용하는 스레드를 두 개 만들어보자.

ThreadsLocks/Counting/src/main/java/com/paulbutcher/Counting.java

```java
public class Counting {
  public static void main(String[] args) throws InterruptedException {
    class Counter {
      private int count = 0;
```

```
    public void increment() { ++count; }
    public int getCount() { return count; }
  }
  final Counter counter = new Counter();
  class CountingThread extends Thread {
    public void run() {
      for(int x = 0; x < 10000; ++x)
        counter.increment();
    }
  }
  CountingThread t1 = new CountingThread();
  CountingThread t2 = new CountingThread();
  t1.start(); t2.start();
  t1.join(); t2.join();
  System.out.println(counter.getCount());
  }
}
```

간단한 Counter 클래스가 두 개의 스레드를 이용하는 코드를 작성했다. 각 스레드는 increment()라는 메서드를 10,000번씩 호출한다. 무척 간단하지만 완전히 고장 난 코드다.

이 코드를 실행하면 매번 다른 결과를 얻게 될 것이다. 내가 실행했을 때는 예를 들어 13850, 11867, 12616이라는 결과가 출력되었는데, 이런 결과가 나오는 이유는 두 개의 스레드가 Counter 내에 있는 count 값을 읽을 때 발생하는 (동작이 일어나는 타이밍에 따라 결과가 달라지는) 경쟁 조건 때문이다.

잘 믿기지 않는다면, ++count라는 코드를 읽었을 때 자바 컴파일러가 어떤 바이트코드를 만들어내는지 다음 코드를 살펴보자.

```
getfield #2
iconst_1
iadd
putfield #2
```

JVM 바이트코드에 익숙하지 않더라도 이 코드를 이해하는 것은 어렵지 않다. getfield #2는 count에 담긴 값을 읽고, iconst_1 다음에는 거기에 1을 더하는 iadd가 따르고, 마지막으로 putfield #2가 결과를 다시 count에 저장한다. 이러한 패턴은 보통 '읽기–수정하기–쓰기'라는 식으로 알려져 있다.

두 개의 스레드가 동시에 increment()를 실행한다고 생각하자. 스레드 1이 getfield #2를 수행하여 42라는 값을 읽는다. 그 상태에서 다음 단계로 넘어가기 전에 스레드 2도 getfield #2를 실행해서 42를 읽는다. 이제 우리는 문제에 봉착했다. 두 스레드가 모두 42에 1을 더한 결괏값 43을 count에 저장할 것이기 때문이다. 즉 count가 두 번이 아니라 한 번만 증가된 것과 동일한 결과가 된다.

이런 상황에 대한 해법은 count에 대한 접근을 동기화^{synchronize}하는 것이다. 그렇게 하는 방법의 하나는 자바 객체에 포함되어 있는 (때로는 뮤텍스^{mutex}, 모니터^{monitor}, 혹은 임계영역^{critical section}이라고 불리는) 내재된 잠금장치^{intrinsic lock}를 이용하는 것이다.

ThreadsLocks/CountingFixed/src/main/java/com/paulbutcher/Counting.java

```
class Counter {
  private int count = 0;
▶ public synchronized void increment() { ++count; }
  public int getCount() { return count; }
}
```

이제 increment() 메서드가 호출되면 우선 Counter 객체가 가지고 있는 잠금장치를 요구한다. 메서드가 리턴할 때에는 자동으로 잠금장치도 해제된다. 따라서 한 번에 오직 하나의 스레드만 메서드를 실행할 수 있으며, 메서드에 동시에 접근하는 다른 스레드들은 잠금장치가 해제될 때까지 블로킹된다. (이 예처럼 단순한 상황에서는 잠금장치를 사용하는 것보다 java.util.concurrent.atomic 패키지에 포함되어 있는 다른 대안을 사용하는 것이 더 나을 수 있음을 뒤에서 보게 될 것이다.)

이제 이렇게 수정된 코드를 실행하면 매번 20,000이라는 결과를 얻게 된다.

하지만 모든 것이 그렇게 장밋빛인 것은 아니다. 수정된 코드는 미묘한 버그를 담고 있는데, 그 이유는 곧 설명할 것이다.

2.2.3 메모리의 미스터리

코드에 퍼즐 문제를 양념처럼 뿌려보자. 이 코드를 실행하면 어떤 결과를 얻게 될까?

ThreadsLocks/Puzzle/src/main/java/com/paulbutcher/Puzzle.java

```
1  public class Puzzle {
-    static boolean answerReady = false;
-    static int answer = 0;
-    static Thread t1 = new Thread() {
5      public void run() {
-        answer = 42;
-        answerReady = true;
-      }
-    };
10   static Thread t2 = new Thread() {
-      public void run() {
-        if (answerReady)
-          System.out.println("The meaning of life is: " + answer);
-        else
15         System.out.println("I don't know the answer");
-      }
-    };
-
-    public static void main(String[] args) throws InterruptedException {
20     t1.start(); t2.start();
-      t1.join(); t2.join();
-    }
-  }
```

"경쟁 조건"을 떠올렸다면 전적으로 옳은 생각이다. 우리는 어느 스레드가 먼저 실행되느냐에 따라 정확한 값을 보게 될 수도 있고, 컴퓨터가 답을 모른다고 고백하는 실망스러운 모습을 볼 수도 있다. 하지만 그것이 다가 아니다. 우리는 심지어 다음과 같이 이상한 출력을 얻게 될 수도 있다.

```
The meaning of life is: 0
```

뭐라고? answerReady가 true일 때 어떻게 answer가 0일 수 있는가? 그것은 마치 누가 뒤에서 몰래 6번 줄의 내용과 7번 줄의 내용을 바꿔치기 한 것처럼 보인다.

그런데 누군가 실제로 그런 일을 하는 것이 정말로 가능하다. 그것도 심지어 여러 가지 가능성이 존재한다.

- 컴파일러는 코드가 실행되는 순서를 바꿈으로써 정적 최적화를 수행할 수 있다.
- JVM은 코드가 실행되는 순서를 바꿈으로써 동적 최적화를 수행할 수 있다.
- 코드를 실행하는 하드웨어도 코드의 순서를 바꾸는 것이 가능하다.

단순히 순서만 바꾸는 것이 다가 아니다. 때로는 어떤 스레드가 동작한 결과가 다른 스레드에는 보이지 않는 경우도 존재한다. run() 메서드를 다음과 같이 다시 작성한다고 생각해보자.

```java
public void run() {
  while (!answerReady)
    Thread.sleep(100);
  System.out.println("The meaning of life is: " + answer);
}
```

이 경우 answerReady가 true가 되지 않아서 루프가 영원히 실행될 수도 있다.

그러면 컴파일러, JVM, 그리고 하드웨어가 코드의 순서를 바꾸는 이상한 행동을 하지 않도록 만들면 되지 않겠느냐고 생각할지도 모른다. 이해할 수 있는 생각이지만 불행하게도 그렇게 하는 것은 가능하지 않다. 지난 몇 년 동안 우리가 경험해온 성능 향상은 바로 이러한 최적화 덕분이기 때문이다. 공유 메모리를 사용하는 병렬 컴퓨터는 이러한 최적화가 필요하므로 우리는 이런 문제를 올바르게 다룰 수 있어야 한다.

그렇지만 이렇게 이상한 환경에서 아무런 규칙이 없다는 것은 말이 안 된다. 어떤 규칙에는 기댈 수 있고, 어떤 규칙에는 기댈 수 없는지를 우리에게 알려주는 무언가가 필요하다. 그런 규칙이 바로 자바 메모리 모델이다.

2.2.4 메모리 가시성

자바 메모리 모델은 한 스레드가 메모리에 가한 변화가 다른 메모리에 보이는 경우를 정의한다.[1] 여기서의 핵심은 읽는 스레드와 쓰는 스레드가 동기화되지 않으면 그러한 가시성이 보장

---

1 http://docs.oracle.com/javase/specs/jls/se7/html/jls-17.html#jls-17.4

되지 않는다는 사실이다.

앞에서 객체에 내재되어 있는 잠금장치를 얻는 방법으로 동기화하는 예를 보았다. 스레드를 시작한 다음 join()을 호출해서 멈춰있도록 만들거나, java.util.concurrent 패키지 안에 있는 많은 클래스를 사용하는 방법도 있다.

여기에서 흔히 간과되는 사실은 스레드가 모두 동기화되어야 한다는 사실이다. 값을 변경하는 스레드를 동기화하는 것만으로는 부족하다. 바로 이것이 앞에서 보았던 코드에 담겨있는 미묘한 버그의 정체다. increment()를 동기화하는 것만으로는 부족하고 getCount()도 동기화되어야 한다. 그렇지 않으면 getCount()를 호출하는 스레드는 오래된 값을 보게 될 수 있다(사실 2.2.2절의 예제 코드에 사용된 getCount() 부분은 join() 다음에 호출되기 때문에 현재 상태로는 스레드의 안전성이 보장된다. 하지만 Counter를 사용하는 다른 스레드가 더 있다면 시한폭탄처럼 위험한 코드다).

멀티스레드 코드가 잘못될 수 있는 두 가지 대표적인 경우인 경쟁 조건과 메모리 가시성에 대해서 논의했다. 다음은 세 번째인 데드락에 대해서 살펴볼 차례다.

2.2.5 여러 개의 잠금장치

앞의 내용을 읽고 멀티스레드 환경에서 안전성을 보장하는 유일한 방법이 모든 메서드를 동기화하는 것뿐이라고 생각하더라도 나무랄 생각은 없다. 다만 그렇게 하는 것이 몹시 어렵다는 점만 말해두겠다.

우선, 그렇게 하는 것은 효율성이 극도로 떨어진다. 모든 메서드가 동기화되면, 대부분의 스레드는 아마도 대부분의 시간을 블로킹된 상태에서 보내게 될 것이다. 그렇다면 스레드를 여럿 사용할 이유가 없어진다. 하지만 이는 그나마 나은 편이다. 일단 둘 이상의 스레드를 사용하기 시작하면(자바에서 모든 객체가 저마다의 잠금장치를 가지고 있음을 기억하라) 데드락이 발생할 가능성이 매우 높아진다.

동시성을 설명하는 학술 논문에서 흔히 사용되는 "식사하는 철학자"라는 예를 통해서 데드락을 보여주도록 하겠다. 다음 그림에서 보는 것처럼, 다섯 명의 철학자가 다섯 개의 젓가락이 준비되어 있는 동그란 식탁에 앉아 있다고 생각하자.

그림 2-1 식사하는 철학자

철학자는 생각을 하거나 배고픔을 느낀다. 배가 고프면 그는 양쪽에 있는 젓가락을 집어올리고 한동안 식사를 한다(이 철학자들은 당연히 남자다. 여자라면 더 신중하게 처신할 것이다). 식사가 끝나면 젓가락을 내려놓는다.

다음은 이런 철학자 중에 한 명을 구현한 코드다.

ThreadsLocks/DiningPhilosophers/src/main/java/com/paulbutcher/Philosopher.java

```java
 1  class Philosopher extends Thread {
 -    private Chopstick left, right;
 -    private Random random;
 -
 5    public Philosopher(Chopstick left, Chopstick right) {
 -      this.left = left; this.right = right;
 -      random = new Random();
 -    }
 -
10    public void run() {
 -      try {
 -        while(true) {
 -          Thread.sleep(random.nextInt(1000));       // 잠시 생각한다.
 -          synchronized(left) {                      // 왼쪽 젓가락을 들어올린다.
15            synchronized(right) {                   // 오른쪽 젓가락을 들어올린다.
 -              Thread.sleep(random.nextInt(1000));   // 잠시 먹는다.
 -            }
 -          }
 -        }
```

```
20        } catch(InterruptedException e) {}
-     }
-   }
```

14번과 15번 줄은 어느 객체의 내재된 잠금장치를 사용하는 또 하나의 방법을 보여주고 있다.

컴퓨터에서 다섯 개의 객체가 동시에 동작하도록 만들면 몇 시간 동안은 아무 문제없이 동작이 수행된다(내 컴퓨터가 계속 동작한 기록은 1주일 이상이다). 그러다가 갑자기 모든 동작이 멈춘다.

조금만 생각하면 무슨 일이 일어났는지 알 수 있다. 모든 철학자가 동시에 식사하기로 마음을 먹는다면, 그들은 모두 자기 왼쪽에 있는 젓가락을 들어올린 다음 동작을 멈추게 된다. 모든 철학자가 왼손에 젓가락을 하나 들고 있는 상태에서 오른쪽에 있는 철학자가 젓가락을 내려놓기를 기다리는 상황이 되는 것이다. 이게 데드락이다.

데드락의 위험성은 어떤 스레드가 둘 이상의 잠금장치를 손에 넣으려고 할 때 반드시 존재하게 된다. 다행히도 이런 데드락을 피할 수 있는 방법이 있긴 하다. 잠금장치를 요청할 때 항상 미리 정해진 공통의 순서를 따르면 된다.

다음은 그런 방법을 사용한 코드다.

ThreadsLocks/DiningPhilosophersFixed/src/main/java/com/paulbutcher/Philosopher.java

```
class Philosopher extends Thread {
▶   private Chopstick first, second;
    private Random random;

    public Philosopher(Chopstick left, Chopstick right) {
▶     if(left.getId() < right.getId()) {
▶       first = left; second = right;
▶     } else {
▶       first = right; second = left;
▶     }
      random = new Random();
    }

    public void run() {
      try {
        while(true) {
```

```
        Thread.sleep(random.nextInt(1000));    // 잠시 생각한다.
▶       synchronized(first) {                    // 첫 번째 젓가락을 들어올린다.
▶         synchronized(second) {                 // 두 번째 젓가락을 들어올린다.
            Thread.sleep(random.nextInt(1000)); // 잠시 먹는다.
          }
        }
      }
    } catch(InterruptedException e) {}
  }
}
```

left와 right의 젓가락 대신 이제 first와 second라는 젓가락을 사용한다. Chopstick이 가진 id라는 멤버를 이용함으로써 젓가락의 잠금장치를 요청할 때 반드시 ID(젓가락이 어떤 ID를 갖고 있는지는 우리의 관심사가 아니다. 그것이 고유하고 순서가 매겨져 있으면 충분하다)가 증가하는 방향으로 요청을 한다. 이렇게 하면 동작을 멈추는 일 없이 영원히 동작이 수행된다.

잠금장치의 순서를 매기기 위해서 객체의 해시 코드를 사용할 수 있을까?

다음과 같이 객체의 해시 코드를 이용해서 잠금장치의 순서를 매기는 방법을 권장하는 조언을 자주 듣게 될 것이다.

```
if(System.identityHashCode(left) < System.identityHashCode(right)) {
  first = left; second = right;
} else {
  first = right; second = left;
}
```

이런 방법은 어떤 객체에 대해서도 사용할 수 있고, 또 해당 객체가 이미 순서를 매길 수 있는 방법을 갖고 있지 않을 때, 별도의 코드를 작성하지 않고도 바로 사용할 수 있는 장점이 있다. 하지만 해시 코드는 언제나 고유한 값(두 개의 객체가 똑같은 해시 코드를 갖는 경우가 거의 없기는 하지만, 같은 경우도 있다)일 것이라는 보장이 없다. 그래서 나라면 정말 어쩔 수 없는 경우가 아닌 이상 이런 방법은 쓰지 않을 것이다.

이 코드에서 보는 것처럼 코드가 하나의 장소에서 잠금장치를 얻는 경우에는 공통 순서를 부과하는 것이 쉽지만, 모든 코드가 공통 규칙을 따르기 어려운 커다란 프로그램에서는 이렇게 하는 것이 어렵다.

2.2.6 외부 메서드의 위험

커다란 프로그램은 종종 모듈을 서로 분리하기 위해서 청취자[listener]를 사용한다. 예를 들어 다음은 어떤 URL에서 파일을 내려 받아 ProgressListener가 등록될 수 있도록 허용하는 코드다.

ThreadsLocks/HttpDownload/src/main/java/com/paulbutcher/Downloader.java

```java
class Downloader extends Thread {
  private InputStream in;
  private OutputStream out;
  private ArrayList<ProgressListener> listeners;

  public Downloader(URL url, String outputFilename) throws IOException {
    in = url.openConnection().getInputStream();
    out = new FileOutputStream(outputFilename);
    listeners = new ArrayList<ProgressListener>();
  }
  public synchronized void addListener(ProgressListener listener) {
    listeners.add(listener);
  }
  public synchronized void removeListener(ProgressListener listener) {
    listeners.remove(listener);
  }

  private synchronized void updateProgress(int n) {
    for (ProgressListener listener: listeners)
▶       listener.onProgress(n);
  }

  public void run() {
    int n = 0, total = 0;
    byte[] buffer = new byte[1024];

    try {
      while((n = in.read(buffer)) != -1) {
        out.write(buffer, 0, n);
        total += n;
        updateProgress(total);
      }
      out.flush();
    } catch (IOException e) { }
  }
}
```

addListener(), removeListener(), updateProgress()는 모두 동기화되어 있기 때문에 여러 개의 스레드가 서로의 작업을 방해하지 않으면서 안심하고 이들을 호출할 수 있다. 하지만 여기에서는 단 하나의 잠금장치가 사용되고 있지만 데드락이 발생할 수 있는 위험이 도사리고 있다.

문제는 updateProgress()가 외부의 메서드를 호출하고 있다는 사실에서 비롯된다. 이 외부 메서드에 대해서는 알려진 바가 없다. 그 메서드는 자신의 내부에서 다른 잠금장치를 요청할 수도 있고, 다른 어떤 일을 수행할 수도 있다. 잠금장치를 요청한다면 우리는 이제 그들이 공통의 순서를 따르고 있는지 확인하지 못한 채 두 개의 잠금장치를 요청하게 되는 셈이다. 앞에서 본 것처럼 이러한 상황은 데드락의 위험을 초래한다.

이러한 위험을 피하는 유일한 방법은 어떤 잠금장치를 보유하고 있는 상태에서는 외부 메서드를 호출하지 않는 것이다. 그렇게 하려면 listeners를 순차적으로 방문하기 전에 방어적인 복제를 만들면 된다.

ThreadsLocks/HttpDownloadFixed/src/main/java/com/paulbutcher/Downloader.java

```
  private void updateProgress(int n) {
    ArrayList<ProgressListener> listenersCopy;
    synchronized(this) {
▶     listenersCopy = (ArrayList<ProgressListener>)listeners.clone();
    }
    for (ProgressListener listener: listenersCopy)
      listener.onProgress(n);
  }
```

이러한 수정은 일석이조다. 잠금장치를 손에 쥔 상태에서 외부의 메서드를 호출하지 않을 뿐만 아니라, 잠금장치를 손에 쥐고 있는 시간도 줄여주는 효과를 갖는다. 잠금장치를 꼭 필요한 시간 이상으로 보유하면 (동시성에 제한을 주기 때문에) 성능에 악영향을 주고, 데드락의 위험도 증가시킨다. 또한 이 수정은 동시성과 관련이 없는 다른 버그도 잡아준다. 청취자는 이제 순차적 방문이 중간쯤 이루어진 listeners를 건드리지 않고 자신의 onProgress() 내부에서 removeListener()를 호출할 수 있다.

2.2.7 1일 차 마무리

1일 차에서는 자바에서 사용하는 기본적인 멀티스레딩 코드를 살펴보았다. 2일 차에서는 표준 라이브러리가 제공하는 더 나은 방법들을 만나게 될 것이다.

1일 차에서 배운 내용

스레드를 만드는 방법과 모든 자바 객체에 내재되어 있는 잠금장치를 사용해서 스레드 사이의 상호배제를 강제하는 방법을 살펴보았다. 그리고 스레드와 잠금장치를 이용할 때 만나게 되는 3가지 주요한 위험 요소인 경쟁 조건, 데드락, 그리고 메모리 가시성에 대해서 알아보았다. 그리고 그들을 피하는 데 도움이 되는 규칙들도 살펴보았다.

- 공유되는 변수에 대한 접근을 반드시 동기화한다.
- 쓰는 스레드와 읽는 스레드가 모두 동기화되어야 한다.
- 여러 개의 잠금장치를 미리 정해진 공통의 순서에 따라 요청한다.
- 잠금장치를 가진 상태에서 외부 메서드를 호출하지 않는다.
- 잠금장치는 최대한 짧게 보유한다.

1일 차 자율학습

찾아라

- 윌리엄 푸William Pugh의 "자바 메모리 모델" 웹 사이트를 확인하라.
- JSR 133(자바 메모리 모델) FAQ와 친숙해져라.
- 초기화 안전성과 관련해서 자바 메모리 모델이 보장해주는 내용은 무엇인가? 스레드 사이에서 객체를 안전하게 주고받기 위해서 잠금장치를 사용하는 것이 항상 필요한가?
- 중복확인 잠금장치|double-checked locking 안티패턴이란 무엇인가? 그것이 안티패턴으로 불리는 이유는 무엇인가?

수행하라

- 데드락 문제가 포함된 "식사하는 철학자" 예제를 직접 실행해보라. 철학자가 생각하는 시간, 먹는 시간, 혹은 철학자의 수를 변경하고 결과를 확인해보라. 이러한 값이 얼마나 빨리 데드락이 발생하는지와 연관관계가 있는가? 이 코드를 디버깅한다고 가정하고, 어떻게 하면 데드락 발생 가능성이 높아질까?

- (어려움) 동기화가 부재인 상태에서 메모리에 어떤 값을 적는 순서가 뒤바뀌는 예를 보여주는 프로그램을 작성하라. 자바 메모리 모델은 명령의 순서가 바뀌는 것을 허용하지만, 예제가 너무 단순하면 그러한 최적화가 필요한 지점에 도달하지 않기 때문에 순서가 뒤바뀌는 사례를 보여주는 것이 쉽지 않다.

2.3 2일 차: 내재된 잠금장치를 넘어서

1일 차에서는 자바의 Thread 클래스와 모든 객체에 내장되어 있는 내재된 잠금장치에 대해서 살펴보았다. 자바가 동시성과 관련해서 지원하는 기능은 오랫동안 이 정도에 불과했다.

자바 5는 java.util.concurrent 패키지를 소개함으로써 그런 상황에 변화를 주었다. 지금부터 이 패키지가 제공하는 보다 향상된 잠금 메커니즘에 대해서 살펴볼 것이다.

내재된 잠금장치는 편리하지만 다음과 같은 한계를 갖는다.

- 내재된 잠금장치를 얻으려고 하다가 블로킹 상태에 빠진 스레드를 원상복귀시킬 방법이 없다.
- 내재된 잠금장치를 얻으려고 노력하는 시간을 강제로 중단시키는 타임아웃 기능이 없다.
- 내재된 잠금장치를 얻는 방법이 하나만 존재한다. synchronized 블록을 사용하는 것이 그것이다.

```
synchronized(object) {
    ≪ 공유되는 자원 사용 ≫
}
```

이러한 제약은 잠금장치를 얻거나 반납하는 동작이 반드시 동일한 메서드 내부에서 일어나야 하며, 엄격한 블록 구조를 가져야 함을 뜻한다. 메서드 전체에 synchronized를 선언하는 것은 다음과 같이 메서드 본문을 괄호로 묶는 대신 사용할 수 있는 문법임을 기억하라.

```
synchronized(this){
    ≪ 메서드 본문 ≫
}
```

ReentrantLock은 단순히 synchronized를 사용하는 것보다 더 명시적인 잠금장치로, 잠그고 푸는 동작을 수행하도록 함으로써 이러한 제약을 벗어나도록 해준다. 이것이 어떻게 내재된 잠금장치를 개선했는지 살펴보기 전에, synchronized 대신 ReentrantLock을 사용하는 간단한 예를 살펴보도록 하자.

```
Lock lock = new ReentrantLock();
lock.lock();
try {
  ≪공유되는 자원 사용≫
} finally {
  lock.unlock();
}
```

try ... fianlly는 try 본문 안에서 어떤 일이 일어나는지와는 상관없이 잠금장치가 항상 반환되
도록 만드는 좋은 습관이다.

이제 내재된 잠금장치가 안고 있는 제약을 어떤 식으로 제거하는지 살펴보자.

2.3.1 가로채기가 가능한 잠금장치

내재된 잠금장치를 얻으려다가 블로킹된 스레드는 중간에 중단할 수 없기 때문에, 일단 데드락
같은 것이 발생하면 회복할 방법이 없다. 일부러 데드락을 만든 다음, 해당 스레드의 블로킹 상
태를 중단하는 코드를 통해서 이를 증명할 수 있다.

ThreadsLocks/Uninterruptible/src/main/java/com/paulbutcher/Uninterruptible.java

```java
public class Uninterruptible {

  public static void main(String[] args) throws InterruptedException {

    final Object o1 = new Object(); final Object o2 = new Object();

    Thread t1 = new Thread() {
      public void run() {
        try {
          synchronized(o1) {
            Thread.sleep(1000);
            synchronized(o2) {}
          }
        } catch (InterruptedException e) { System.out.println("t1 interrupted"); }
      }
    };
```

```
    Thread t2 = new Thread() {
      public void run() {
        try {
          synchronized(o2) {
            Thread.sleep(1000);
            synchronized(o1) {}
          }
        } catch (InterruptedException e) { System.out.println("t2 interrupted"); }
      }
    }

    t1.start(); t2.start();
    Thread.sleep(2000);
    t1.interrupt(); t2.interrupt();
    t1.join(); t2.join();
  }
}
```

이 프로그램은 데드락 상태를 영원히 유지한다. 이 상태에서 벗어나는 유일한 방법은 JVM 전체를 중단하는 것뿐이다.

데드락에 걸린 스레드를 죽일 수 있는 방법이 없나요?

데드락에 걸린 스레드를 죽일 수 있는 모종의 방법이 있을 것이라고 생각할지도 모르겠다. 슬프게도 그런 방법은 없다. 이렇게 하는 방법을 찾으려고 했던 모든 시도는 수포로 돌아갔고, 이제는 더 이상 사용되지 않는다.[2]

결국 자바에서 스레드가 정상적으로 종료하는 방법은 하나만 존재한다. run() 메서드가 리턴하는 방법이 바로 그것이다(InterruptedException이 발생하여 리턴하는 것도 포함된다). 따라서 스레드가 내재된 잠금장치 때문에 데드락이 되었다면 할 수 있는 일은 없다. 블로킹 상태를 가로채는 것이 불가능하기 때문에 할 수 있는 유일한 방법은 그것이 실행되고 있는 JVM 전체를 죽이는 것뿐이다.

하지만 이런 상황에 대한 해법이 있다. 내재된 잠금장치 대신 ReentrantLock을 사용하면 스레드를 재구현할 수 있으며, lockInteruptibly() 메서드를 이용할 수 있다.

....
2 http://docs.oracle.com/javase/1.5.0/docs/guide/misc/threadPrimitiveDeprecation.html

```
    final ReentrantLock l1 = new ReentrantLock();
    final ReentrantLock l2 = new ReentrantLock();

    Thread t1 = new Thread() {
      public void run() {
        try {
▶         l1.lockInterruptibly();
          Thread.sleep(1000);
▶         l2.lockInterruptibly();
        } catch (InterruptedException e) { System.out.println("t1 interrupted"); }
      }
    };
```

이 버전은 Thread.interrupt()가 호출되면 깔끔하게 종료된다. 앞에 비해서 문법이 다소 장황하게 보이지만, 데드락 상태에 빠진 스레드를 가로챌 수 있게 된 것에 비하면 사소한 부담이다.

2.3.2 타임아웃

ReentrantLock은 내재된 잠금장치가 가진 또 다른 제약을 극복한다. 잠금장치를 얻고자 기다리는 상태에 타임아웃 제한을 걸 수 있도록 해주는 것이다. 이러한 기능은 1일 차에서 보았던 "식사하는 철학자" 문제를 해결하기 위한 또 다른 방법을 제공한다.

다음은 젓가락 두 개를 제한된 시간 안에 획득하지 못하면 타임아웃을 발생시키는 철학자 코드다.

```
class Philosopher extends Thread {
  private ReentrantLock leftChopstick, rightChopstick;
  private Random random;

  public Philosopher(ReentrantLock leftChopstick, ReentrantLock rightChopstick) {
    this.leftChopstick = leftChopstick; this.rightChopstick = rightChopstick;
    random = new Random();
  }
```

```
  public void run() {
    try {
      while(true) {
        Thread.sleep(random.nextInt(1000));        // 잠시 생각한다.
        leftChopstick.lock();
        try {
▶         if (rightChopstick.tryLock(1000, TimeUnit.MILLISECONDS)) {
            // 오른쪽 젓가락을 들어올린다.
            try {
              Thread.sleep(random.nextInt(1000)); // 잠시 먹는다.
            } finally { rightChopstick.unlock(); }
          } else {
▶           // 오른쪽 젓가락을 들어올릴 수 없었으므로 포기하고 다시 생각하는 상태로 돌아간다.
          }
        } finally { leftChopstick.unlock(); }
      }
    } catch(InterruptedException e) {}
  }
}
```

위 코드는 lock()대신 tryLock()을 사용하는데, 이는 잠금장치를 얻는 데 실패하면 타임
아웃을 발생시킨다. 이제 "미리 정해진 공통의 순서에 입각해서 잠금장치를 획득하라"는 규칙
을 따르지 않아도 데드락이 발생되지 않는다(혹은 적어도 영원히 그 상태에 머물지 않는다).

라이브락

tryLock()을 사용하면 무한히 지속되는 데드락은 피할 수 있지만, 그렇다고 해서 그것이 좋은
해법이라는 것은 아니다. 첫째, 그것은 데드락을 완전히 피하게 하는 것이 아니라, 다만 데드락
상태에서 빠져나올 수 있는 방법을 제공할 뿐이다. 둘째, 그것은 라이브락이라고 불리는 현상에
서 자유롭지 않다. 모든 스레드가 동시에 타임아웃을 발생시키면 그들이 곧바로 데드락 상태에
빠지는 것도 가능하다. 이런 상태가 반복되면 데드락 자체가 영원히 지속되는 것은 아니지만, 아
무도 앞으로 나아갈 수 없다는 사실과 같다.

이러한 문제는 스레드가 서로 다른 타임아웃 값을 갖도록 하면 어느 정도 완화되는데, 이는 모두
가 동시에 타임아웃이 될 가능성을 줄여주기 때문이다. 하지만 중요한 사실은 타임아웃이라는
것이 그다지 좋은 해법은 아니기 때문에, 데드락이라는 상황 자체를 발생시키지 않는 것이 훨씬
더 낫다.

2.3.3 협동 잠그기

연결리스트에 노드를 하나 삽입하려는 경우를 생각해보자. 한 가지 방법은 하나의 잠금장치가 리스트 전체를 보호하도록 만드는 것이다. 하지만 그렇게 하면 스레드 하나가 리스트에 접근하고 있는 동안에는 다른 모든 스레드가 리스트에 접근할 수 없게 한다. 협동 잠그기는 리스트의 일정한 부분만 잠그도록 하는 대안 기법으로, 우리가 잠근 노드 외에 다른 노드에 대한 접근은 허용한다. [그림 2-2]는 이런 방법을 시각적으로 표현한 것이다.

그림 2-2 손잡기 잠그기

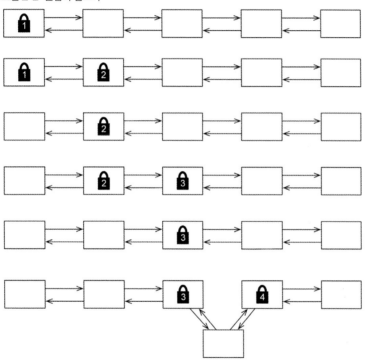

노드를 삽입하려면 원하는 지점 양쪽에 위치한 노드를 잠글 필요가 있다. 우선 처음 두 개의 노드를 잠그는 것부터 시작한다. 이 위치가 노드를 추가하기에 적합한 장소가 아니라면, 첫 번째 노드의 잠금은 풀고 대신 세 번째 노드를 잠근다. 여기도 찾는 장소가 아니면 두 번째 노드를 풀고 네 번째 노드를 잠근다. 원하는 장소를 찾을 때까지 이러한 작업이 반복된다. 장소를 찾으면 새로운 노드를 삽입하고 양쪽에 있는 노드의 잠금을 푼다.

잠그고 푸는 작업을 이와 같이 수행하는 것이 내재된 잠금장치에서는 불가능하다. 하지만

ReentrantLock에서는 lock()과 unlock()을 자유롭게 호출할 수 있기 때문에 이러한 작업
이 가능하다. 다음은 이러한 방법을 사용하는 정렬된 연결리스트를 구현한 코드다.

ThreadsLocks/LinkedList/src/main/java/com/paulbutcher/ConcurrentSortedList.java

```
1  class ConcurrentSortedList {

   private class Node {
     int value;
5    Node prev;
     Node next;
     ReentrantLock lock = new ReentrantLock();

     Node() {}
10
     Node(int value, Node prev, Node next) {
       this.value = value; this.prev = prev; this.next = next;
     }
   }
15
   private final Node head;
   private final Node tail;

   public ConcurrentSortedList() {
20   head = new Node(); tail = new Node();
     head.next = tail; tail.prev = head;
   }

   public void insert(int value) {
25   Node current = head;
     current.lock.lock();
     Node next = current.next;
     try {
       while (true) {
30       next.lock.lock();
         try {
           if (next == tail || next.value < value) {
             Node node = new Node(value, current, next);
             next.prev = node;
35           current.next = node;
             return;
           }
         } finally { current.lock.unlock(); }
```

```
-           current = next;
40          next = current.next;
-       }
-     } finally { next.lock.unlock(); }
-   }
- }
```

insert( ) 메서드는 새로운 값보다 작은 값을 담고 있는 노드를 찾을 때까지 검색을 수행함으로써 리스트가 항상 정렬되어 있음을 보장한다. 그런 노드를 찾으면 그 노드의 바로 앞에 새 노드를 삽입한다.

26번 줄은 리스트의 헤드를 잠그고, 30번 줄은 그 다음 노드를 잠근다. 그 다음 우리는 새로운 노드를 더할 위치를 찾았는지 확인한다. 그렇지 않으면 38번 줄에서 현재 노드의 잠금이 풀리고 같은 일이 반복된다. 올바른 위치가 발견되었으면 33~36번 줄에서 새로운 노드를 생성하고, 그것을 리스트에 더한 후 리턴한다. 잠금장치는 (38번과 42번 줄에 있는) 두 개의 finally 본문에서 해제된다.

이러한 방법을 사용하면 여러 개의 스레드가 동시에 새 노드를 리스트에 더할 수 있을 뿐만 아니라 리스트 내부에서 다른 동작들도 안전하게 수행될 수 있다. 다음 예는 리스트에 몇 개의 노드가 존재하는지를 세는 메서드다. 이 코드는 재미삼아 리스트를 뒤에서부터 거꾸로 방문한다.

ThreadsLocks/LinkedList/src/main/java/com/paulbutcher/ConcurrentSortedList.java

```
public int size() {
  Node current = tail;
  int count = 0;

  while (current.prev != head) {
    ReentrantLock lock = current.lock;
    lock.lock();
    try {
      ++count;
      current = current.prev;
    } finally { lock.unlock(); }
  }

  return count;
}
```

계속해서 ReentrantLock이 가지고 있는 또 다른 기능인 조건 변수에 대해서도 살펴보도록 하자.

> ### 이것은 "공통의 순서"라는 규칙을 위반하는 것 아닌가?
>
> ConcurrentSortedList의 insert() 메서드는 리스트의 헤드에 대한 잠금장치를 획득한 다음 꼬리를 향해서 나아간다. 반대로 size() 메서드는 꼬리에서 시작해서 헤드로 나아간다. 이렇게 하는 것은 앞에서 보았던 "여러 개의 잠금장치를 요청할 때는 반드시 미리 정해진 공통의 순서에 따라서 요청해야 한다"고 말하던 규칙에 위반되는 것은 아닌가?
>
> 그렇지 않다. size() 메서드가 여러 개의 잠금장치를 동시에 가지고 있는 일은 없기 때문이다. 한 번에 둘 이상의 잠금장치는 갖고 있지 않다.

2.3.4 조건 변수

동시성 프로그래밍은 때로는 어떤 일이 벌어지는 것을 기다리는 상황을 포함한다. 예컨대 어떤 큐에 담긴 값을 제거하려고 하는 경우에는 큐가 적어도 하나의 값을 가질 때까지 기다려야 하는 경우도 있다. 혹은 어떤 버퍼에 값을 넣으려고 할 때 그것이 필요한 공간이 생길 때까지 기다리는 경우도 있다. 조건 변수는 이런 상황을 위해서 고안된 기능이다.

조건 변수를 효과적으로 사용하려면 매우 특정한 패턴을 이용할 필요가 있다.

```
ReentrantLock lock = new ReentrantLock();
Condition condition = lock.newCondition();

lock.lock();
try {
  while (!≪조건이 참이다.≫)
    condition.await();
  ≪공유되는 지원 사용≫
} finally { lock.unlock(); }
```

조건 변수는 잠금장치와 연관되어 있다. 스레드가 어떤 조건을 기다리려면 반드시 그 조건의 잠금장치를 획득해야 한다. 일단 잠금장치를 손에 넣었으면 자기가 관심 있는 조건이 이미 참인지 확인해, 참이면 필요한 일을 수행하고 잠금장치를 해제한다.

하지만 조건이 참이 아니면 await()를 호출한다. 그렇게 하면 가지고 있던 잠금장치를 반납하고 해당 조건이 참이 될 때까지 블로킹되는 작업을 원자적으로atomically 수행한다. 어떤 동작이 원자적으로 수행한다는 것은 다른 스레드의 관점에서 보았을 때, 해당 동작이 완전히 수행되거나 아니면 전혀 수행되지 않는 것을 의미한다. 동작이 반쯤 수행되는 단계는 다른 스레드의 눈에 보이지 않는다.

조건이 참이 되었는지에 대한 신호를 보내기 위해서 다른 스레드가 signal()이나 signalAll()을 호출하면, await()는 블로킹을 멈추고 자동으로 원래 잠금장치를 다시 획득한다. 중요한 사실은 await()가 리턴할 때 기다리던 조건이 이미 참이 되었을지도 모른다는 점이다. await()가 루프 내에서 사용되는 이유가 바로 여기에 있다. 다시 원래 자리로 되돌아와서 조건이 참이 되었는지 실제로 확인하고, 필요하면 다시 await()를 호출하여 블로킹 상태로 들어가야 한다.

이러한 기능은 "식사하는 철학자" 문제에 대한 또 다른 해법을 제공한다.

ThreadsLocks/DiningPhilosophersCondition/src/main/java/com/paulbutcher/Philosopher.java

```java
class Philosopher extends Thread {

  private boolean eating;
  private Philosopher left;
  private Philosopher right;
  private ReentrantLock table;
  private Condition condition;
  private Random random;
  public Philosopher(ReentrantLock table) {
    eating = false;
    this.table = table;
    condition = table.newCondition();
    random = new Random();
  }

  public void setLeft(Philosopher left) { this.left = left; }
  public void setRight(Philosopher right) { this.right = right; }

  public void run() {
    try {
      while (true) {
        think();
```

```
            eat();
        }
    } catch (InterruptedException e) {}
}

private void think() throws InterruptedException {
    table.lock();
    try {
        eating = false;
        left.condition.signal();
        right.condition.signal();
    } finally { table.unlock(); }
    Thread.sleep(1000);
}

private void eat() throws InterruptedException {
    table.lock();
    try {
        while (left.eating || right.eating)
            condition.await();
        eating = true;
    } finally { table.unlock(); }
    Thread.sleep(1000);
    }
}
```

이 해법은 앞에서 보았던 단일 잠금장치(table)를 사용하고 명시적인 Chopstick 클래스를 사용하지 않았던 방법들과는 다르다. 어느 철학자의 양쪽에 앉은 사람들이 식사를 하고 있지 않으면 식사를 할 수 있다는 사실을 활용하고 있다. 다시 말해서 배가 고픈 철학자는 다음과 같은 조건이 충족되기를 기다린다.

```
!(left.eating || right.eating)
```

철학자가 배가 고파지면 테이블에 잠금장치를 걸어서 다른 철학자들이 상태를 변경하지 못하게 만든다. 그 다음에 양쪽에 앉은 철학자들이 식사를 하고 있는지 확인한다. 식사를 하고 있지 않으면 곧바로 식사를 시작하고 테이블에 걸린 잠금장치는 해제한다. 그렇지 않으면 await()를 호출한다. 그럼 테이블의 잠금장치도 해제된다.

철학자가 식사를 마치고 이제 사색에 잠기고 싶으면 우선 테이블에 잠금장치를 걸고 eating의 값을 false로 설정한다. 그 다음에 양쪽에 앉은 이웃에게 신호를 보내서 그들이 식사를 시작할 수 있음을 알려주고 테이블에 걸린 잠금장치를 해제한다. 이웃이 이런 신호를 기다리고 있었다면 그들은 기다리는 상태에서 벗어나 테이블의 잠금장치를 획득하고 식사를 시작해도 좋은지 확인할 것이다.

앞에서 보았던 코드보다 다소 복잡해지긴 했지만 동시성이라는 측면에서는 이 해법이 훨씬 낫다. 앞에서 보았던 해법에서는 한 번에 한 철학자만 식사를 할 수 있었고, 나머지는 젓가락을 한 개만 들고 나머지 한 개를 사용할 수 있을 때까지 기다려야 했다. 이 해법에서는 (양쪽에 앉은 철학자가 식사를 하고 있지 않다는) 조건이 충족되면 언제든지 식사를 시작할 수 있다.

ReentrantLock에 대해서는 이 정도다. 하지만 내재된 잠금장치에 대한 대안으로는 원자 변수$^{atomic\ variable}$라는 것도 있다.

2.3.5 원자 변수

1일 차에서 우리는 멀티스레드 환경에서의 카운터를 increment() 메서드를 동기화하는 방식으로 해결했다. 그렇지만 java.util.concurrent.atomic은 더 나은 방법을 제공한다.

ThreadsLocks/CountingBetter/src/main/java/com/paulbutcher/Counting.java

```java
public class Counting {
  public static void main(String[] args) throws InterruptedException {

▶    final AtomicInteger counter = new AtomicInteger();

    class CountingThread extends Thread {
      public void run() {
        for(int x = 0; x < 10000; ++x)
▶          counter.incrementAndGet();
      }
    }

    CountingThread t1 = new CountingThread();
    CountingThread t2 = new CountingThread();

    t1.start(); t2.start();
    t1.join(); t2.join();
```

```
        System.out.println(counter.get());
    }
}
```

AtomicInteger의 incrementAndGet( ) 메서드는 기능적으로 ++count와 동일하다
(count++와 동일한 getAndIncrement 메서드도 있다). 다른 점은 ++count와 달리 원자
적이라는 점이다.

잠금장치 대신 원자 변수를 사용하면 몇 가지 장점이 있다. 첫째, 필요한 경우에 잠금장치를 획
득해야 한다는 사실을 잊는 것을 방지할 수 있다. 예를 들어 Counter에서 getCount( )가 동
기화되지 않았기 때문에 발생했던 메모리 가시성 문제가 이 코드에서는 발생할 수 없다. 둘째,
잠금장치가 하나도 개입되지 않기 때문에 원자 변수에 대한 동작이 데드락에 걸리는 일도 불가
능하다.

끝으로, 원자 변수는 잠금장치나 블로킹에 기대지 않고 동기화를 구현하는 논블로킹, 락프리
알고리즘의 기초를 제공한다. 잠금장치를 이용한 프로그래밍이 어렵게 느껴지면 락프리 코드
를 작성해보기 바란다. java.util.concurrent 패키지에 있는 클래스들은 가능하면 락프리 코
드를 사용하고 있기 때문에, 이런 클래스를 사용하면 저절로 이점을 취할 수 있다. 이러한 클래
스들에 대해서는 3일 차에서 알아볼 것이다.

발라타일Volatile이란?

자바는 변수에 volatile이라고 표시하는 것을 허용한다. 이 키워드를 사용하면 해당 변수를 읽
거나 쓰는 동작에 대해 명령어 순서가 뒤바뀌지 않는다. 그래서 앞에서 보았던 Puzzle에서
answerReady를 volatile로 지정하면 문제를 해결할 수 있다.

volatile은 상당히 약한 형태의 동기화 기법이다. 예를 들어 이것은 Counter에 담긴 문제는 해
결해주지 않는다. count를 volatile로 지정해도 count++라는 연산 자체가 원자적으로 되는 것
은 아니기 때문이다.

최근에 사용되는 JVM은 높은 수준으로 최적화되어 잠금장치 자체의 오버헤드도 최소화되었기
때문에 volatile을 사용해야 하는 경우가 거의 없다. 코딩을 하다가 volatile을 사용해야 하는 경
우가 생긴다면 아마 java.util.concurrent.atomic에 존재하는 클래스 중 하나를 사용하는 것이
더 나을 것이다.

2.3.6 2일 차 마무리

java.util.concurrent.locks와 java.util.concurrent.atomic이 제공하는 더 정교하고 유연한 메커니즘을 살펴보기 위해서 1일 차에서 소개한 기본 내용 외에 다른 내용을 더 추가했다. 이런 메커니즘을 이해하는 것이 중요하지 실전에서 이런 잠금장치를 이용하는 경우는 별로 없을 것이다. 그 이유는 3일 차에서 살펴본다.

2일 차에서 배운 내용

ReentrantLock과 java.util.concurrent.atomic을 이용하면 스레드가 다음과 같은 일들을 수행할 수 있기 때문에, 내재된 잠금장치가 안고 있는 제한을 극복할 수 있음을 보았다.

- 잠금장치를 얻고자 기다리는 과정을 가로챌 수 있다.
- 잠금장치를 기다리는 동안 타임아웃이 발생할 수 있다.
- 잠금장치를 얻고 반납하는 동작이 임의의 순서로 일어날 수 있다.
- 임의의 조건이 참이 되는 것을 기다리기 위해 조건 변수를 사용할 수 있다.
- 원자 변수를 이용해서 잠금장치를 사용하는 것을 피할 수 있다.

2일 차 자율학습

찾아라

- ReentrantLock은 공정성^{fairness}을 위한 인수를 지원한다. 잠금장치가 "공정하다"는 것은 무엇을 의미하는 것인가? 공정한 잠금장치를 이용해야 하는 이유와 이용하지 않아야 하는 이유는 무엇인가?
- ReentrantReadWriteLock은 무엇인가? 그것은 ReentrantLock과 어떻게 다른가? 그것은 언제 사용하면 좋은가?
- "불필요한 기상^{spurious wakeup}"이란 무엇인가? 그런 일은 언제 일어나며, 좋은 코드에서는 그런 일이 일어나지 않아야 하는 이유는 무엇인가?
- AtomicIntegerFieldUpdater는 무엇인가? 그것은 AtomicInteger와 어떻게 다른가? 그것은 언제 사용하면 좋은가?

수행하라

- "식사하는 철학자"를 구현한 코드에서 루프 내에 조건 변수를 사용하는 코드를 단순한 if 문으로 바꾸면 어떤 일이 일어날까? 어떤 에러가 발생하게 될까? signal()을 signalAll()로 바꾸면 어떤 일이 일어날까? 이렇게 하는 것이 문제를 발생시킨다면 그것은 어떤 문제일까?

- 내재된 잠금장치는 ReentrantLock보다 제한된 기능이기 때문에 조건 변수에 대해서도 제한된 기능을 제공한다. 내재된 잠금장치와 wait(), notify(), 혹은 notifyAll()을 이용해서 식사하는 철학자 문제를 해결해보라. 그렇게 하는 것이 ReentrantLock을 사용하는 것보다 왜 비효율적일까?
- 협동 잠그기 기법 대신 하나의 잠금장치를 이용하는 방식으로 ConcurrentSortedList를 작성해보라. 협동 잠그기 기법이 더 좋은 성능을 제공하는가? 그런 기법은 언제가 좋은 선택이고, 언제가 좋은 선택이 아닌가?

2.4 3일 차: 거인의 어깨 위에서

java.util.concurrent는 2일 차에 보았던 향상된 잠금장치 이외에 범용의, 고성능의, 그리고 철저하게 디버깅된 동시성 자료구조와 유틸리티를 담고 있다. 이제 살펴보겠지만, 이러한 것들은 우리 스스로 작성하는 코드보다 더 좋은 선택으로 증명되고 있다.

2.4.1 스레드 생성 복습

1일 차 때 스레드를 시작하는 방법을 살펴보았는데, 실제로 스레드를 직접 만들어서 시작하는 것은 별로 바람직하지 않다. 예를 들어 다음은 전달된 내용을 그대로 메아리처럼 되돌려주는 가장 간단한 서버 코드다.

ThreadsLocks/EchoServer/src/main/java/com/paulbutcher/EchoServer.java

```java
public class EchoServer {

  public static void main(String[] args) throws IOException {

    class ConnectionHandler implements Runnable {
      InputStream in; OutputStream out;
      ConnectionHandler(Socket socket) throws IOException {
        in = socket.getInputStream();
        out = socket.getOutputStream();
      }

      public void run() {
        try {
          int n;
          byte[] buffer = new byte[1024];
```

```
          while((n = in.read(buffer)) != -1) {
            out.write(buffer, 0, n);
            out.flush();
          }
        } catch (IOException e) {}
      }
    }
    ServerSocket server = new ServerSocket(4567);
    while (true) {
▶     Socket socket = server.accept();
▶     Thread handler = new Thread(new ConnectionHandler(socket));
▶     handler.start();
    }
  }
}
```

위의 코드에서 강조된 줄들은 들어오는 연결을 받아들인 다음 곧바로 업무를 수행하기 위해 스
레드를 만드는 전형적인 패턴을 따르고 있다. 이렇게 하면 제대로 동작은 하지만 몇 가지 문제
점을 내포한다. 첫째, 스레드를 만드는 것은 값싼 동작이긴 하지만 공짜는 아니다. 이런 설계
를 따르면 연결이 하나 들어올 때마다 값을 지불해야 한다. 둘째, 이렇게 하면 연결 수만큼 많
은 스레드를 만들게 된다. 연결이 들어오는 속도가 업무를 처리하는 속도보다 빠르면 스레드
의 수는 점점 늘어나게 되고, 마침내 서버를 멈추게 하거나 시스템 붕괴를 야기할 수도 있다.
이런 단점은 이런 서버를 향해서 디도스 공격을 수행하고자 하는 사람에게 문을 열어주는 격
이다.

스레드 풀을 이용하면 이런 문제를 피할 수 있다.

ThreadsLocks/EchoServerBetter/src/main/java/com/paulbutcher/EchoServer.java

```
int threadPoolSize = Runtime.getRuntime().availableProcessors() * 2;
ExecutorService executor = Executors.newFixedThreadPool(threadPoolSize);
while (true) {
  Socket socket = server.accept();
  executor.execute(new ConnectionHandler(socket));
}
```

이 코드는 사용 가능한 프로세서의 수보다 두 배 정도 많은 수의 스레드를 담을 수 있는 스레드
풀을 만든다. 이보다 많은 수의 execute() 요청이 발생하면 그런 요청은 빈 스레드가 나타날

때까지 큐에서 기다려야 한다. 이렇게 하면 연결이 들어올 때마다 스레드를 만드는 오버헤드의 부담을 가질 필요도 없고, 부하가 높게 걸리는 상황에서도 서버가 계속 작업을 수행할 수 있도록 만들어준다. 즉, 들어오는 요청을 모두 빠르게 처리한다는 의미가 아니라, 적어도 요청의 일부는 계속 서비스를 제공받을 수 있다는 의미다.

2.4.2 카피온라이트

1일 차에서 우리는 동시성 프로그램 내부에서 청취자[listener]를 안전하게 호출하는 방법을 살펴보았다. updateProgress()를 수정해서 방어적인 카피를 만들도록 했음을 기억할 것이다. 자바 표준 라이브러리는 이보다 더 깔끔하고 미리 준비된 해법인 CopyOnWriteArrayList를 제공한다.

ThreadsLocks/HttpDownloadBetter/src/main/java/com/paulbutcher/Downloader.java

```java
private CopyOnWriteArrayList<ProgressListener> listeners;

public void addListener(ProgressListener listener) {
  listeners.add(listener);
}
public void removeListener(ProgressListener listener) {
  listeners.remove(listener);
}
private void updateProgress(int n) {
  for (ProgressListener listener: listeners)
    listener.onProgress(n);
}
```

CopyOnWriteArrayList는 앞에서 보았던 방어적 복제 전략을 어설픈 방법으로 전락시킨다. 리스트를 순차적으로 방문하기 전에 무조건 복제를 만드는 대신, 값이 변경될 때마다 복제를 하는 것이다. 이미 존재하는 순환자[iterator]는 복제되기 전의 카피를 그대로 참조한다. 이런 경우가 흔하진 않지만 적어도 이 경우에는 완벽하다.

첫째, 이렇게 하면 코드가 매우 깔끔하고 간결해진다. 사실 이 코드는 listeners의 정의와 무관하게 앞에서 보았던 스레드 안전성이 보장되지 않는 코드와 거의 동일하다. 둘째,

updateProgress()가 호출될 때마다 복제를 수행하는 것이 아니라 (훨씬 드물게 생길) listeners의 값이 변경될 때에 한해서 복제를 하기 때문에 성능 면에서 더 효율적이다.

스레드 풀의 크기는 어느 정도로 만들어야 하나요?

가장 알맞은 스레드 수는 코드를 실행하는 하드웨어가 무엇인지, 스레드가 IO 바운드인지 아니면 CPU 바운드인지, 해당 컴퓨터에서 동시에 어떤 작업이 수행되는지 등 그밖에 다른 많은 요소에 의해서 결정된다.

그렇다고 했을 때, 계산을 집중적으로 수행하는 업무의 경우에는 보통 코어의 수와 동일한 수의 스레드를 풀에 담는 것이 일반적이고, IO 중심의 업무인 경우에는 코어보다 많은 수를 사용하는 편이 낫다.

이 정도의 원리를 염두에 둔 상태에서 철저한 부하 테스트와 측정을 수행하는 것이 바람직하다.

2.4.3 완전한 프로그램

지금까지 우리는 개별 도구를 분리해서 살펴보았다. 다음은 작지만 실전적인 문제를 하나 풀어 볼 것이다. 위키피디아에서 가장 흔히 사용되는 단어는 무엇인가?

상당히 쉬운 문제다. XML 데이터를 내려 받은 다음, 그것을 읽고 단어의 수를 헤아리는 프로그램을 작성하면 된다.[3] 데이터의 크기가 대략 40기가바이트에 달한다는 점을 생각하면 그런 작업은 오랜 시간이 걸릴 것이다. 병렬화를 통해서 속도를 향상시키는 방법이 있을까?

일단 기준이 될 값을 구해보자. 처음 100,000페이지에 담긴 단어를 순차적으로 헤아리는 데 걸리는 시간은 어느 정도가 될까?

ThreadsLocks/WordCount/src/main/java/com/paulbutcher/WordCount.java

```java
public class WordCount {
  private static final HashMap<String, Integer> counts =
    new HashMap<String, Integer>();
```

---

3 http://dumps.wikimedia.org/enwiki/

```
    public static void main(String[] args) throws Exception {
      Iterable<Page> pages = new Pages(100000, "enwiki.xml");
      for(Page page: pages) {
        Iterable<String> words = new Words(page.getText());
        for (String word: words)
          countWord(word);
      }
    }

  private static void countWord(String word) {
    Integer currentCount = counts.get(word);
    if (currentCount == null)
      counts.put(word, 1);
    else
      counts.put(word, currentCount + 1);
    }
  }
```

내 맥북프로에서 이 계산은 105초가 걸렸다.

그럼 병렬화된 버전은 어디에서 시작해야 하는가? 메인 루프에서 순차적 방문이 일어날 때 본문에서는 두 가지 업무가 수행된다. 우선 XML을 충분히 해석해서 Page를 하나 만들고, 그 다음 그 안에 담긴 텍스트에서 단어를 세는 방식으로 페이지를 소비한다.

이러한 종류의 작업에 적용될 수 있는 고전적인 패턴이 있는데, 생산자-소비자 패턴이 바로 그것이다. 하나의 스레드가 값을 생산하는 작업과 소비하는 작업을 오고 가도록 만드는 것이 아니라, 두 개의 스레드를 만들어서 하나는 생산자로 정하고 하나는 소비자로 정하는 것이다.

다음은 생산자를 구현한 Parser 클래스의 코드다.

ThreadsLocks/WordCountProducerConsumer/src/main/java/com/paulbutcher/Parser.java

```
  class Parser implements Runnable {
    private BlockingQueue<Page> queue;

    public Parser(BlockingQueue<Page> queue) {
      this.queue = queue;
    }

    public void run() {
      try {
```

```
▶        Iterable<Page> pages = new Pages(100000, "enwiki.xml");
▶        for (Page page: pages)
▶          queue.put(page);
      } catch (Exception e) { e.printStackTrace(); }
    }
  }
```

run() 메서드는 순차적 해법에서 외곽에 있던 루프를 포함하고 있다. 하지만 새롭게 해석한 페이지에서 바로 단어의 수를 세는 것이 아니라 페이지를 큐의 꼬리에 더한다.

다음은 소비자 코드다.

ThreadsLocks/WordCountProducerConsumer/src/main/java/com/paulbutcher/Counter.java

```
class Counter implements Runnable {
  private BlockingQueue<Page> queue;
  private Map<String, Integer> counts;
  public Counter(BlockingQueue<Page> queue,
                 Map<String, Integer> counts) {
    this.queue = queue;
    this.counts = counts;
  }

  public void run() {
    try {
      while(true) {
▶        Page page = queue.take();
        if (page.isPoisonPill())
          break;

▶        Iterable<String> words = new Words(page.getText());
▶        for (String word: words)
▶          countWord(word);
      }
    } catch (Exception e) { e.printStackTrace(); }
  }
}
```

기대하는 바와 같이, 이 코드는 순차적 해법의 내부 루프를 가지고 있어서 입력되는 내용을 큐에서 꺼내온다.

끝으로, 다음은 이러한 두 개의 스레드를 생성하는 메인 루프의 새로운 버전이다.

ThreadsLocks/WordCountProducerConsumer/src/main/java/com/paulbutcher/WordCount.java

```
ArrayBlockingQueue<Page> queue = new ArrayBlockingQueue<Page>(100);
HashMap<String, Integer> counts = new HashMap<String, Integer>();

Thread counter = new Thread(new Counter(queue, counts));
Thread parser = new Thread(new Parser(queue));

counter.start();
parser.start();
parser.join();
queue.put(new PoisonPill());
counter.join();
```

java.util.concurrent에 있는 ArrayBlockingQueue는 이와 같은 생산자-소비자 패턴을 구현하기에 적합한 동시성 큐에 해당한다. 효율적인 put()과 take() 메서드를 제공할 뿐만 아니라, 이러한 메서드들은 필요에 따라서 블로킹 동작을 수행하기도 한다. 큐가 비어 있을 때 take()를 호출하면 큐에 어떤 항목이 담길 때까지 블로킹한다. 또한 큐가 꽉 차서 여유가 없을 때 put()을 호출하면 큐에 빈자리가 생길 때까지 블로킹한다.

왜 블로킹 큐를 이용하는가?

java.util.concurrent 패키지는 블로킹 큐 이외에도 크기에 제한이 없고 기다리지 않으며 (wait-free), 블로킹되지 않는 ConcurrentLinkedQueue를 제공한다. 언뜻 보면 이것은 바람직한 특징을 다 모아놓은 것처럼 보인다. 그렇다면 우리가 해결하려고 했던 문제에서 이것을 사용하지 않은 이유는 무엇인가?

문제는 생산자와 소비자가 (아마도 분명히) 동일한 속도로 동작하지 않을 것이라는 사실이다. 특히 생산자가 소비자보다 빠르게 동작하면 큐의 크기는 점점 커진다. 우리가 해석하는 위키피디아의 데이터 크기가 40기가바이트에 달한다는 점을 생각해보면, 큐의 크기는 쉽게 메모리 용량을 넘어서게 될 것이다.

이런 경우에 블로킹 큐를 사용하면 생산자가 소비자보다 앞서나갈 수 있긴 하지만, 너무 앞서 나가지 못하도록 제한을 둔다.

이 해법에서 흥미로운 측면은 소비자가 동작을 종료해야 하는 시점을 어떻게 알 수 있는가다.

ThreadsLocks/WordCountProducerConsumer/src/main/java/com/paulbutcher/Counter.java

```
if (page.isPoisonPill())
  break;
```

이름에서 알 수 있는 것처럼, poison pill(독약)이라는 것은 데이터가 마지막 부분에 도달했으니 소비자가 동작을 종료해도 좋다고 알려주는 특별한 토큰이다. C나 C++에서 문자열의 끝을 나타내기 위해서 null 문자를 사용하는 것과 매우 비슷하다.

이렇게 코드를 작성하면 속도가 빨라지는데, 이 버전은 105초가 걸리는 대신 95초가 걸린다.

그것으로도 훌륭하지만, 우리가 할 수 있는 것은 그 이상이다. 생산자-소비자 패턴의 진정한 이점은 생산과 소비를 병렬로 처리할 수 있다는 점과 여러 생산자와 여러 소비자를 동시에 사용할 수 있다는 데 있다.

그렇다면 우리는 생산자와 소비자의 속도 중에서 어느 것을 더 빠르게 만들어야 할까? 코드에서 시간을 더 많이 사용하는 곳은 어디인가? 코드를 수정해서 생산자만 돌도록 만든 다음 시간을 재면, 처음 100,000페이지를 해석하는 데 걸리는 시간이 대략 10초다.

잠깐 생각해보면 이유를 알 수 있을 것이다. 처음에 만들었던 순차 방식의 코드는 105초 동안 동작했고, 생산자-소비자 버전은 95초 동안 동작했다. 그렇다면 해석 자체는 10초가 걸리고 단어를 세는 동작이 95초가 걸린다고 볼 수 있다. 해석과 카운팅을 동시에 수행하면 전체 시간이 둘 중에서 더 오래 걸리는 동작의 시간과 같은 수준이 될 때까지 줄일 수 있다. 그래서 이 경우에는 그게 95초다.

따라서 성능을 더욱 향상시키려면 여러 개의 소비자를 만들어서 카운팅 과정을 병렬화해야 한다. 다음 그림은 우리가 원하는 방향을 설명해주고 있다.

그림 2-3 카운팅 과정의 병렬화

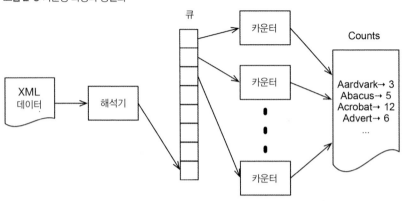

여러 개의 스레드가 단어를 동시에 헤아리도록 만들고 싶다면 counts 맵에 대한 접근을 동기화하는 방법이 필요하다.

첫 번째로 고려할 방법은 Collections에 있는 synchronizedMap() 메서드를 호출하면 얻을수 있는 동기화된 맵을 사용하는 것이다. 하지만 동기화된 컬렉션은 원자화된 방식의 읽기—수정하기—쓰기 메서드를 제공하지 않기 때문에 도움이 안 된다. HashMap을 쓰고자 한다면 그에 대한 접근을 우리 스스로 동기화해야 한다.

다음은 바로 그런 일을 수행하도록 수정된 countWord() 메서드다.

ThreadsLocks/WordCountSynchronizedHashMap/src/main/java/com/paulbutcher/Counter.java

```java
  private void countWord(String word) {
▶   lock.lock();
    try {
      Integer currentCount = counts.get(word);
      if (currentCount == null)
        counts.put(word, 1);
      else
        counts.put(word, currentCount + 1);
▶   } finally { lock.unlock(); }
  }
```

다음은 여러 개의 소비자를 수행하는 메인 루프다.

```java
ArrayBlockingQueue<Page> queue = new ArrayBlockingQueue<Page>(100);
HashMap<String, Integer> counts = new HashMap<String, Integer>();
ExecutorService executor = Executors.newCachedThreadPool();
for (int i = 0; i < NUM_COUNTERS; ++i)
  executor.execute(new Counter(queue, counts));
Thread parser = new Thread(new Parser(queue));
parser.start();
parser.join();
for (int i = 0; i < NUM_COUNTERS; ++i)
  queue.put(new PoisonPill());
executor.shutdown();
executor.awaitTermination(10L, TimeUnit.MINUTES);
```

여러 개의 스레드를 직접 관리하는 대신 여러 가지 편리함을 제공하는 스레드 풀을 사용하고 있다는 점을 제외하면 앞에서 보았던 코드와 다를 바가 없다. 프로그램 전체를 깔끔하게 종료하기 위해서 정확한 수의 포이즌필(독약)을 큐에 집어넣어야 한다는 점에 유의해야 한다.

이렇게 작성된 코드가 괜찮아 보이기는 하지만 우리가 원하는 수준과는 거리가 멀다. 다음은 소비자 수에 따른 코드의 동작 속도다(성능 향상은 순차적 버전을 기준으로 한 비율이다).

표 2-1 소비자 수에 따른 코드 동작 속도

소비자	시간 (초)	성능 향상
1	101	1.04
2	212	0.49

소비자를 하나 더 만들었는데 왜 시간이 더 오래 걸리는 것일까? 그냥 속도가 느린 정도가 아니라 두 배로 느려졌다고?

그에 대한 답은 지나친 경합contention에 있다. 많은 스레드가 하나의 공유된 자원에 동시에 접근하려고 하는 현상이다. 이 경우에는 소비자 스레드가 counts 맵에 접근하기 위해서 너무 많은 시간을 기다려야 하기 때문에, 실제로 유용한 작업을 수행하는 시간보다 하염없이 순서를 기다리는 시간이 더 길어진다. 엉망이 된 성능은 이런 현상에 대한 결과다.

그렇지만 포기할 필요는 없다. java.util.concurrent 내에 있는 ConcurrrentHashMap이 정확히 우리가 필요한 기능을 제공해줄 것처럼 보인다. 원자적인 방식의 읽기-수정하기-쓰기 메서드를 제공할 뿐만 아니라 (잠금장치 벗기기[lock striping]라는 테크닉을 통해서) 높은 수준의 동시적 접근을 지원하도록 설계되어 있다.

다음은 ConcurrentHashMap을 사용한 수정된 countWord() 메서드다.

ThreadsLocks/WordCountConcurrentHashMap/src/main/java/com/paulbutcher/Counter.java

```java
private void countWord(String word) {
  while (true) {
    Integer currentCount = counts.get(word);
    if (currentCount == null) {
      if (counts.putIfAbsent(word, 1) == null)
        break;
    } else if (counts.replace(word, currentCount, currentCount + 1)) {
      break;
    }
  }
}
```

이게 정확히 어떻게 동작하는지 이해하고 넘어갈 필요가 있다. 단순히 put()을 사용하는 대신 이제 우리는 putIfAbsent()와 replace()의 조합을 사용한다.

다음은 putIfAbsent()에 대한 설명이다.

> 주어진 키와 연결되어 있는 값이 없으면 키와 값을 연결해서 저장한다. 다음과 같은 작업을 수행한다.
>
> ```java
> if (!map.containsKey(key))
>   return map.put(key, value);
> else
>   return map.get(key);
> ```
>
> 유일한 차이는 모든 작업을 원자적으로 수행한다는 점이다.

다음은 replace()에 대한 설명이다.

주어진 키와 연결되어 있는 값이 있는 경우에 한해서 값을 새로운 값으로 바꾼다. 다음과 같은 작업을 수행한다.

```
if (map.containsKey(key) && map.get(key).equals(oldValue)) {
  map.put(key, newValue);
  return true;
} else return false;
```

유일한 차이는 모든 작업을 원자적으로 수행한다는 점이다.

따라서 이러한 메서드를 사용할 때는 우리가 원하는 작업이 성공적으로 수행되었는지 알기 위해 리턴된 값을 확인할 필요가 있다. 성공적으로 수행되지 않았으면 루프를 돌면서 다시 시도해야 한다.

이 버전을 사용하면 성능이 향상된다.

표 2-2 성능 향상의 결과

소비자	시간 (초)	성능 향상
1	120	0.87
2	83	1.26
3	65	1.61
4	63	1.67
5	70	1.50
6	79	1.33

성공이다! 이제는 소비자를 더 추가하는 것이 적어도 소비자의 수가 4에 달할 때까지는 성능이 향상되다가 4에 도달한 이후에는 다시 속도가 느려진다.

63초가 순차적 버전의 105초에 비하면 훨씬 빨라진 것임은 틀림없지만, 2배의 속도 향상에는 미치지 못하는 것이 사실이다. 내 맥북은 4개의 코어를 가지고 있으므로 속도가 4배로 빨라져야 정상이 아닌가?

소스 코드를 좀 더 들여다보면 우리의 해법이 counts 맵에 대한 경합을 필요 이상으로 만들어 내고 있음을 알 수 있다. 더 나은 속도를 원한다면 소비자들이 모두 공통의 counts를 동시에 사용하는 것이 아니라, 각자의 내부에 국한된 공유되지 않는 counts를 사용하는 것이 효과적이다. 프로그램을 종료하기 전에 이러한 counts들을 하나로 병합하면 된다.

ThreadsLocks/WordCountBatchConcurrentHashMap/src/main/java/com/paulbutcher/Counter.java

```java
private void mergeCounts() {
  for (Map.Entry<String, Integer> e: localCounts.entrySet()) {
    String word = e.getKey();
    Integer count = e.getValue();
    while (true) {
      Integer currentCount = counts.get(word);
      if (currentCount == null) {
        if (counts.putIfAbsent(word, count) == null)
          break;
      } else if (counts.replace(word, currentCount, currentCount + count)) {
        break;
      }
    }
  }
}
```

이렇게 수정한 코드는 속도가 거의 4배로 빨라진 것을 알 수 있다.

표 2-3 수정한 코드의 결과

소비자	시간 (초)	성능 향상
1	95	1.10
2	57	1.83
3	40	2.62
4	39	2.69
5	35	2.96
6	33	3.14
7	41	2.55

이 버전은 우리가 소비자를 추가함에 따라 전보다 빠른 속도로 성능을 향상시킬 뿐만 아니라 심지어 소비자의 수가 4를 넘어서도 계속 속도의 향상을 보여준다. 이것이 가능한 이유는 내 맥북의

코어는 "하이퍼스레드" 기능을 지원하기 때문에 실제 코어의 수는 4지만 availableProcessor()
메서드는 8을 리턴하기 때문이다.

[그림 2-4]는 지금까지 살펴본 3개 버전의 성능이 어떻게 다른지 보여준다.

그림 2-4 소비자의 수와 단어 세기 성능 비교

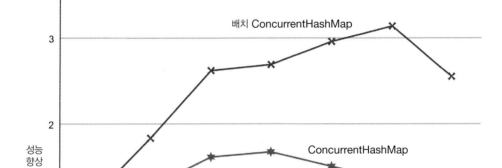

병렬 프로그램을 이용해서 작업할 때에는 이와 같은 그래프를 계속 만나게 될 것이다. 성능 향
상이 초기에는 선형적으로 증가하다가 어느 시점부터는 느리게 증가한다. 궁극적으로는 성능
이 최고점에 도달한 후로는 스레드를 추가하는 것이 오히려 속도를 느리게 만든다.

우리가 수행한 일이 무엇인지 되돌아볼 필요가 있다. 우리는 동시성 큐와 동시성 맵을 사용해
서 서로 협업하는 여러 개의 소비자를 사용하는 상대적으로 정교한 수준의 생산자-소비자 프
로그램을 만들었다. 표준 라이브러리에서 제공하는 도구들을 사용했기 때문에 명시적인 잠금
장치를 사용하지 않고도 만들 수 있었다.

2.4.4 3일 차 마무리

지금까지 스레드와 잠금장치를 이용한 프로그래밍에 대해 알아보았다.

3일 차에서 배운 내용

다음 내용에 따르면 java.util.concurrent 패키지에서 제공하는 도구들을 이용해 동시성 코드를 쉽게 만들 수 있을 뿐만 아니라 프로그램을 더 안전하고 효과적으로 만들 수 있다.

- 스레드를 직접 만드는 대신 스레드 풀을 이용한다.
- CopyOnWriteArrayList를 이용해 리스너 관리를 더 쉽고 효과적으로 만든다.
- 생산자와 소비자가 ArrayBlockingQueue를 이용해 더 효과적으로 의사소통을 한다.
- ConcurrentHashMap을 이용해 맵에 대한 동시적인 접근을 지원한다.

3일 차 자율학습

찾아라

- ForkJoinPool에 대한 문서. fork/join 풀은 일반적인 스레드 풀과 어떻게 다른가? 어느 하나를 선호해야 하는 이유나 상황은 무엇인가?
- 작업 훔치기work stealing는 무엇이고 어떤 도움을 주는가? java.util.concurrent가 제공하는 도구를 이용해 작업 훔치기를 어떻게 구현하는가?
- CountDownLatch와 CyclicBarrier는 어떤 차이가 있는가? 어느 하나를 선택해서 사용하는 이유나 상황은 무엇인가?
- 암달의 법칙Amdahl's law은 무엇인가? 우리의 단어 세기 알고리즘의 성능이 개선될 수 있는 이론적인 한계에 대해서 이 법칙은 무엇을 이야기해주는가?

수행하라

- 생산자-소비자 프로그램을 포이즌필 대신 "데이터의 끝"을 알려주는 별도의 플래그를 이용해서 다시 작성하라. 그렇게 작성한 코드를 생산자가 소비자보다 더 빠르게 동작하거나 혹은 그 반대의 경우에도 제대로 동작하도록 만들어라. "데이터의 끝" 플래그가 이미 설정된 상황에서 소비자가 큐에서 무언가를 꺼내려고 한다면 어떤 일이 일어나는가? 포이즌필 방식이 많이 사용되는 이유는 무엇인가?
- 자신의 컴퓨터 혹은 사용할 수 있는 여러 대의 컴퓨터에서 우리가 작성한 여러 버전의 단어 세기 프로그램을 실행해보라. 다른 컴퓨터를 사용했을 때 성능을 나타내는 그래프의 모양은 어떻게 달라지는가? 32개의 코어를 가진 컴퓨터에서 코드를 실행하면 32배에 달하는 성능 향상을 볼 수 있을까?

2.5 마치며

스레드와 잠금장치를 이용한 프로그래밍은 아마 이 책에서 보게 될 그 어떤 테크닉보다 사람들의 의견을 확연하게 둘로 나누는 것처럼 보인다. 어떤 사람들은 이것이 올바르게 사용하는 것이 너무나 어렵게 느껴지기 때문에, 아예 사용하는 것을 회피하고 멀티스레드 코드를 작성하는 것 자체를 원치 않는다. 어떤 사람들은 그런 호들갑을 이해하지 못한다. 몇 개의 간단한 규칙만 지켜지면 충분하고, 그렇게 하는 것이야말로 다른 어떤 형태의 프로그래밍과 다를 바 없다고 여긴다.

이러한 방법이 갖는 장점과 단점을 살펴보도록 하자.

2.5.1 장점

스레드와 잠금장치가 갖는 최고의 장점은 이 모델의 폭넓은 적용범위다. 이 책에서 살펴보는 다른 방법들이 대부분 이 모델에 기초를 두고 있다는 사실에서 유추할 수 있듯이, 스레드와 잠금장치는 매우 광범위한 문제에 적용될 수 있다. 그들은 (하드웨어가 수행하는 동작을 약간의 공식으로 포착한 것에 불과하다는 점에서) "기계 자체에 가깝기" 때문에 정확하게 사용되면 매우 효율적일 수 있다. 이것은 이들이 미세한 것에서부터 굵직굵직한 것에 이르기까지 다양한 범위의 문제를 해결하는 데 사용될 수 있음을 뜻한다.

또한 이러한 모델은 대부분의 프로그래밍 언어에 쉽게 통합될 수 있다. 언어를 설계하는 사람들은 스레드와 잠금장치를 이미 존재하는 명령형 혹은 객체 지향 언어에 별 어려움 없이 덧붙일 수 있다.

2.5.2 단점

스레드와 잠금장치는 병렬성을 지원하지 않는다. (앞에서 동시성과 병렬성이 같은 것이 아니라고 말했던 것을 기억하는가?) 단어 세기 예에서 보았던 것처럼 그들은 순차적 알고리즘을 병렬화하는 데 사용될 수 있다. 하지만 이렇게 하는 것은 비결정성이라는 요괴를 낳는 동시에 원시적인 구조물을 사용하는 것이 필요하다.

몇몇 실험적인 분산 공유 메모리 연구 시스템을 제외하면 스레드와 잠금장치는 공유 메모리 아키텍처만 지원한다. (지역적이거나 혹은 탄력성 제공을 위한) 분산 메모리를 지원할 필요가 있으면 다른 방법을 찾아야 한다. 이것은 곧 스레드와 잠금장치는 크기가 너무 커서 단일 시스템 메모리에 완전히 올라올 수 없는 문제를 해결하기에는 적합하지 않음을 의미한다.

이 방법이 갖는 가장 커다란 단점은 스레드와 잠금장치를 이용하는 것이 무엇보다 어렵다는 점이다. 언어를 설계하는 사람은 이런 기능을 추가하는 것이 쉬울지 몰라도, 불쌍한 우리 프로그래머들에게는 별로 도움이 되지 않는다.

방 안의 코끼리

내가 보기에 멀티스레딩 프로그래밍을 어렵게 만드는 것은 코드를 작성하는 것이 어려운 것이 아니라 테스트하는 것이 어렵기 때문이다. 어떤 함정에 빠질 수 있기 때문에 어려운 것이 아니라 함정에 빠졌다는 사실 자체를 알 수 없기 때문에 어려운 것이다.

예를 들어 메모리 모델을 생각해보자. 2.2.4절의 '메모리 가시성'에서 보았던 것처럼, 두 개의 스레드가 동기화되지 않은 채로 같은 메모리 장소에 접근하면 온갖 이상한 일이 벌어질 수 있다. 하지만 무엇이 잘못되었는지 어떻게 알 수 있는가? 적절한 동기화 없이 메모리에 접근하는 일이 전혀 없었음을 증명할 수 있는 테스트 코드를 어떻게 작성할 수 있는가?

슬프게도 그런 방법은 없다. 스트레스 테스트를 수행하는 코드를 작성할 수는 있지만, 그런 테스트를 다 통과한다고 해서 코드가 완벽하게 정확하다는 사실을 증명할 수 있는 것은 아니다. 앞에서 보았던 "식사하는 철학자" 코드는 궁극적으로 버그가 있어서 언젠가 데드락이 발생할 수 있는 코드지만, 나는 1주일이 넘도록 아무런 문제없이 코드를 실행할 수 있었다.

스레드와 관련된 버그가 아주 가끔 모습을 드러낸다는 사실도 상황을 어렵게 만드는 데 일조한다. 나는 서버가 몇 달 동안 아무런 문제없이 동작하다가 어느 날 아침 동작을 멈추었다는 전화를 받고 잠에서 깬 적이 몇 번 있었다. 그런 문제가 10분에 한 번씩 일어난다면 버그를 잡는 일이 어렵지 않을 것이다. 하지만 똑같은 문제를 발생시키기 위해서 몇 달 동안 코드를 수행해야 한다면 디버깅 자체가 불가능하다.

이보다 더 나쁜 일도 있다. 스레드와 관련된 버그를 담고 있지만 아무리 철저하게, 아무리 오랫동안 테스트를 수행해도 그 버그가 절대로 모습을 드러내지 않는 코드를 작성하는 것마저 가능하다. 코드의 실행 순서가 뒤바뀔 수 있는 방식으로 코드를 작성했다고 해서 그런 뒤바뀜이 반드시 일어나는 것은 아니다. 따라서 예컨대 JVM을 업그레이드 하거나 하드웨어를 바꾸기 전까지 어느 누구도 이해할 수 없는 문제가 숨어있었다는 사실조차 눈치 채지 못하는 일도 충분히 가능하다.

관리

코드를 작성할 때 이런 문제들은 이미 충분히 어려움을 안겨 준다. 하지만 코드는 가만히 멈춰 있지 않는다. 코드를 작성할 때 모든 것이 정상적으로 동기화되고, 잠금장치가 올바른 순서대로 획득되고, 잠금장치를 가지고 있는 동안은 외부 함수를 호출하지 않도록 하는 등의 원리를 철저히 지키는 것이 좋다. 하지만 그렇게 작성한 코드가 1년 동안 10명의 다른 프로그래머 손을 거쳐가는 동안 처음 모습 그대로 남아 있으리라고 기대하는 것은 무망하다. 지난 10년 동안 우리 모두는 확신을 가지고 리팩토링을 수행할 수 있게 하기 위해서 자동화된 테스트를 작성하는 방법을 익혔다. 하지만 스레딩과 관련된 문제는 안정적으로 테스트할 수 없기 때문에, 멀티스레드를 사용하는 코드는 안정적으로 리팩토링할 수 없다.

우리가 할 수 있는 일이라고는 멀티스레드 코드를 대할 때 신중에 신중을 기울이는 방법밖에는 없다. 충분히 그렇게 했다는 생각이 들더라도 좀 더 신중하게 생각을 해야 한다. 이렇게 하는 것은 당연히 쉽지도 않고 확장성도 없다.

쓰레기 더미에서 바늘찾기

스레드와 관련된 문제를 진단하는 것은 포뮬라 원의 엔지니어들이 엔진 고장을 진단할 때 느끼는 심정과 비슷할 것 같다. 몇 시간 동안 아무 결함 없이 동작하던 엔진이 갑자기, 아무 사전 신호 없이, 어마어마한 모습으로 동작을 멈춰버리는 것이다. 그리고 뒤에 따르던 자동차들은 기름과 부서진 조각들로 샤워를 하게 된다.

이 차가 공장에 들어오면 가엾은 엔지니어는 부서진 쓰레기 더미에서 엔진이 고장 난 원인을 찾아야 한다. 문제는 오일펌프 베어링이나 부서진 밸브처럼 사소한 원인 때문이었을 수도 있지만 그런 사실을 엉망진창으로 망가진 쓰레기 더미 속에서 어떻게 찾을 수 있을까?

그들이 이런 문제를 다루는 방식은 자동차 운행과 관련된 로그 기록을 최대한 확보하도록 만들고, 자동차에 새 엔진을 달아서 내보낸다. 다음에 비슷한 일이 또 발생하면 그때는 필요한 정보를 볼 수 있으리라고 기대하는 것이다.

2.5.3 다른 언어들

JVM에서 스레드와 잠금장치를 이용한 프로그래밍과 관련해서 더 깊게 공부하고 싶으면 java. util.concurrent 패키지를 만든 장본인인 브라이언 괴츠[Brian Goetz]가 쓴 『실전 자바 동시성』[4]이 훌륭한 출발점이 될 것이다. 멀티스레드 프로그램을 작성하는 방법의 세세한 내용은 언어에 따라 다르지만, 우리가 이 장에서 이야기한 내용은 언어와 상관없이 널리 적용될 수 있는 일반적인 원리다. 잠금장치는 고정된 공통의 순서에 따라 획득하라. 잠금장치를 가지고 있는 동안에는 외부 함수를 호출하지 마라. 이런 원리는 스레드와 잠금장치를 이용하는 모든 언어에 공통적으로 적용된다.

특히 우리는 주로 자바 메모리 모델에 대해서 이야기하긴 했지만, 동시성 코드에서 메모리에 접근하는 코드의 순서가 뒤바뀌는 현상은 자바에만 국한되는 내용은 아니다. 차이점이 있다면 다른 언어는 대개 그런 뒤바뀜이 언제 어떻게 일어나는지를 설명하는 명확한 메모리 모델을 가지고 있지 않다는 점이다. C와 C++의 경우에는 최근에 C11과 C++ 11 표준에 메모리 모델이 추가됨으로써 이런 차이를 메웠다.

2.5.4 마지막 생각

이런 여러 가지 문제점에도 불구하고, 멀티스레딩 프로그래밍은 오랫동안 우리 곁에 머물 것이다. 하지만 이 책의 나머지 부분에서는 우리의 도구상자에 들어있어야 할 다른 접근 방식에 대해서 살펴볼 것이다.

다음 장에서는 가변 상태 자체를 사용하지 않음으로써 스레드와 잠금장치가 낳는 수많은 문제를 회피하는 함수형 프로그래밍에 대해서 살펴보게 될 것이다. 함수형 프로그래밍 코드를 작성하지 않는 사람이라도 함수형 프로그래밍 배후에 존재하는 원리를 이해해 두면 앞으로도 큰 도움이 될 것이다. 이런 원리들이야말로 다른 많은 동시성 모델의 배후에 존재하는 원리기도 하다.

----

4 Brian Goetz. 『Java Concurrency in Practice』. Addison–Wesley, Reading, MA, 2006.

CHAPTER 3

함수형 프로그래밍

함수형 프로그래밍은 진보적이고 미래적이다. 아직은 대중적으로 사용되고 있지는 않지만 향후 20년을 책임질 수소 연료 자동차를 운전하는 것과 비슷하다.

실행될 때마다 어떤 공통의 상태를 변경하는 일련의 명령문으로 이루어진 명령형 프로그램과 달리 함수형 프로그래밍 모델은 표현을 평가하는 방식으로 계산을 수행한다. 그런 표현은 (일반적인 값과 똑같이 취급되는) 1급 개체면서 부작용이 없는 순수 수학적 함수에서 만들어진다. 함수는 부작용에서 자유롭기 때문에 스레드의 안전성과 관련해서 사고하는 것을 훨씬 단순하게 만들어줌으로써 동시성에 특별한 강점을 갖는다. 그리고 이것은 우리가 살펴보는 모델 중에서 병렬성이 직접 구현되도록 만들어주는 첫 번째 모델에 해당한다.

3.1 문제가 있으면 멈추는 것이 상책이다

2장 '스레드와 잠금장치'에서 잠그기와 관련해서 논의한 규칙은, 여러 개의 스레드에 의해서 공유되고 값이 변경되는 데이터에 한해서 적용된다. 즉, 가변이면서 공유되는 상태에만 적용되는 것이다. 이에 비해서 값이 변하지 않는(즉 불변인) 데이터는 잠금장치가 없어도 여러 개의 스레드가 안전하게 접근할 수 있다.

함수형 프로그래밍이 동시성이나 병렬성과 관련해서 매력을 갖는 이유가 여기에 있다. 함수형 프로그램은 가변인 상태가 아예 없으므로, 가변이면서 공유되는 상태에서 야기되는 문제와 원천적으로 아무 상관이 없다.

이 장에서 우리는 JVM에서 동작하는 LISP의 변종인 클로저가 구현한 함수형 프로그램을 살펴볼 것이다.[1] 클로저는 동적타이핑을 사용한다. 루비나 파이썬에 익숙한 사람이라면 일단 클로저의 낯선 문법만 어느 정도 익히면 전체적인 개념이 편하게 느껴질 것이다. 클로저가 순수 함수형 언어는 아니지만, 이 장에서는 그것이 담고 있는 순수 함수의 측면을 집중적으로 만나게될 것이다. 이 장의 내용을 공부하기 위해서 클로저를 간략하게 설명하겠지만, 자세한 내용을공부하고 싶은 사람은 스튜어트 할로웨이와 아론 베드라가 쓴 『프로그래밍 클로저』[2]를 읽어보기바란다.

1일 차에는 함수형 프로그래밍의 몇 가지 기초를 보고 함수 알고리즘을 병렬화하는 것이 얼마나쉬운지 볼 것이다. 2일 차에는 클로저가 사용하는 축소자[reducer] 프레임워크를 자세히 살펴보고,이 병렬장치가 내부적으로 어떻게 동작하는지 알아본다. 끝으로 3일 차에는 병렬성에서 동시성으로 초점을 옮겨서 퓨처[future]와 프라미스[promise]를 이용한 동시적 웹 서비스를 만들어본다.

3.2 1일 차: 가변 상태 없이 프로그래밍하기

함수형 프로그래밍을 처음 접하면 대부분의 프로그래머들이 믿지 못하겠다는 표정을 짓는다.변수의 값을 바꾸지 않으면서 제대로 된 프로그램을 작성하는 것이 가능하지 않다고 생각하기때문이다. 그러나 그게 가능할 뿐만 아니라, 보통의 명령형 코드와 비교했을 때 더 간단하고 쉽다는 사실을 곧 확인하게 될 것이다.

3.2.1 가변 상태의 위험

여기서는 일단 병렬성에 초점을 맞춘다. 간단한 함수 프로그램을 작성한 다음, 그것이 함수 패러다임을 쓰기 때문에 병렬성에 대한 지원이 매우 쉽다는 점을 보여줄 것이다. 우선 자바로 작성한 한두 개의 예를 통해서 가변 상태를 피하는 것이 왜 도움이 되는지 확인해보자.

----

1 http://clojure.org
2 Stuart Halloway and Aaron Bedra. 『Programming Clojure』. The Pragmatic Bookshelf, Raleigh, NC and Dallas, TX, Second, 2012.

숨겨진 가변 상태

다음은 가변 상태를 갖지 않기 때문에 스레드 안전성이 보장되는 클래스다.

FunctionalProgramming/DateFormatBug/src/main/java/com/paulbutcher/DateParser.java

```java
class DateParser {
  private final DateFormat format = new SimpleDateFormat("yyyy-MM-dd");

  public Date parse(String s) throws ParseException {
    return format.parse(s);
  }
}
```

여러 개의 스레드에서 이 클래스를 사용하는 짧은 프로그램을 실행시켜 다음과 같은 에러 메시지를 얻었다(소스 코드는 이 책의 부록에서 확인할 수 있다).

```
Caught: java.lang.NumberFormatException: For input string: ".12012E4.12012E4"
Expected: Sun Jan 01 00:00:00 GMT 2012, got: Wed Apr 15 00:00:00 BST 2015
```

다시 실행하여 이런 메시지를 얻었다.

```
Caught: java.lang.ArrayIndexOutOfBoundsException: -1
```

그 다음에는 이런 메시지다.

```
Caught: java.lang.NumberFormatException: multiple points
Caught: java.lang.NumberFormatException: multiple points
```

이 코드가 스레드-안전성을 제공하지 않는다는 점은 확실하다. 하지만 왜 그런 것일까? 코드에는 하나의 멤버 변수만 존재하고, 그것이 final로 선언되었으므로 변경이 불가능하다.

이유는 SimpleDateFormat이 내부 깊숙한 곳에 가변 상태를 가지고 있기 때문이다. 버그라고 부를 수도 있다.[3] 하지만 우리가 공부하려는 내용과 관련해선 버그든 아니든 상관없다. 자바 같은 언어에서는 이런 식으로 가변 상태를 만드는 것이 너무 쉽다는 게 문제다. 코드가 그런

---

3 http://bugs.sun.com/bugdatabase/view_bug.do?bug_id=4228335

식으로 작성되면 그걸 알아채는 것이 사실상 불가능에 가깝다는 것은 더 큰 문제다. 그렇기 때문에 SimpleDateFormat의 API를 보는 것만으로는 그것이 스레드–안전성을 보장하는지 알 수 없다.

이제 곧 보겠지만, 가변 상태가 숨겨져 있다는 문제만 있는 것이 아니다.

가변 상태는 탈출왕

어떤 토너먼트를 주관하기 위한 웹 서버를 만든다고 생각해보자. 여러 가지 할 일이 있겠지만 우선 선수들의 명단을 관리하기 위해 코드를 다음과 같이 작성한다.

```java
public class Tournament {
  private List<Player> players = new LinkedList<Player>();

  public synchronized void addPlayer(Player p) {
    players.add(p);
  }

  public synchronized Iterator<Player> getPlayerIterator() {
    return players.iterator();
  }
}
```

언뜻 보기에 이 코드는 스레드–안전성을 보장하는 것처럼 보인다. players라는 리스트는 private으로 선언되었고, sychronized를 통해서 동기화된 addPlayer()와 getPlayerIterator() 메서드만 접근하고 있다. 하지만 불행히도 이 코드는 스레드–안전성을 보장하지 않는다. getPlayerIterator()에 의해 리턴된 순환자가 players의 내부에 저장된 가변 상태를 참조할지 모르기 때문이다. 순환자가 사용되는 동안 다른 스레드가 addPlayer()를 호출하면 우리는 ConcurrentModificationException 혹은 그보다 더 심한 예외를 만나게 될 것이다. 우리가 지키고 싶은 상태가 Tournament에서 제공하는 보호의 장막에서 탈출한 것이다.

곁에서 보이지 않거나 이런 식으로 탈출한 상태는 동시성 프로그램에서 가변 상태가 가질 수 있는 대표적인 두 가지 위험에 속한다. 다른 위험도 많이 존재하는데, 이런 위험은 우리가 가변 상태 자체를 완전히 피해야 사라진다. 함수형 프로그래밍이 제공하는 방법이 정확히 그것이다.

3.2.2 클로저에 대한 초스피드 안내

클로저가 사용하는 리스프 문법을 살펴보는 것은 몇 분 정도면 충분하다.

클로저를 익히는 가장 좋은 방법은 lein repl(lein은 클로저의 표준 빌드 도구다)이라는 명령을 통해서 호출할 수 있는 REPL^{read-evaluate-print loop}(읽고−평가하고−프린트하는 루프)을 사용하는 것이다. 이것을 사용하면 소스 파일을 만들고 컴파일하는 과정이 없어도 코드를 입력해 바로 결과를 확인할 수 있다. 익숙하지 않은 코드를 실험적으로 사용할 때 탁월한 도움을 주는 방법이다. REPL을 시작하면 다음과 같은 프롬프트가 나타난다.

```
user=>
```

여기에 클로저 코드를 입력하면 바로 평가된다.

클로저 코드는 대부분 s−표현이라고 불리는, 괄호로 표기되는 리스트로 구성된다. 대부분의 언어가 max(3, 5)라고 작성하는 함수 호출이 클로저에서는 다음과 같이 작성된다.

```
user=> (max 3 5)
5
```

수학적 연산도 마찬가지다. 예를 들어 1+2*3은 다음과 같다.

```
user=> (+ 1 (* 2 3))
7
```

상수를 선언하는 것은 def를 이용한다.

```
user=> (def meaning-of-life 42)
#'user/meaning-of-life
user=> meaning-of-life
42
```

제어 구조마저 s−표현을 사용한다.

```
user=> (if (< meaning-of-life 0) "negative" "non-negative")
"non-negative"
```

클로저에서는 거의 대부분이 s-표현이지만, 예외도 존재한다. 벡터(배열) 리터럴은 대괄호로 표현된다.

```
user=> (def droids ["Huey" "Dewey" "Louie"])
#'user/droids
user=> (count droids)
3
user=> (droids 0)
"Huey"
user=> (droids 2)
"Louie"
```

맵 리터럴은 중괄호로 표현된다.

```
user=> (def me {:name "Paul" :age 45 :sex :male})
#'user/me
user=> (:age me)
45
```

맵에 담긴 키는 종종 콜론으로 시작하는, 루비의 심볼이나 자바에서 인턴^{intern} 처리된 문자열과 매우 흡사한 구조물을 지칭하는 키워드를 사용한다.

끝으로, 함수는 defn으로 정의하고, 인수는 벡터로 표현된다.

```
user=> (defn percentage [x p] (* x (/ p 100.0)))
#'user/percentage
user=> (percentage 200 10)
20.0
```

클로저에 대한 소개는 이렇게 마무리하고, 언어의 다른 측면에 대해서는 필요할 때마다 따로 설명할 것이다.

3.2.3 첫 번째 함수 프로그램

함수형 프로그래밍이 가지고 있는 가장 흥미로운 요소는 그것이 가변 상태를 원천적으로 피하는 것이라고 앞서 말했다. 하지만 그와 관련된 예는 아직 본 적이 없다. 이제 예를 살펴보자.

일련의 수가 있다고 하고, 그들을 서로 더한 값을 계산해보자. 자바와 같은 명령형 언어에서라면 아마 다음과 같이 코드를 작성할 것이다.

```java
public int sum(int[] numbers) {
  int accumulator = 0;
  for (int n: numbers)
    accumulator += n;
  return accumulator;
}
```

accumulator의 상태가 변경되고 있기 때문에 이것은 함수적이지 않다. 그것은 루프가 돌 때마다 값이 달라진다. 다음 클로저 코드는 가변 변수를 사용하지 않는다.

FunctionalProgramming/Sum/src/sum/core.clj

```clojure
(defn recursive-sum [numbers]
  (if (empty? numbers)
    0
    (+ (first numbers) (recursive-sum (rest numbers)))))
```

이것은 재귀적 해법이다. recursive-sum은 (재귀적으로) 스스로를 호출한다. numbers 벡터가 비었으면 단순히 0을 리턴한다. 그렇지 않으면 numbers의 첫 번째 요소(머리)의 값을 나머지 요소들(꼬리)의 총합에 더한다.

이러한 재귀적 해법이 정확한 답을 찾아주긴 하지만, 더 나은 해법이 있다. 다음은 좀 더 간단하고 효과적인 해법이다.

FunctionalProgramming/Sum/src/sum/core.clj

```clojure
(defn reduce-sum [numbers]
  (reduce (fn [acc x] (+ acc x)) 0 numbers))
```

이것은 클로저의 reduce 함수를 이용한다. 이 함수는 내부에서 실행할 함수, 초깃값, 그리고 컬렉션이라는 세 개의 인수를 받아들인다.

이 코드는 fn이라는 키워드를 이용해 두 개의 인수를 받아서 합을 리턴하는 함수를 정의한다. 이 함수는 컬렉션에 담긴 각 요소를 대상으로 한 번씩 호출된다. 처음 호출될 때는 (이 예제에서는 0인) 초깃값과 컬렉션의 첫 번째 요소가 인수로 전달된다. 두 번째 호출될 때는 첫 번째 호출 결과와 컬렉션의 두 번째 요소가 인수로 전달된다. 이런 과정이 계속 반복된다.

아직 끝난 것이 아니다. 우리는 두 개의 인수를 받아서 둘을 합한 결과를 리턴하는 함수로 +를 사용한다는 점에 주목할 필요가 있다. 익명의 함수를 만들 필요조차 없이 아예 +를 인수로 전달하면 더 좋은 코드를 작성할 수 있다.

FunctionalProgramming/Sum/src/sum/core.clj

```
(defn sum [numbers]
  (reduce + numbers))
```

이제 명령형 코드에 비해서 간단하고 간결한 코드를 작성하였다. 명령형 코드를 함수 코드로 바꿀 때 보통 이와 비슷한 단계를 밟아나간다는 사실을 알게 될 것이다.

3.2.4 어렵지 않게 만들 수 있는 병렬성

함수 코드를 작성했으니, 이제 병렬성에 대해서 생각해볼 순서다. sum 함수를 병렬적으로 만들기 위해서 필요한 일이 무엇일까? 거의 없다.

FunctionalProgramming/Sum/src/sum/core.clj

```
(ns sum.core
  (:require [clojure.core.reducers :as r]))

(defn parallel-sum [numbers]
  (r/fold + numbers))
```

---

reduce 함수에 빈 컬렉션을 전달하면 어떻게 되는가?

우리가 마지막에 작성한 sum은 reduce에 초깃값을 전달하지 않는다.

```
(reduce + numbers)
```

이 코드를 보면 우리가 빈 컬렉션을 전달했을 때 무슨 일이 생길지 궁금해진다. 이 함수는 정확

한 동작을 수행하고 0을 리턴한다.

```
sum.core=> (sum [])
0
```

하지만 reduce는 (예컨대 1이나 nil이 아니라) 0을 리턴해야 한다는 사실을 어떻게 알고 있는 것일까? 이것은 클로저 연산에 내재되어 있는 흥미로운 기능 때문이다. 그들은 자신의 항등원identity value이 무엇인지 이미 알고 있다. 그렇기 때문에 예를 들어 + 함수의 경우는 0을 포함하여 임의의 개수의 인수를 전달할 수 있다.

```
user=> (+ 1 2)
3
user=> (+ 1 2 3 4)
10
user=> (+ 42)
42
user=> (+)
0
```

인수가 없으면 덧셈의 항등원인 0을 리턴한다.

마찬가지로 * 연산은 곱셈의 항등원이 1임을 알고 있다.

```
user=> (*)
1
```

reduce에 초깃값을 전달하지 않으면 해당 함수에 아무런 인수를 전달하지 않고 호출했을 때 되돌려 받는 값을 알아서 초깃값으로 사용한다.

+가 임의의 개수의 인수를 받아들일 수 있기 때문에, sum은 apply를 이용해 구현할 수 있다. apply는 어떤 함수와 벡터를 인수로 받아들인 다음, 벡터를 함수에 인수로 전달하며 함수를 호출한다.

FunctionalProgramming/Sum/src/sum/core.clj

```
(defn apply-sum [numbers]
  (apply + numbers))
```

하지만 reduce를 사용하는 버전과 달리 이것은 쉽게 병렬화가 될 수 없다.

이 코드를 앞 버전과 비교했을 때 다른 점은 reduce를 사용하는 대신 (타이핑을 줄이기 위해서 보통 r이라고 줄여 쓰는) clojure.core.reducers 패키지에 있는 함수를 사용하고 있다는 점이다.

다음은 이렇게 하는 것이 성능 측면에서 어떤 도움을 주는지 보여주기 위한 REPL 세션이다.

```
sum.core=> (def numbers (into [] (range 0 10000000)))
#'sum.core/numbers
sum.core=> (time (sum numbers))
"Elapsed time: 1099.154 msecs"
49999995000000
sum.core=> (time (sum numbers))
"Elapsed time: 125.349 msecs"
49999995000000
sum.core=> (time (parallel-sum numbers))
"Elapsed time: 236.609 msecs"
49999995000000
sum.core=> (time (parallel-sum numbers))
"Elapsed time: 49.835 msecs"
49999995000000
```

into를 이용해 (range 0 10000000)의 결과를 빈 벡터에 넣음으로써 0에서 천만 사이에 이르는 모든 정수를 담고 있는 벡터를 만든다. 그 다음에 코드가 실행되는 시간을 출력하는 time 매크로를 이용한다. JVM에서 실행되는 코드가 대개 그렇듯이 저스트-인-타임 컴파일러가 개입해서 최적화된 속도를 만들어낼 수 있도록 똑같은 코드를 여러 번 실행해야 한다.

4코어를 사용하는 내 맥북프로에서 fold는 125ms에서 2.5배 빨라진 속도인 50ms에 이르는 속도를 보여준다. 2일 차에선 fold가 이것을 어떻게 실행하는지 살펴볼 텐데, 그 전에 위키피디아 단어 세기 예제를 함수 버전으로 만드는 것부터 살펴보도록 하자.

3.2.5 함수 방식으로 단어 세기

이제 순차적인 방식으로 단어 세는 코드를 작성하고, 2일 차에선 그 코드를 병렬화할 것이다. 그렇게 하기 위해서는 다음과 같은 세 가지가 필요하다.

- 위키피디아 XML 데이터가 주어졌다고 했을 때, 그 안에 담긴 페이지를 순차적으로 리턴하는 함수
- 페이지가 주어졌다고 했을 때, 그 안에 담긴 단어를 순차적으로 리턴하는 함수
- 일련의 단어가 주어졌다고 했을 때, 각 단어와 해당 단어의 빈도를 담은 맵을 리턴하는 함수

이 중에서 처음 두 개 함수에 대해서는 자세하게 다루지 않을 것이다. 이 책은 동시성에 대한 책이지 XML 해석에 관한 책이 아니기 때문이다(자세한 내용이 궁금한 사람은 부록에 있는 소스 코드를 참고하기 바란다). 하지만 단어를 실제로 세는 함수에 대해서는 자세히 살펴볼 것이다. 그 함수가 우리가 나중에 병렬화 할 대상이다.

함수적인 맵

단어의 빈도를 담은 맵을 리턴할 것이기 때문에, 클로저의 맵 함수인 get과 assoc을 알아둘 필요가 있다.

```
user=> (def counts {"apple" 2 "orange" 1})
#'user/counts
user=> (get counts "apple" 0)
2
user=> (get counts "banana" 0)
0
user=> (assoc counts "banana" 1)
{"banana" 1, "orange" 1, "apple" 2}
user=> (assoc counts "apple" 3)
{"orange" 1, "apple" 3}
```

get은 주어진 키에 해당하는 내용을 맵에서 찾아본 후 해당하는 값이 있으면 그것을 리턴하고, 값이 없으면 기본 값을 리턴한다. assoc은 맵, 키, 그리고 값을 인수로 받은 다음 해당 키와 값이 포함된 맵을 새로 리턴한다.

빈도

이제 일련의 단어를 인수로 받아들이고 단어와 빈도를 담고 있는 맵을 리턴하는 함수를 작성할 준비가 되었다.

```
(defn word-frequencies [words]
  (reduce
    (fn [counts word] (assoc counts word (inc (get counts word 0))))
    {} words))
```

reduce에 초깃값으로 빈 맵 {}을 전달하고 있다. 그 다음에 words에 담긴 각 단어에 대해서 해당 단어의 빈도에 1을 더한다. 이 함수가 실제로 사용되는 예는 다음과 같다.

```
user=> (word-frequencies ["one" "potato" "two" "potato" "three" "potato" "four"])
{"four" 1, "three" 1, "two" 1, "potato" 3, "one" 1}
```

사실 클로저의 표준 라이브러리는 우리보다 한 발 빨랐다. 컬렉션을 받아들여서 그 안에 담긴 멤버들의 빈도를 담은 맵을 리턴하는 frequencies라는 이름의 표준 함수가 이미 존재한다.

```
user=> (frequencies ["one" "potato" "two" "potato" "three" "potato" "four"])
{"one" 1, "potato" 3, "two" 1, "three" 1, "four" 1}
```

이제 단어를 셀 수 있게 되었으므로, XML 처리와 관련된 일만 남았다.

열과 관련된 추가적인 함수들

XML을 처리하기 전에, 약간의 메커니즘을 소개할 필요가 있다. 먼저 map 함수다.

```
user=> (map inc [0 1 2 3 4 5])
(1 2 3 4 5 6)
user=> (map (fn [x] (* 2 x)) [0 1 2 3 4 5])
(0 2 4 6 8 10)
```

map은 함수와 열이 주어지면 열에 담긴 각 요소에 함수를 적용한 결과를 담는 새로운 열을 리턴한다.

하나의 함수, 그리고 둘 이상의 인수를 받아들여서 부분적용 함수를 리턴하는 partial을 이용하면 두 번째 버전을 조금 더 단순하게 만들 수 있다.

```
user=> (def multiply-by-2 (partial * 2))
#'user/multiply-by-2
user=> (multiply-by-2 3)
6
user=> (map (partial * 2) [0 1 2 3 4 5])
(0 2 4 6 8 10)
```

이제 정규표현을 이용해서 문자열을 여러 개의 단어로 나누는 것과 같이 어떤 열을 리턴하는 함수가 있다고 하자.

```
user=> (defn get-words [text] (re-seq #"\w+" text))
#'user/get-words
user=> (get-words "one two three four")
("one" "two" "three" "four")
```

이 함수를 문자열로 이루어진 열에 매핑하면 열을 원소로 갖는 열을 얻게 된다.

```
user=> (map get-words ["one two three" "four five six" "seven eight nine"])
(("one" "two" "three") ("four" "five" "six") ("seven" "eight" "nine"))
```

모든 열의 원소들이 해체되어 하나로 연결된 열을 갖고 싶으면 mapcat을 사용하면 된다.

```
user=> (mapcat get-words ["one two three" "four five six" "seven eight nine"])
("one" "two" "three" "four" "five" "six" "seven" "eight" "nine")
```

이제 단어 세기 함수를 만들기 위해서 필요한 도구를 모두 갖추었다.

모두 하나로 결합하기

다음은 count-words-sequential 함수다. 페이지의 열이 주어지면 각 페이지에 담긴 단어들의 빈도를 담은 맵을 리턴한다.

FunctionalProgramming/WordCount/src/wordcount/core.clj

```
(defn count-words-sequential [pages]
  (frequencies (mapcat get-words pages)))
```

이것은 (mapcat get-words pages)를 이용해서 페이지를 단어의 열로 변환한다. 그리고 이 단어의 열은 frequencies에 전달된다.

이 코드를 2장에서 보았던 명령형 버전과 비교해 보는 것도 재밌다. 이 함수형 버전은 명령형 버전에 비해서 훨씬 간단하고, 명료하고, 간결하다.

3.2.6 게으른 것이 좋은 것이다

위키피디아 데이터가 40기가바이트에 달한다는 사실이 마음에 걸릴지도 모른다. count-words 가 모든 단어를 거대한 하나의 열에 담는다면 메모리가 부족할 것이다.

하지만 실제로는 그렇지 않다. 클로저의 동작이 기본적으로 게으르기 때문이다. 게으른 열에 담긴 원소들은 그들이 실제로 필요하게 될 때에 한해서 실제로 생성된다. 이것이 실전에서 무엇을 의미하는지 살펴보도록 하자.

클로저의 range 함수는 일련의 수를 생성한다.

```
user=> (range 0 10)
(0 1 2 3 4 5 6 7 8 9)
```

여기에서 REPL은 해당 열을 (전체적으로 평가해서) 구체적인 값으로 만든 다음 화면에 출력한다.

매우 큰 범위를 구체화하는 것을 막을 장치는 없지만, 그렇게 하면 컴퓨터를 값비싼 난로로 만드는 것과 다를 바가 없다. 예를 들어 다음과 같은 코드를 실행하면 화면에 결과를 보게 될 때까지 (메모리 문제에 먼저 봉착하지 않는다면) 오랜 시간을 기다려야 할 것이다.

```
user=> (range 0 100000000)
```

하지만 다음과 같은 코드를 실행해보라. 결과를 곧바로 확인하게 될 것이다.

```
user=> (take 10 (range 0 100000000))
(0 1 2 3 4 5 6 7 8 9)
```

take 함수는 인수로 주어진 열에서 처음 10개의 원소에 대해서만 관심이 있기 때문에, range 는 처음 10개의 원소만 실제로 생성하면 된다. 이러한 원리는 중첩된 함수 호출 어디에서든지 적용된다.

```
user=> (take 10 (map (partial * 2) (range 0 100000000)))
(0 2 4 6 8 10 12 14 16 18)
```

심지어 무한한 열을 대상으로 프로그래밍하는 것조차 가능하다. 예를 들어 클로저의 iterate 함수는 주어진 함수를 초깃값에 적용시키고, 다음 번 순차 방문 때는 함수를 그 결과에 적용하는 과정을 무한히 반복함으로써 무한한 열을 만들어낸다.

```
user=> (take 10 (iterate inc 0))
(0 1 2 3 4 5 6 7 8 9)
user=> (take 10 (iterate (partial + 2) 0))
(0 2 4 6 8 10 12 14 16 18)
```

게으른 열에 대해서 한 가지 더 이야기할 것은, 우리가 열의 뒷부분에 존재하는 원소를 실제로 필요하기 전에는 생성할 필요가 없다는 점이다. 또한 이미 사용한 앞부분의 원소를 (그들을 따로 보관할 이유가 없다면) 버릴 수도 있다. 예를 들어 다음 코드는 실행하는 데에는 시간이 오래 걸릴지는 모르지만 메모리를 소진하는 일은 없다.

```
user=> (take-last 5 (range 0 100000000))
(99999995 99999996 99999997 99999998 99999999)
```

get-pages가 리턴하는 페이지의 열이 게으르기 때문에, count-words는 40기가바이트에 달하는 위키피디아 데이터를 메모리 문제없이 다룰 수 있다. 그리고 2일 차에서 살펴보겠지만 이런 코드는 병렬화가 용이하다는 장점을 보너스로 갖는다.

3.2.7 1일 차 마무리

1일 차는 이렇게 마무리하고, 2일 차에는 단어 세기 프로그램을 병렬화하고 fold 함수를 더 자세히 살펴볼 것이다.

1일 차에서 배운 내용

명령형 언어에서 동시성 프로그래밍을 하는 것은 공유되는 가변 상태 때문에 쉽지 않다. 함수형 프로그래밍은 이러한 가변 상태를 아예 없앰으로써 동시성 코드를 쉽고 안전하게 만들었다. 우리는 다음과 같은 일들을 살펴보았다.

- map 혹은 mapcat을 이용해서 열에 담긴 요소들에 어떤 함수 적용하기
- 거대한, 심지어 무한한 열을 다루기 위해서 게으름 이용하기
- reduce를 이용해서 열을 (복잡할 수도 있는) 하나의 값으로 축소하기
- fold를 이용해서 reduce 동작 병렬화하기

1일 차 자율학습

찾아라

- 클로저에서 많이 사용되는 함수들을 간단하게 정리한 클로저의 "커닝 페이퍼cheat sheet"
- 자신만의 게으른 열을 만들 수 있도록 해주는 lazy-seq에 대한 문서

수행하라

- 클로저는 다른 많은 함수 언어와는 달리 꼬리-재귀 최적화를 제공하지 않는다. 따라서 실전의 클로저 코드는 재귀를 사용하는 일이 거의 없다. 앞에서 보았던 recursive-sum 함수를 클로저의 loop와 recur를 이용해서 다시 작성하라.
- (fn ...) 대신 #( ) 리더 매크로를 이용해서 3.2.3절의 reduce-sum을 다시 작성하라.

3.3 2일 차: 함수 병렬화

이제 fold 함수를 더 자세하게 살펴봄으로써 함수형 프로그래밍이 병렬화에 어떻게 도움을 주는지 살펴볼 것이다. 우선 위키피디아 단어 세기 프로그램을 병렬화하는 것부터 알아보자.

3.3.1 한 번에 페이지 하나씩

1일 차에서 우리는 map 함수가 인수로 주어진 함수를 열에 담긴 각각의 요소에 적용해서 새로운 열을 만드는 것을 보았다. 이러한 동작이 순차적으로 이루어져야 할 이유는 없다. 따라서 클

로저가 제공하는 pmap 함수는 map과 동일한 동작을 병렬적인 방식으로 수행한다. 이 함수는 실제 계산을 수행하기에 앞서 병렬적인 계산 단위를 만들기 때문에 반쯤 게으르다고 할 수 있다. 이런 계산 단위는 값이 실제로 요구되기 전까지는 수행되지 않는다.

예를 들어, 위키피디아 페이지로 이루어진 열을 다음과 같이 병렬적인 방식을 이용해서 단어의 수를 담은 맵의 열로 변환할 수 있다.

```
(pmap #(frequencies (get-words %)) pages)
```

이 코드는 익명 함수를 만들기 위해 #(...) 리더 매크로를 사용해서 pmap에 전달되는 함수를 정의한다. 인수는 %1, %2와 같은 식으로 정의되고 있는데, 인수가 하나만 존재하면 뒤에 숫자 없이 %만 적어도 된다.

```
#(frequencies (get-words %))
```

앞의 코드는 다음과 같다.

```
(fn [page] (frequencies (get-words page)))
```

다음은 실제로 동작하는 모습이다.

```
wordcount.core=> (def pages ["one potato two potato three potato four"
          #_=>                "five potato six potato seven potato more"])
#'wordcount.core/pages
wordcount.core=> (pmap #(frequencies (get-words %)) pages)
({"one" 1, "potato" 3, "two" 1, "three" 1, "four" 1}
 {"five" 1, "potato" 3, "six" 1, "seven" 1, "more" 1})
```

이제 이 열을 하나의 맵으로 축소시키면 우리가 찾는 단어의 합을 구할 수 있다. 축소 함수는 다음과 같은 일을 수행하기 위해서 두 개의 맵을 받아 하나로 병합한다.

- 결과 맵에 담긴 키는 입력되는 두 개의 입력 맵에 있는 키들의 합집합이다.
- 키가 두 개의 입력 맵 중에서 한 곳에만 존재하면 그 값은 결과 맵에 있는 키와 관련이 있다.
- 키가 두 개의 입력 맵 모두에 존재하면 그 키와 관련된 값은 두 입력 맵에서 나온 값들의 합이다.

다음은 우리가 생각하는 것을 그림으로 나타내고 있다.

그림 3-1 두 개의 맵을 하나로 병합

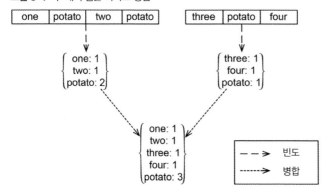

이러한 축소 함수를 우리가 직접 만들 수도 있지만, (많은 경우에 그렇듯이) 표준 라이브러리에 이미 존재한다. 다음은 해당 함수의 문서 내용이다.

> (merge-with 그리고 maps)
>
> 여러 개의 맵을 받은 다음, conj를 통해서 첫 번째 맵에 나머지 맵들을 연결한 결과를 담은 맵을 리턴한다. 어떤 키가 하나 이상의 맵에 존재하면 (왼쪽에서 오른쪽으로 보았을 때) 뒤에 있는 맵에 존재하는 키/값 매핑들은 (f val-in-result val-in-latter)를 통해서 맨 처음 맵에 결합된다.

partial은 부분적용 함수를 리턴한다는 사실을 기억하기 바란다. 따라서 (partial merge-with +)는 두 개의 맵을 인수로 받은 다음, 같은 키가 두 맵에 모두 포함되어 있으면 값을 결합하기 위해서 +를 사용해 병합하는 함수를 만들어준다.

```
user=> (def merge-counts (partial merge-with +))
#'user/merge-counts
user=> (merge-counts {:x 1 :y 2} {:y 1 :z 1})
{:z 1, :y 3, :x 1}
```

이 모든 것을 하나로 모으면 다음과 같은 병렬적인 단어 세기 프로그램이 된다.

```clojure
(defn count-words-parallel [pages]
  (reduce (partial merge-with +)
    (pmap #(frequencies (get-words %)) pages)))
```

병렬적인 단어 세기 프로그램이 완성되었으니, 이제 이 프로그램의 성능이 얼마나 좋은지 알아 보도록 하자.

3.3.2 성능을 위한 배치

내 맥북프로에서 순차적 버전은 위키피디아의 처음 100,000페이지에 담긴 단어를 세는 데 140초가 걸렸다. 병렬화된 버전은 1.5배 빨라진 94초가 걸린다. 병렬화를 통해서 어느 정도 속도가 빨라지긴 했지만 우리가 생각했던 것만큼은 아니다.

그 이유는 우리가 맨 앞에서 스레드와 잠금장치를 사용하는 해법을 살펴볼 때 마주쳤던 문제와 동일하다. 우리가 페이지별로 단어의 수를 센 다음 전체적인 병합을 시도하기 때문에 병합이 일어나는 횟수가 엄청나게 많다. 그런 작업을 페이지 하나씩 수행하는 것이 아니라 일괄로 묶어서 처리하면 효율적으로 만들 수 있다.

예를 들어, 다음은 페이지를 100개씩 묶어서 일괄로 처리하는 word-count 프로그램이다.

```clojure
(defn count-words [pages]
  (reduce (partial merge-with +)
    (pmap count-words-sequential (partition-all 100 pages))))
```

이것은 하나의 열을 여러 개의 열로 묶는 (혹은 분할하는) partition-all을 사용한다.

```clojure
user=> (partition-all 4 [1 2 3 4 5 6 7 8 9 10])
((1 2 3 4) (5 6 7 8) (9 10))
```

그 다음에는 각 배치에 포함된 단어의 수는 word-count-sequential을 이용해서 세고, 앞과 동일한 방식으로 병합한다. 이렇게 작성한 코드는 전보다 속도가 3.2배로 향상되어 위키피디아의 처음 100,000페이지에 담긴 단어를 세는 데 걸리는 시간이 44초에 불과하다.

그림 3-2 일괄처리된 단어 세기

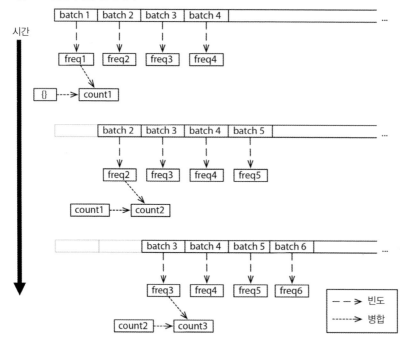

3.3.3 축소자

1일 차에서 우리는 사용하는 함수를 reduce에서 fold로 바꾸자, 성능이 극적으로 향상되는 것을 보았다. fold가 어떻게 이런 일을 가능하게 만드는지 이해하려면 클로저의 축소자 라이브러리를 이해할 필요가 있다.

축소자^{reducer}는 컬렉션을 어떻게 축소시켜야 하는지에 대해 설명하는 일종의 조리법에 해당한다. 보통의 map 버전은 하나의 함수와 (게으를 수도 있는) 열을 인수로 받아들이고, (마찬가지로 게으를 수도 있는) 새로운 열을 리턴한다.

```
user=> (map (partial * 2) [1 2 3 4])
(2 4 6 8)
```

똑같은 인수를 전달했을 때 clojure.core.reducers에 있는 버전은 reducible을 리턴한다.

```
user=> (require '[clojure.core.reducers :as r])
nil
user=> (r/map (partial * 2) [1 2 3 4])
#<reducers$folder$reify__1599 clojure.core.reducers$folder$reify__1599@151964cd>
```

reducible은 그 자체로 사용할 수 있는 값은 아니지만, 대신 reduce에 전달되는 값을 담고 있다.

```
user=> (reduce conj [] (r/map (partial * 2) [1 2 3 4]))
[2 4 6 8]
```

앞의 코드에서 우리가 reduce에 전달한 익명 함수는 첫 번째 인수로 (처음에는 빈 벡터, 즉 [] 인) 하나의 컬렉션을 받은 다음, 거기에 두 번째 인수를 더하기 위해서 conj를 사용한다. 따라서 리턴되는 결과는 매핑의 결과를 담고 있는 컬렉션이다.

into는 내부적으로 reduce를 이용하기 때문에 다음과 같이 앞의 코드와 동일한 일을 수행한다.

```
user=> (into [] (r/map (partial * 2) [1 2 3 4]))
[2 4 6 8]
```

clojure.core는 열을 다루는 함수들이 사용할 수 있도록 앞에서 보았던 map과 mapcat 이외에 축소자를 이용하는 버전을 포함하고 있다. clojure.core에 담긴 다른 함수들과 마찬가지로 이들도 서로 연결될 수 있다.

```
user=> (into [] (r/map (partial + 1) (r/filter even? [1 2 3 4])))
[3 5]
```

축소자는 실제적인 결과를 리턴하는 대신 어떤 결과를 만들 수 있는 표현을 담은 조리법을 리턴한다. 조리법은 reduce 혹은 fold에 전달되기 전까지 실행되지 않는다. 이런 방법은 두 가지 장점을 갖는다.

• 중간 단계의 열이 만들어질 필요가 없기 때문에, 단순히 게으른 열을 리턴하는 함수의 체인보다 더 효율적이다.
• fold가 컬렉션 내부에서 일어나는 모든 동작의 체인을 병렬화하는 것을 허용한다.

3.3.4 축소자의 내부

축소자가 동작하는 원리를 이해하기 위해 우리는 clojure.core.reducers에 포함된 축소자를 단순하게 만들지만, 핵심적인 내용은 그대로 담는 버전을 만들 필요가 있다. 그렇게 하기 위해서 우선 클로저의 프로토콜protocol을 알아야 한다. 프로토콜은 자바의 인터페이스와 매우 비슷하며, 하나의 추상을 정의하기 위한 메서드의 집합이다. 클로저의 컬렉션은 CollReduce 프로토콜을 이용해서 reduce를 지원한다.

```
(defprotocol CollReduce
  (coll-reduce [coll f] [coll f init]))
```

CollReduce는 다양한 애리티arities[4]를 갖는 coll-reduce라는 이름의 함수를 정의한다. 그것은 (coll과 f라는) 두 개의 인수를 받아들이거나 혹은 (coll, f, 그리고 init이라는) 세 개의 인수를 받아들인다. 첫 번째 인수는 자바의 this 참조와 동일한 것으로, 폴리모픽 디스패치polymorphic dispatch[5]를 허용하는 역할을 수행한다. 다음 클로저 코드를 보자.

```
(coll-reduce coll f)
```

이 클로저 코드는 다음과 같은 자바 코드와 동일하다.

```
coll.collReduce(f);
```

reduce 함수는 축소를 수행하는 작업을 컬렉션 자체에 떠넘기면서 단순히 coll-reduce를 호출한다. 우리가 작성한 reduce 버전을 통해서 실제로 그런 일이 얼어나는 모습을 확인할 수 있다.

FunctionalProgramming/Reducers/src/reducers/core.clj

```
(defn my-reduce
  ([f coll] (coll-reduce coll f))
  ([f init coll] (coll-reduce coll f init)))
```

---

4 역자주_ 애리티란 어떤 함수에 전달되는 인수의 수를 의미한다.
5 역자주_ 폴리모픽 디스패치는 보통 동적(dynamic) 디스패치로 불리기도 한다. 런타임이 메서드를 호출할 때, 어느 객체에서 호출할 것인가를 해당 객체의 실행시간 타입에 의존해서 결정하는 것을 의미한다. 우리가 흔히 말하는 '폴리모피즘'이라고 생각해도 좋다.

이 코드는 우리가 아직 본 적 없는 defn 기능[6]을 사용한다. 그것은 다양한 수의 인수(여기에서는 2개 혹은 3개)를 받아들이는 함수를 정의하기 위해서 사용하는 기능이다. 어느 경우든 해당 함수는 전달된 인수를 coll-reduce에 전달한다. 이 코드가 실제로 동작하는 모습을 확인해보자.

```
reducers.core=> (my-reduce + [1 2 3 4])
10
reducers.core=> (my-reduce + 10 [1 2 3 4])
20
```

이제 우리의 map 버전을 어떻게 구현할지 살펴볼 차례다.

FunctionalProgramming/Reducers/src/reducers/core.clj

```
(defn make-reducer [reducible transformf]
  (reify
    CollReduce
    (coll-reduce [_ f1]
      (coll-reduce reducible (transformf f1) (f1)))
    (coll-reduce [_ f1 init]
      (coll-reduce reducible (transformf f1) init))))

(defn my-map [mapf reducible]
  (make-reducer reducible
    (fn [reducef]
      (fn [acc v]
        (reducef acc (mapf v))))))
```

reducible과 변형 함수transform function를 인수로 받고, CollReduce 프로토콜을 실제로 구현한 내용을 리턴하는 함수인 make-reducer를 사용하고 있다. 프로토콜을 구현하는 것은 자바에서 new를 사용해 인터페이스를 구현하는 익명의 객체를 만드는 것과 비슷하다.

여기에서 구현된 CollReduce의 인스턴스는 f1이라는 인수를 변형하기 위해 전달된 변형 함수를 사용하면서 reducible에 존재하는 coll-reduce 메서드를 호출한다.

----

6 역자주_ 자바에서 사용하는 메서드 오버로드와 기능적으로 유사하다.

make-reducer에 전달되는 변형 함수는 어떤 함수를 인수로 받아 그 함수의 변형된 버전을 리턴하는 함수다. 다음은 my-map의 변형 함수다.

```
(fn [reducef]
  (fn [acc v]
    (reducef acc (mapf v))))
```

축소 함수가 누적 변수(acc)를 첫 번째 인수로 사용하고, 컬렉션에 담긴 요소(v)를 두 번째 인수로 사용하면서 컬렉션에 담긴 요소들 각각에 대해서 호출된다는 사실을 기억하기 바란다. 따라서 reducef라는 축소 함수가 있다고 했을 때, 우리는 (my-map에 전달된 함수인) mapf에 의해서 수정된 두 번째 인수와 함께 reducef를 호출하는 함수를 리턴한다. 이러한 것들이 모두 기대한 바대로 동작하는지 확인해보자.

```
reducers.core=> (into [] (my-map (partial * 2) [1 2 3 4]))
[2 4 6 8]
reducers.core=> (into [] (my-map (partial + 1) [1 2 3 4]))
[2 3 4 5]
```

기대하는 대로 여러 개의 매핑을 체인으로 연결하는 것도 가능하다.

```
reducers.core=> (into [] (my-map (partial * 2) (my-map (partial + 1) [1 2 3 4])))
[4 6 8 10]
```

이 내용을 찬찬히 살펴보면 그것이 (partial*2)와 (partial+1)를 조합해서 만든 단일 축소 함수로 단 한 번의 축소를 수행함을 확인할 수 있을 것이다.

축소자가 reduce를 어떻게 지원하는지 살펴보았다. 다음은 fold가 축소 과정을 어떻게 병렬화하는지 알아보자.

3.3.5 분할과 정복

fold는 컬렉션을 순차적으로 축소하는 대신 이진 분할$^{binary\ chop}$을 이용한다. 우선 컬렉션을 반으로 나누고, 각각의 절반을 또 다시 반으로 나누는 과정을 컬렉션의 크기가 (512가 기본 값인) 특정한 값보다 작아질 때까지 계속한다. 그 다음에는 잘게 나누어진 컬렉션 각각에 대해서 순차적인 축소 동작을 수행하고 다른 축소 값들과 결합하는 과정을 최종적으로 한 개의 값이 남을 때까지 반복한다. 이러한 과정은 [그림 3-3]에서 보는 것과 같이 일종의 이진 트리를 형성한다.

여기에서 fold가 (자바 7의 포크/조인 프레임워크를 이용해서) 병렬화된 매칭 트리를 만들기 때문에, 모든 축소와 결합 동작은 병렬적으로 진행된다. 이 트리의 잎^{leaves}에 해당하는 곳에서 축소 동작이 일어나는 것이다. 잎에 있는 노드에서는 축소된 값이 전달되기를 기다리고, 값이 전달되면 다른 값과 결합해서 다음 단계로 넘어가는 작업이 최종적으로 트리의 루트에 도달할 때까지 반복한다.

그림 3-3 폴드 트리

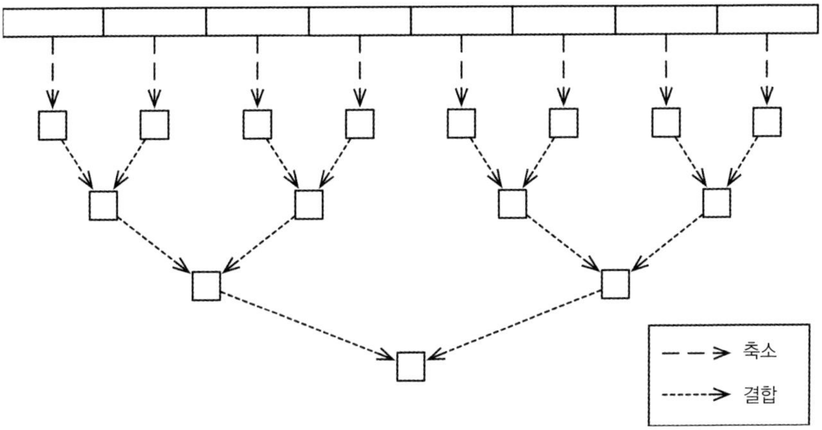

fold에 (이 예에서는 +인) 하나의 함수가 주어지면 그 함수는 축소와 결합을 위해서 모두 사용된다. 뒤에서 보겠지만, 축소에 사용되는 함수와 결합에 사용되는 함수를 별도로 만드는 것이 더 나은 경우도 있다.

3.3.6 Fold 지원하기

폴드가 가능한 컬렉션은 CollReduce 이외에 CollFold도 지원한다.

```
(defprotocol CollFold
  (coll-fold [coll n combinef reducef]))
```

reduce가 coll-reduce에 실제 업무를 떠맡기는 것처럼 fold는 coll-fold에 일을 맡긴다.

FunctionalProgramming/Reducers/src/reducers/core.clj

```
(defn my-fold
  ([reducef coll]
    (my-fold reducef reducef coll))
  ([combinef reducef coll]
    (my-fold 512 combinef reducef coll))
  ([n combinef reducef coll]
    (coll-fold coll n combinef reducef)))
```

두세 개의 인수를 받는 버전은 combinef와 n의 값이 없으면 디폴트 값을 제공하면서 my-fold를 재귀적으로 호출한다. 네 개의 인수를 받는 버전은 coll-fold를 구현한 컬렉션의 함수를 호출한다.

병렬적인 폴드 연산을 지원하기 위해서 원래 코드에 필요한 수정은 make-reducer가 CollReduce뿐만 아니라 CollFold도 구체화(reify)하도록 만들어주는 것뿐이다.

FunctionalProgramming/Reducers/src/reducers/core.clj

```
(defn make-reducer [reducible transformf]
  (reify
```

```
▶        CollFold
▶    (coll-fold [ _ n combinef reducef]
▶      (coll-fold reducible n combinef (transformf reducef)))

     CollReduce
     (coll-reduce [ _ f1]
       (coll-reduce reducible (transformf f1) (f1)))
     (coll-reduce [ _ f1 init]
       (coll-reduce reducible (transformf f1) init))))
```

이 구현 방법은 CollReduce와 거의 비슷하다. 축소를 수행하는 함수를 변형한 다음, coll-fold를 통해서 나머지 인수를 전달한다. 이 코드가 원하는 대로 동작하는지 확인해보도록 하자.

```
reducers.core=> (def v (into [] (range 10000)))
#'reducers.core/v
reducers.core=> (my-fold + v)
49995000
reducers.core=> (my-fold + (my-map (partial * 2) v))
99990000
```

fold에 다른 축소와 병합 함수를 전달하는 예도 살펴보도록 하자.

3.3.7 폴드를 이용한 빈도

fold를 이용할 때 다른 축소와 병합 함수를 요구하는 예로는 앞에서 보았던 frequencies 함수가 있다.

FunctionalProgramming/Reducers/src/reducers/parallel_frequencies.clj

```
(defn parallel-frequencies [coll]
  (r/fold
    (partial merge-with +)
    (fn [counts x] (assoc counts x (inc (get counts x 0))))
  coll))
```

이 코드를 보면 앞에서 보았던 word-count의 배치 병렬 구현을 떠올려야 마땅하다. 각 배치는 맵을 통해서 축소되고, 다음에 (partial merge-with +)를 이용해서 병합된다.

fold는 게으른 열에 대해서는 동작하지 않기 때문에 위키피디아 페이지 수를 세는 프로그램에는 사용할 수 없다(게으른 열에 대해서는 이진 분할을 수행할 수 없다). 하지만 fold가 임의의 수로 이루어진 거대한 벡터에 대해서 동작하는 것은 확인할 수 있다.

repeatedly 함수는 인수로 주어진 함수를 계속 반복해서 호출함으로써 무한히 게으른 열을 생성한다. 이 경우에는 호출될 때마다 전과 다른 임의의 수를 리턴하는 rand-int를 호출하기 위해서 사용한다.

```
user=> (take 10 (repeatedly #(rand-int 10)))
(2 6 2 8 8 5 9 2 5 5)
```

이 코드를 이용해서 다음과 같이 임의의 정수를 포함하는 거대한 벡터를 만들 수 있다.

```
reducers.core=> (def numbers (into [] (take 10000000 (repeatedly #(rand-int 10)))))
#'reducers.core/numbers
```

그 다음에 frequencies와 parallel-frequencies를 이용해 벡터 안에 있는 각 수의 빈도를 셀 수 있다.

```
reducers.core=> (require ['reducers.parallel-frequencies :refer :all])
nil
reducers.core=> (time (frequencies numbers))
"Elapsed time: 1500.306 msecs"
{0 1000983, 1 999528, 2 1000515, 3 1000283, 4 997717, 5 1000101, 6 999993, …
reducers.core=> (time (parallel-frequencies numbers))
"Elapsed time: 436.691 msecs"
{0 1000983, 1 999528, 2 1000515, 3 1000283, 4 997717, 5 1000101, 6 999993, …
```

frequencies의 순차적 버전이 1500ms 정도 걸린 반면, 병렬화된 버전은 400ms를 약간 초과한다. 즉 속도가 3.5배로 빨라진 것이다.

3.3.8 2일 차 마무리

클로저의 병렬화에 대한 논의는 이렇게 마무리하고, 3일 차에는 퓨처와 프라미스를 이용하는 동시성에 대해서, 그리고 그런 것들이 어떻게 데이터흐름에 맞춘 프로그래밍 스타일을 가능하게 만드는지 알아볼 것이다.

2일 차에서 배운 내용

클로저는 열에 대한 동작을 쉽고 자연스럽게 병렬화한다.

- 맵 연산은 pmap에 의해서 병렬화될 수 있다. 결과는 반쯤 게으른 병렬 맵이다.
- 그런 병렬 맵은 partition-all을 이용해서 더 나은 효율성을 위해 일괄처리될 수 있다.
- 대신에 fold가 적극적인 분할 정복 전략을 이용해서 축소 연산을 병렬화한다.
- map, mapcat, filter 같은 clojure.core.reducers의 함수 버전은 중간 단계의 열을 리턴하는 대신 주어진 열을 축소하는 방법을 설명해주는 reducible을 리턴한다.

2일 차 자율학습

찾아라

- 리치 히키[Rich Hickey]가 큐콘 2012에서 축소자를 설명하는 동영상
- pcalls와 pvalues에 대한 문서 – 그들은 pmap과 어떻게 다른가? pmap을 이용해서 구현하는 것이 가능한가?

수행하라

- my-map에서 사용하는 방식에 따라 my-flatten과 my-mapcat을 작성하라. 이러한 함수들은 단일한 입력 열을 결과 열의 여러 개의 요소로 확장해야 하기 때문에 my-map보다 복잡하다는 점에 유의하기 바란다. 방법이 떠오르지 않으면 부록의 소스 코드를 확인하라.
- my-filter를 작성하라. 입력 열에 있는 여러 요소를 축소해야 하기 때문에 my-map보다 복잡할 것이다.

3.4 3일 차: 함수 동시성

앞서 우리가 병렬성에 대해서 공부했다면 이제는 동시성에 대해서 알아볼 것이다. 그 전에 우선 함수형 프로그래밍이 왜 코드를 병렬화하는 것을 쉽게 만들어 주는지 살펴보자.

3.4.1 동일한 구조, 다른 평가 순서

우리가 지금까지 살펴본 내용은 모두 단일한 원리를 토대로 하고 있다. 함수형 프로그래밍은 코드가 평가되는 순서를 마음대로 바꾸는 게임을 수행하게 한다. 두 개의 계산이 서로 독립적이라면 그들이 실행되는 순서를 병렬적인 순서를 포함해서 마음대로 바꿀 수 있다.

다음 코드는 모두 동일한 계산을 수행하고, 동일한 결과를 리턴하고, 거의 동일한 구조를 가지고 있다. 하지만 내부에 포함된 연산을 수행하는 순서는 완전히 다르다.

*(reduce + (map (partial * 2) (range 10000)))*

게으른 열을 토대로 만들어진 또 다른 게으른 열을 축소한다. 이때 각각의 게으른 열에 포함된 요소들은 실제로 사용되는 순간에 한해서 생성된다.

*(reduce + (doall (map (partial * 2) (range 10000))))*

먼저 완전히 매핑된 열을 생성한 다음 그것을 축소한다. doall은 게으른 열이 현실화되도록 강제한다.

*(reduce + (pmap (partial * 2) (range 10000)))*

병렬로 생성되는 반쯤 게으른 열을 축소한다.

*(reduce + (r/map (partial * 2) (range 10000)))*

(partial*2)와 +를 결합해서 만들어진 단일한 축소 함수를 이용해 하나의 게으른 열을 축소한다.

*(r/fold + (r/map (partial * 2) (into [] (range 10000))))*

주어진 범위 전체를 완전히 생성한 다음, 축소를 위한 트리를 생성하고 필요한 연산을 결합해서 병렬로 축소한다.

자바와 같은 명령형 언어에서는 발생하는 동작 순서가 소스 코드에 적힌 명령문의 순서와 밀접하게 연관되어 있다. 컴파일러와 런타임은 필요에 따라(2.2.3절에서 스레드와 잠금장치를 이용할 때 주의를 기울여야 하듯) 순서를 조금 바꿀 수 있지만, 대략적으로 말하면 모든 일이 우리가 소스 코드에 적는 순서에 따라 일어난다고 말할 수 있다.

그에 비해서 함수형 언어는 선언적인 느낌이 훨씬 강하다. 어떤 연산을 어떻게 수행하라는 방법을 일일이 적는 대신, 결과가 무엇이 되어야 하는지를 적는 것이다. 그러한 결과를 낳기 위해서 다양한 계산이 어떤 순서로 실행되어야 하는지를 결정하는 것은 훨씬 유동적이다. 이렇게 계산 순서를 바꿀 수 있기 때문에 함수 코드의 병렬화가 쉽다.

다음 절에서 우리는 함수형 언어는 왜 계산 순서를 바꾸는 게임을 펼칠 수 있고, 명령형 언어는 왜 그런 게임을 펼칠 수 없는지에 대해서 살펴볼 것이다.

3.4.2 참조 투명성

순수 함수는 참조 투명성이라는 속성을 갖는다. 해당 함수에 대한 호출을 그것이 리턴하는 값으로 바꾸어도 프로그램의 동작에는 아무런 차이가 없다. 다음 예를 보자.

```
(+ 1 (+ 2 3))
```

이것은 다음 코드와 완전히 동일하다.

```
(+ 1 5)
```

사실, 함수 코드를 실행하는 한 가지 방법은 함수 호출을 값으로 대체하는 과정을 반복해서 최종적으로 하나의 값을 손에 넣을 때까지 진행하는 것이다. 예를 들어 (+ (+ 1 2) (+ 3 4))는 다음과 같이 평가할 수 있다.

```
(+ (+ 1 2) (+ 3 4)) → (+ (+ 1 2) 7) → (+ 3 7) → 10
```

혹은 이렇게

```
(+ (+ 1 2) (+ 3 4)) → (+ 3 (+ 3 4)) → (+ 3 7) → 10
```

물론 자바에서 사용하는 + 연산도 이렇게 하는 것이 가능하다. 하지만 함수형 프로그램에서는 모든 함수가 참조 투명성이라는 속성을 갖는다. 우리가 지금까지 본 코드에서 코드가 평가되는 순서를 근본적으로 바꿔도 안전할 수 있던 이유는 바로 이러한 속성 때문이다.

하지만 클로저는 순수 함수형 언어가 아니지 않은가?

다음 장에서 보겠지만 클로저는 순수 함수형 언어가 아니다. 즉, 클로저에서는 부작용이 있는 함수를 작성하는 것이 가능하다. 그런 함수는 참조 투명성이라는 속성을 갖지 않는다.

하지만 전형적인 클로저 코드에서 부작용을 낳는 함수를 사용하는 경우는 거의 없고, 설령 그런 함수가 사용되어도 부작용 자체가 쉽게 눈에 띄기 때문에 실전에서는 클로저가 순수하지 않다는 사실과 별 차이가 없다. 부작용이 안전하게 사용될 수 있는 장소 혹은 방법에 관련된 몇 가지 간단한 규칙이 있는데, 이러한 규칙을 준수하기만 하면 평가의 순서가 뒤바뀌는 것 때문에 어떤 문제에 봉착하거나 하는 일은 거의 없을 것이다.

3.4.3 데이터흐름

함수의 사이에서 데이터가 어떻게 흐르는지 생각해보는 것은 흥미롭다. 다음은 (+ (+ 1 2) (+ 3 4))에서 데이터의 흐름을 표현한 그림이다.

그림 3-4 데이터의 흐름

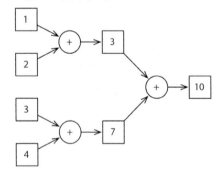

(+ 1 2)와 (+ 3 4) 사이엔 아무런 종속관계가 없다. 따라서 이 둘은 이론적으로 동시적인 실행을 포함해서 어떤 순서로 실행되어도 상관이 없다. 하지만 최종적인 더하기 연산은 두 개의 하위 계산이 모두 완료되기 전까지 실행될 수 없다.

이론적으로는 언어의 런타임이 그래프의 왼쪽에서 시작해서 오른쪽으로 데이터를 "밀어내는" 방식으로 진행하는 것이 가능하다. 어떤 함수와 연관된 데이터가 준비되면 해당 함수가 실행된다. 각 함수는 (최소한 이론적으로는) 동시에 실행될 수 있다. 이런 스타일의 실행을 보통 '데이터흐름 프로그래밍'이라고 부른다. 클로저는 퓨처와 프라미스를 통해서 이런 스타일의 코딩을 가능하게 만들어준다.

3.4.4 퓨처

퓨처는 코드의 몸체를 받아서 그것을 다른 스레드에서 실행한다. 리턴되는 값은 퓨처 객체다.

```
user=> (def sum (future (+ 1 2 3 4 5)))
#'user/sum
user=> sum
#<core$future_call$reify__6110@5d4ee7d0: 15>
```

deref 혹은 축약형 기호인 @을 이용해서 역참조^{dereferencing}를 수행함으로써 퓨처의 값에 접근할 수 있다.

```
user=> (deref sum)
15
user=> @sum
15
```

퓨처에 대한 역참조는 값이 준비될 때까지 (혹은 현실화될 때까지) 블로킹된다. 이러한 기능을 이용하면 바로 앞에서 보았던 데이터흐름을 정확히 구현할 수 있다.

```
user=> (let [a (future (+ 1 2))
#_=>       b (future (+ 3 4))]
#_=>   (+ @a @b))
10
```

위 코드에서는 a를 (future (+ 1 2))에, b를 (future (+ 3 4))에 결합하기 위해서 let을 사용했다. (+ 1 2)에 대한 평가는 어느 한 스레드에서 일어나고, (+ 3 4)에 대한 평가는 다른 스레드에서 일어난다. 끝으로, 맨 바깥에 있는 +는 두 개의 내부 더하기가 완료될 때까지 블로킹된다.

물론 이렇게 사소한 연산을 위해서 퓨처를 사용하는 것은 의미가 없다. 더 실제적인 예제를 보기 전에 우선 클로저가 제공하는 프라미스를 살펴보자.

3.4.5 프라미스

프라미스는 값이 비동기적으로 준비된다는 점과 리턴되기 전까지 블로킹되는 점, 그리고 deref 혹은 @를 통해서 접근된다는 점에서 퓨처와 비슷하다. 차이점은 실행될 코드 없이도 프라미스를 만들 수 있다는 점이다. 그 대신 deliver를 통해서 값이 설정된다. 다음은 이런 과정을 설명하는 REPL 세션이다.

```
user=> (def meaning-of-life (promise))
#'user/meaning-of-life
user=> (future (println "The meaning of life is:" @meaning-of-life))
#<core$future_call$reify__6110@224e59d9: :pending>
user=> (deliver meaning-of-life 42)
#<core$promise$reify__6153@52c9f3c7: 42>
The meaning of life is: 42
```

우선 meaning-of-life라는 프라미스를 만들어 그 값을 화면에 출력하는 스레드를 만들기 위해서 퓨처를 사용한다(future를 이용해서 스레드를 만드는 것은 클로저에서 흔히 사용하는 방법이다). 끝으로 deliver를 사용해 프라미스의 값을 설정해서 먼저 만들었던 스레드가 블로킹을 종료하게 한다.

퓨처와 프라미스가 어떻게 동작하는지 알았으니, 실제 애플리케이션에서 어떻게 사용되는지 살펴보도록 하자.

3.4.6 함수 웹 서비스

(TV 프로그램과 같은) 실시간 정보를 받아들이고 해석하는 웹 서비스를 만들 것이다. 정보는 일련번호가 붙은 조각으로 나뉜다. 예를 들어 다음은 루이스 캐롤의 시 재보워키^{Jabberwocky}의 첫

연이 어떻게 나뉘는지 보여준다.[7]

- **0** Twas brillig, and the slithy toves
- **1** Did gyre and gimble in the wabe:
- **2** All mimsy were the borogoves,
- **3** And the mome raths outgrabe.

조각 0을 웹 서비스에 전달하려면 0번 줄에 해당하는 "Twas brillig, and the slithy toves"를 /snippet/0에 PUT 질의로 전송한다. 조각 1은 /snippet/1에 전송되는 식이다.

이것은 매우 단순한 API지만 구현하는 것이 그리 쉽지 않다. 첫째, 이것은 동시적인 웹 서버 내부에서 동작하기 때문에 우리가 작성하는 코드는 스레드-안전을 보장해야 한다. 둘째, 네트워크가 불안정하기 때문에 우리는 어떤 정보의 조각이 분실되는 경우, 한 번 이상 전달되는 경우, 순서가 뒤바뀐 채 도착하는 경우에 대해서 준비해야 한다.

이러한 조각들을 (그들이 도착하는 순서와 상관없이) 원래 순서대로 순차적으로 처리할 생각이라면 이미 받은 조각이 어떤 것인지, 어떤 것이 이미 처리되었는지 등을 기억해야 한다. 새로운 조각을 전송받을 때마다 어떤 조각이 처리할 준비가 되었는지를 확인해야 한다. 이러한 과정을 순차적인 방식으로 구현하는 것은 쉽지 않다. 이런 상황에서 동시성이 어떠한 해결책을 제시하는지 살펴볼 것이다.

[그림 3-5] 정보처리기의 구조는 우리가 만들려고 하는 해법의 구조를 보여준다.

그림의 왼쪽은 전달되는 요청을 처리하기 위해서 웹 서버가 만드는 스레드다. 오른쪽은 들어오는 조각을 순차적으로 처리하는 스레드로, 다음 조각이 전달될 때까지 기다린다.

다음 절에서는 스레드 사이에서 발생하는 의사소통을 중재하는 역할을 수행하는 snippets라는 자료구조에 대해서 이야기할 것이다.

---

7 역자주_ 재보위키는 '횡설수설'이라는 뜻으로, 시의 내용도 정상적인 의미를 담고 있는 것이 아니라 무의미한 영어 단어를 나열한 것에 불과하다. 따라서 의미를 해석하지 않고 원문을 그대로 두었다.

그림 3-5 정보처리기의 구조

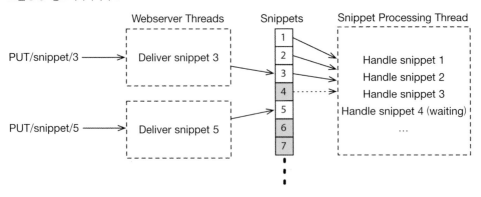

조각 받아들이기

다음은 우리가 지금까지 전달된 조각을 기억하기 위한 방법이다.

FunctionalProgramming/TranscriptHandler/src/server/core.clj

```
(def snippets (repeatedly promise))
```

snippets는 무한히 반복되는 프라미스로 이루어진 게으른 열이다. 이러한 프라미스들은 실제 정보 조각이 준비되었을 때 accept-snippet을 호출하면 실제로 값을 생성한다.

FunctionalProgramming/TranscriptHandler/src/server/core.clj

```
(defn accept-snippet [n text]
  (deliver (nth snippets n) text))
```

조각들을 순차적으로 처리하려면 각 프라미스를 차례로 역참조하는 스레드를 하나 만들면 된다. 다음은 설명을 위한 각 정보 조각이 준비되면 단순히 그 안에 담긴 값을 화면에 출력하는 스레드다.

FunctionalProgramming/TranscriptHandler/src/server/core.clj

```
(future
  (doseq [snippet (map deref snippets)]
    (println snippet)))
```

이것은 열을 순차적으로 처리하는 doseq를 사용한다. 이 경우, 그 열은 역참조된 프라미스로 이루어진 게으른 열이다. 각 열은 snippet이라는 값을 담고 있다.

이제 이 모든 것을 연결해서 웹 서비스를 만들면 되며, 그렇게 하기 위해 Compojure 라이브 러리를 이용한다.[8]

FunctionalProgramming/TranscriptHandler/src/server/core.clj

```
(defroutes app-routes
  (PUT "/snippet/:n" [n :as {:keys [body]}]
    (accept-snippet (edn/read-string n) (slurp body))
    (response "OK")))

(defn -main [& args]
  (run-jetty (site app-routes) {:port 3000}))
```

이 코드는 우리가 만든 accept-snippet 함수를 호출하는 PUT 루트route를 정의한다. 우리는 대부분의 웹 서버와 마찬가지로 내재된 제티Jetty 웹 서버[9]를 이용하고 있다. 제티는 멀티스레드 를 지원하므로, 우리가 작성하는 코드는 스레드-안전성을 제공해야 한다.

(lein run을 실행해서) 웹 서버를 시작하면, curl을 사용해 서버가 우리 의도대로 동작하고 있 는지 확인할 수 있다. 예를 들어 조각 0을 보내보라.

```
$ curl -X put -d "Twas brillig, and the slithy toves" \
-H "Content-Type: text/plain" localhost:3000/snippet/0
OK
```

그러면 화면에 곧바로 다음과 같은 내용이 출력된다.

```
Twas brillig, and the slithy toves
```

하지만 조각 1을 보내기 전에 조각 2를 먼저 보내면 화면에 아무것도 출력되지 않는다.

---

8 https://github.com/weavejester/compojure
8 https://github.com/weavejester/compojure
9 http://www.eclipse.org/jetty/

```
$ curl -X put -d "All mimsy were the borogoves," \
-H "Content-Type: text/plain" localhost:3000/snippet/2
OK
```

이제 조각 1을 보내보라.

```
$ curl -X put -d "Did gyre and gimble in the wabe:" \
-H "Content-Type: text/plain" localhost:3000/snippet/1
OK
```

그러면 1과 2가 동시에 출력된다.

```
Did gyre and gimble in the wabe:
All mimsy were the borogoves,
```

똑같은 조각을 한 번 이상 보내는 것도 아무 문제가 없다. 이미 현실화된 프라미스를 호출하면 deliver는 아무 일도 수행하지 않기 때문이다. 따라서 다음 동작은 에러를 일으키지도 않고, 화면에 출력되지도 않는다.

```
$ curl -X put -d "Did gyre and gimble in the wabe:" \
-H "Content-Type: text/plain" localhost:3000/snippet/1
OK
```

우리가 정보의 조각을 처리할 수 있음을 보았으므로 이제 좀 더 재미있는 일을 해보자. 주어지는 문장을 번역하는 일을 수행하는 또 다른 웹 서버가 있다고 생각해보자. 정보를 처리하는 기존의 웹 서버가 이러한 번역 서버를 이용하도록 수정해서, 입력으로 들어오는 문장을 번역하도록 만들 것이다.

문장

번역 서비스를 어떻게 호출할 것인지 보기 전에, 정보 조각을 문장의 열로 변환시키는 코드를 구현해 보자. 문장의 경계는 조각의 어느 부분에서라도 나타날 수 있으므로, 올바른 문장을 얻기 위해서는 정보 조각을 분할하거나 합치는 과정이 필요할 것이다.

먼저 문장의 경계를 중심으로 조각을 분할하는 모습을 보자.

```
(defn sentence-split [text]
  (map trim (re-seq #"[^\.!\?:;]+[\.!\?:;]*" text)))
```

이 코드는 정규표현을 이용해서 문장에 해당하는 내용을 re-seq에 전달한다. re-seq는 매치되는 열을 리턴한다. 그 다음 trim을 이용해서 불필요한 공백을 제거한다.

```
server.core=> (sentence-split "This is a sentence. Is this?! A fragment")
("This is a sentence." "Is this?!" "A fragment")
```

다음으로, 약간의 추가적인 정규표현의 마법을 이용해서 주어진 문자열이 하나의 문장인지 판별하는 함수를 만든다.

```
(defn is-sentence? [text]
  (re-matches #"^.*[\.!\?:;]$" text))

server.core=> (is-sentence? "This is a sentence.")
"This is a sentence."
server.core=> (is-sentence? "A sentence doesn't end with a comma,")
nil
```

끝으로, 이 모든 내용을 연결해서 문자열을 담은 열을 받아서 문장의 열을 리턴하는 함수인 strings->sentences를 만들 수 있다.

```
(defn sentence-join [x y]
  (if (is-sentence? x) y (str x " " y)))

(defn strings->sentences [strings]
  (filter is-sentence?
    (reductions sentence-join
      (mapcat sentence-split strings))))
```

이 코드는 reductions를 사용한다. 이 함수는 reduce와 비슷하지만, 하나의 값을 리턴하는 대신 중간 단계를 나타내는 값들을 열로 담아서 리턴한다.

```
server.core=> (reduce + [1 2 3 4])
10
server.core=> (reductions + [1 2 3 4])
(1 3 6 10)
```

이 경우에 우리는 축소 함수로 sentence-join을 사용한다. 첫 번째 인수가 문장이면 두 번째 인수를 리턴하고, 첫 번째 인수가 문장이 아니면 (중간에 있는 빈 칸을 포함해서) 두 인수가 연결된 값을 리턴한다.

```
server.core=> (sentence-join "A complete sentence." "Start of another")
"Start of another"
server.core=> (sentence-join "This is" "a sentence.")
"This is a sentence."
```

이제 축소를 사용하면 다음과 같은 결과를 얻게 된다.

```
server.core=> (def fragments ["A" "sentence." "And another." "Last" "sentence."])
#'server.core/fragments
server.core=> (reductions sentence-join fragments)
("A" "A sentence." "And another." "Last" "Last sentence.")
```

끝으로 is-sentence?를 이용해서 결과를 필터링한다.

```
server.core=> (filter is-sentence? (reductions sentence-join fragments))
("A sentence." "And another." "Last sentence.")
```

이제 문장으로 이루어진 열을 얻었으므로 그들을 번역 서버에 전달할 수 있게 되었다.

문장의 번역

퓨처에 대한 가장 고전적인 사용 사례는 다른 웹 서버에 질의를 전달하는 경우다. 퓨처는 원래 스레드가 계속 동작을 수행하는 동안 네트워크 접근 같은 계산을 또 다른 스레드에 의해서 수행되도록 만든다.

여기서 translate는 인수의 해석된 결과를 담고 있는 퓨처를 리턴하는 함수다.

FunctionalProgramming/TranscriptHandler2/src/server/core.clj

```
(def translator "http://localhost:3001/translate")

(defn translate [text]
  (future
    (:body (client/post translator {:body text})))))
```

이 코드는 POST 요청을 보내고 응답을 받아들이기 위해서 clj-http 라이브러리에 있는 client/post를 사용한다.[10] 이 함수를 이용해 앞에서 만든 strings->sentences 함수의 결과를 번역할 수 있다.

FunctionalProgramming/TranscriptHandler2/src/server/core.clj

```
(def translations
  (delay
    (map translate (strings->sentences (map deref snippets)))))
```

이 코드는 역참조가 일어날 때까지 값을 생성하지 않는 게으른 값을 만드는 delay 함수를 사용한다.

3.4.7 모두 연결하기

다음은 우리가 만든 웹 서비스의 전체 소스 코드다.

FunctionalProgramming/TranscriptHandler2/src/server/core.clj

```
1 (def snippets (repeatedly promise))
-
- (def translator "http://localhost:3001/translate")
-
5 (defn translate [text]
-   (future
```

---

10 https://github.com/dakrone/clj-http

```
  -        (:body (client/post translator {:body text})))))
  -
  -   (def translations
10     (delay
  -       (map translate (strings->sentences (map deref snippets)))))
  -
  -   (defn accept-snippet [n text]
  -     (deliver (nth snippets n) text))
15
  -   (defn get-translation [n]
  -     @(nth @translations n))
  -
  -   (defroutes app-routes
20     (PUT "/snippet/:n" [n :as {:keys [body]}]
  -       (accept-snippet (edn/read-string n) (slurp body))
  -       (response "OK"))
  -     (GET "/translation/:n" [n]
  -       (response (get-translation (edn/read-string n)))))
25
  -   (defn -main [& args]
  -     (run-jetty (wrap-charset (api app-routes)) {:port 3000}))
```

문장을 해석하는 코드 이외에 해석된 결과를 확인해 볼 수 있도록 (23번 줄에) 새로운 GET
엔드포인트를 추가했다. 그러고 나서 앞에서 만든 translations 열에 접근하기 위해 (16번 줄
에서) get-translation 함수를 사용한다.

이 코드가 실제로 동작하는 모습을 확인하려면, 부록에 포함된 코드 내의 번역 서버와 함께 웹
서버를 시작하라. 그 다음 (마찬가지로 부록에 포함된) TranscriptTest 애플리케이션을 실행
하면 재버워키의 내용을 한 문장씩 프랑스어로 번역하는 내용을 볼 수 있을 것이다.

```
$ lein run
Il brilgue, les t ves lubricilleux Se gyrent en vrillant dans le guave:
Enm m s sont les gougebosqueux Et le m merade horsgrave.
Garde-toi du Jaseroque, mon fils!
La gueule qui mord; la griffe qui prend!
Garde-toi de l'oiseau Jube,  vite Le frumieux Band- -prend!
《...》
```

이게 전부다. 완전한 모습을 갖춘 동시성 웹 서비스가 게으름, 퓨처, 그리고 프라미스를 모두
사용하고 있다. 가변 상태나 잠금장치는 없다. 그리고 명령형 언어를 이용해 작성한 코드에 비

해서 훨씬 간단하고 읽기 쉽다.

뭔가 문제가 있는 것 아닌가?

우리의 웹 서비스는 두 개의 게으른 열인 snippets와 translations을 사용한다. 두 경우 모두 이러한 열들의 헤드에 해당하는 부분을 참조하고 있어서(3.2.6절을 보라) 두 열이 끝이 없다. 시간이 흐르면 점점 더 많은 메모리가 사용될 것이다.

다음 장에서 우리는 클로저가 이런 문제를 해결하기 위해 사용하는 참조 타입을 확인하고, 웹 서비스가 둘 이상의 정보를 처리하도록 만들기 위해 개선하는 방법을 살펴볼 것이다.

3.4.8 3일 차 마무리

3일 차에서는 함수형 프로그래밍이 어떻게 동시성과 병렬성을 촉진하는지에 대해 알아보았다.

3일 차에서 배운 내용

함수형 프로그래밍에서 함수는 참조투명성이라는 속성을 갖는다. 이러한 속성은 프로그램의 전체적인 동작을 변경하지 않으면서 함수가 실행되는 순서를 안전하게 바꿀 수 있도록 보장한다. 특히 이러한 속성은 (클로저의 퓨처와 프라미스에 의해서 지원되는) 필요한 데이터가 준비되면 동작을 수행하는 데이터흐름 스타일의 프로그래밍을 가능하게 만든다. 그리고 우리는 동시적인 데이터흐름 프로그래밍이 웹 서비스의 구현을 어떻게 단순하게 만드는지 살펴보았다.

3일 차 자율학습

찾아라

- future와 future-call 사이의 차이점은 무엇인가? 어느 하나를 다른 하나와의 관련성 속에서 구현하는 방법은 무엇인가?
- 어느 퓨처의 값이 준비되었는지를 블로킹 없이 확인하는 방법은 무엇인가? 퓨처를 취소하는 방법은 무엇인가?

- /translation/:n에 대한 GET 요청에 대해서 번역이 아직 준비되지 않았으면 블로킹하는 것이 아니라 HTTP 409 상태 코드를 리턴하도록 번역 서버를 수정하라.
- 명령형 언어를 이용해서 번역 서버를 구현하라. 그 코드가 클로저로 만든 구현 내용만큼 단순한가? 그 코드가 경쟁 조건을 포함하고 있지 않음을 어떻게 확신할 수 있는가?

3.5 마치며

병렬성에 대한 흔한 오해가 있다. 많은 사람들이 병렬적인 프로그래밍은 불가피하게 비결정성을 낳는다고 생각한다. 동작이 모두 순차적으로 일어나지 않는다면, 논리적인 생각의 흐름과 관련해서 우리는 더 이상 어떤 특정한 순서에 의존하는 생각을 펼칠 수 없다. 우리는 언제나 경쟁 조건을 고민해야 한다.

물론 언제나 비결정적인 동작을 수행하는 동시성 프로그램이 존재하며, 이는 피할 수 없는 일이기도 하다. 어떤 프로그램은 본질적으로 특정한 타이밍에 의존하는 해법이 필요하기도 하다. 하지만 그렇다고 해서 모든 병렬적 프로그램이 항상 비결정적인 것은 아니다. 0에서 10,000까지의 수를 더한 결과가 우리가 계산을 순차적이 아니라 병렬적으로 수행했다고 해서 달라지지는 않을 것이다. 위키피디아 데이터에 포함된 단어의 빈도는 우리가 수를 헤아리는 스레드를 어떤 방식으로 수행하는가와 상관없이 언제나 동일하다.

전통적인 스레드와 잠금장치를 이용한 병렬 프로그램이 잠정적으로 경쟁 조건을 품고 있다는 사실은 문제 자체에 포함된 내재적인 비결정성 때문이 아니라, 해법 자체가 가지고 있는 구체적인 방법이 우연히 갖게 된 성질이다.

함수형 코드는 참조투명성이라는 속성을 갖기 때문에, 그들이 최종적인 결과가 동일하게 유지될 것이라는 확신을 가지고 실행되는 순서를 아무렇게나 바꿀 수 있다. 상호 독립적인 함수를 평가하는 과정을 병렬적으로 수행하는 것을 포함한다. 앞에서 본 것처럼, 이러한 성질은 함수형 코드를 병렬화하는 것을 너무나 쉽게 만들어준다.

모나드와 모노이드라는 것은 무엇인가요?

함수형 프로그래밍에 대한 소개는 모나드, 모노이드, 혹은 범주이론과 같은 수학적 개념에 대한 설명을 포함하는 경우가 많다. 우리는 방금 이번 장 전체에서 함수형 프로그래밍을 설명했는데, 이러한 용어는 한 번도 등장하지 않았다. 어떻게 된 것일까?

프로그래밍 언어에 가장 큰 영향을 주는 요소는 그것이 어떤 타입 시스템을 가지고 있는가다. 자바나 스칼라 같은 정적 타입 시스템을 사용하는 언어를 사용하는 것은 루비나 파이썬처럼 동적 타입 시스템을 사용하는 언어를 이용하는 것과는 완전히 다른 느낌을 준다.

정적 타입 시스템은 프로그래머가 타입과 관련된 정보를 처음부터 정확하게 기입하도록 강제한다. 이렇게 함으로써 얻는 장점은 컴파일러가 타입과 관련된 에러가 실행시간에 나타나지 않도록 어느 정도 보장을 해준다는 점과 타입 시스템이 제공하는 정보를 이용해서 최적화를 수행해서 코드의 효율성을 향상시킨다는 점이다.

동적 타입 시스템을 사용하는 프로그래머는 이렇게 처음부터 정확한 타입 정보를 사용해야 하는 부담을 피하는 대신 실행시간에 어떤 에러가 발생할 가능성과 컴파일된 코드가 다소 효율적이지 않을 수도 있다는 사실을 기꺼이 받아들인다.

함수형 프로그래밍의 세계에서도 이와 동일한 구분이 존재한다. 하스켈처럼 정적 타입 시스템을 사용하는 언어는 특정 함수와 값이 사용될 수 있도록 해주고, 함수적인 특징을 유지하면서 동시에 부작용을 유지하도록 허용하기 위한 제한을 두기 위해 모나드나 모노이드 같은 개념을 사용한다.

이러한 수학적 개념을 이해하는 것이 클로저 코드를 작성할 때 도움이 되는 것은 사실이지만, 정적 타입 시스템이라고 해서 꼭 그런 개념이 설명되어야 하는 것은 아니다. 대신 프로그래머들은 함수와 값이 적절한 문맥에서 사용되도록 확인하는 작업을 스스로 수행해야 한다. 그런 작업이 제대로 이루어지지 않았을 때에는 컴파일러도 별도의 경고를 보내지 않을 것이다.

3.5.1 장점

함수형 프로그래밍의 가장 큰 장점은 프로그램이 우리가 생각하는 대로 동작할 것이라는 사실을 확신할 수 있다는 점이다. (오랫동안 명령형 프로그래밍을 해 온 사람이라면 오랜 시간이 걸리겠지만) 일단 함수적으로 생각하는 데 익숙해지면 비슷한 명령형 프로그래밍을 수행하는 것에 비해 함수형 프로그래밍을 수행하는 것이 더 간단하고, 쉽고, 테스트를 수행하기도 편하다.

함수적인 해법을 얻게 되면 참조투명성 때문에 그것을 쉽게 병렬화하거나 매우 적은 노력만으로 동시적인 환경에서 실행할 수 있다. 함수형 코드는 가변 상태를 제거하기 때문에 스레드와 잠금장치를 기반으로 하는 전통적인 프로그램에서 나타나는 버그가 원천적으로 불가능하다.

3.5.2 단점

많은 사람들이 함수형 코드가 명령형 코드에 비해서 효율적이지 않다고 생각한다. 어떤 종류의 문제는 실제로 성능과 관련된 한계를 안고 있기도 하다. 하지만 대부분의 경우는 사람들이 생각하는 것만큼 문제가 있는 것은 아니다. 설령 성능상의 문제가 조금 있다고 해도 그 대신 얻게 되는 안전성이나 확장성을 고려하면 그리 큰 문제는 아니다.

3.5.3 다른 언어들

자바 8은 최근에 람다 표현과 스트림으로 대표되는, 함수 스타일의 코딩을 전보다 쉽게 만들어 주는 기능을 대폭 추가했다.[11,12] 스트림은 클로저의 축소자와 매우 비슷한 방식으로 쉽게 병렬화 할 수 있는 집계 연산aggregate operation을 지원한다.

하스켈[13]을 언급하지 않고 함수형 프로그래밍을 설명하는 것은 불가능하다. 하스켈은 우리가 이 장에서 살펴보았던 모든 내용은 물론 그 이상을 제공한다. 하스켈을 이용해서 병렬화와 동시성을 탁월하게 설명하고 있는 내용을 원한다면 사이먼 말로우Simon Marlow의 사용지침을 보기 바란다.[14]

---

11 http://docs.oracle.com/javase/tutorial/java/javaOO/lambdaexpressions.html

12 http://docs.oracle.com/javase/tutorial/collections/streams/index.html

13 http://haskell.org/

14 http://community.haskell.org/~simonmar/par-tutorial.pdf

3.5.4 마지막 생각

함수형 프로그래밍은 우리가 이 장에서 본 것보다 훨씬 더 많은 내용을 가지고 있다. 무엇보다도 동시성과 병렬성에 대한 지원이 탁월하다. 함수형 프로그래밍이 앞으로 더 많은 역할을 담당하게 되리라는 사실은 불가피하다.

그렇지만, 가변 상태라는 존재는 당분간 우리 곁에 그대로 머물 것이다. 다음 장에서 우리는 클로저가 동시성에 대한 지원을 희생하지 않으면서 동시에 부작용을 지원하는 모습을 확인할 것이다.

CHAPTER 4

클로저 방식
– 아이덴티티를 상태에서 분리하기

최신 하이브리드 자동차는 내연 엔진의 장점과 전기차의 장점을 결합한 것이다. 상황에 따라 순수한 전기의 힘만으로 가기도 하고 가솔린만으로 가기도 하고, 때로는 두 개를 모두 사용하기도 한다. 클로저는 동시성 프로그래밍과 관련해서 특히 강력한 이점을 갖는 함수형 프로그래밍과 가변 상태를 결합한 하이브리드 – 즉, "클로저만의 방식"을 제공한다.

4.1 두 세계의 장점

함수형 프로그래밍은 어떤 문제에 대해서는 특별히 강점을 갖지만, 어떤 문제는 함수형 프로그래밍 대신 상태를 수정하는 것을 근본적으로 요구하기도 한다. 그런 문제에 대해서조차 함수적인 해법을 찾는 것이 가능하기는 하지만, 전통적인 방식으로(즉, 상태를 수정하는 방식으로) 접근하는 것이 이해하기 쉬운 경우가 있다. 이 장에서 우리는 앞에서 보았던 클로저의 순수 함수적 접근 방식을 벗어나서 동시성과 관련한 해법을 찾는 데 도움을 주는 다른 방법에 대해 알아보도록 할 것이다.

1일 차에서 우리는 클로저에서 사용하는 동시성을 염두에 둔 가변 데이터 타입인 원자[atom]에 대해서 살펴보고, 그들이 어떻게 영속적 자료구조[persistent data structure]와 협력해서 아이덴티티를 상태에서 분리하는 것이 가능한지 알아볼 것이다. 2일 차에서는 클로저의 또 다른 가변 자료구조인 에이전트와 소프트웨어 트랜잭션 메모리[STM]에 대해서 살펴본다. 끝으로 3일 차에는 원자와 STM을 이용해서 알고리즘을 구현하고, 두 해법 사이에 존재하는 장단점에 대해서 논의한다.

4.2 1일 차: 원자와 영속적인 자료구조

순수 함수형 언어는 가변 데이터에 대한 지원을 하지 않는다. 하지만 클로저는 순수 함수형 언어가 아니기 때문에 동시성을 염두에 둔 가변 데이터 타입을 지원한다. 이러한 타입은 각각 다른 사용처를 가지고 있다. 이러한 타입들이 클로저의 영속적인 자료구조(영속적이라는 말의 의미는 뒤에서 설명한다)와 함께 사용되면 동시성 코드 안에서 공유되는 가변 상태로 인해 발생되는 일반적인 문제를 피할 수 있게 해준다.

순수하지 않은 함수형 언어와 명령형 언어 사이에 존재하는 차이를 짚고 넘어가는 것은 중요하다. 명령형 언어에서 변수는 기본적으로 가변이고 코드는 그런 변수들을 수시로 수정한다. 비순수 함수형 언어에서 변수는 기본적으로 불변이고, 코드는 일반적으로 그들이 꼭 필요한 경우에 한해서 수정한다. 앞으로 보겠지만, 클로저에서 가변 변수는 안전성과 일관성을 잃지 않으면서도 실세계에 존재하는 부작용을 관리하는 것을 가능하게 해준다.

이제 클로저의 가변 변수가 영속적인 자료구조와 함께 사용되면서 아이덴티티를 상태에서 분리하는 모습을 보게 될 것이다. 이것은 여러 개의 스레드가 잠금장치 없이 (그래서 그에 수반되는 데드락 같은 문제없이) 가변 변수에 접근하는 것을 가능하게 만들어준다. 3.2.1절에서 보았던 것처럼 가변 상태가 일정한 범위를 벗어나거나, 혹은 감춰져 있을 때 발생하는 문제도 없다. 우선 클로저에서 가장 단순한 형태의 가변 변수 타입인 원자에 대한 이야기부터 시작해보자.

4.2.1 원자

원자는 (쪼개질 수 없는 최종적인 단위라는 의미에서) 원자적인 변수다. 2.3.5절에서 보았던 것과 거의 비슷하다(실제로 클로저의 원자는 java.util.concurrent.atomic을 기반으로 구현되어 있다). 다음은 원자로 표현되는 값을 생성하거나 검색하는 방법을 보여주는 코드다.

```
user=> (def my-atom (atom 42))
#'user/my-atom
user=> (deref my-atom)
42
user=> @my-atom
42
```

원자는 초깃값을 인수로 받는 atom 함수를 사용해서 만든다. 원자가 담고 있는 현재 값은 deref 혹은 @을 통해서 찾을 수 있다.

원자 값을 다른 값으로 변경하고 싶으면 swap!을 사용한다.

```
user=> (swap! my-atom inc)
43
user=> @my-atom
43
```

swap!은 어떤 함수를 인수로 전달받아서 그것을 원자의 현재 값에 적용한다. 그 함수가 리턴하는 값이 원자의 새로운 값으로 설정된다. 다음 예에서 보는 것처럼 swap! 함수에 인수로 전달되는 함수에 추가적인 인수를 전달하는 것도 가능하다. 이 예에서는 +라는 함수에 2라는 추가적인 인수를 전달하고 있다.

```
user=> (swap! my-atom + 2)
45
```

swap! 함수에 전달되는 첫 번째 인수(즉 my-atom)는 원자의 현재 값으로 설정되고, 그 뒤를 따르는 인수(즉 + 2)는 swap!에 전달된다. 따라서 이 경우에는 (+ 43 2)의 결과가 새로운 값으로 설정된다.

드물긴 하지만, 원자의 현재 값과 무관한 전혀 새로운 값을 설정하고 싶은 경우에는 reset!을 사용한다.

```
user=> (reset! my-atom 0)
0
user=> @my-atom
0
```

원자는 어떤 타입도 될 수 있다. 많은 웹 애플리케이션이 다음 예에서 보는 것처럼 세션 데이터를 저장하기 위해 원자적인 맵을 이용하기도 한다.

```
user=> (def session (atom {}))
#'user/session
user=> (swap! session assoc :username "paul")
{:username "paul"}
user=> (swap! session assoc :session-id 1234)
{:session-id 1234, :username "paul"}
```

이러한 코드를 REPL을 이용해서 살펴보았으므로, 이제 실제 애플리케이션 내에서 원자를 사용하는 모습을 보도록 하자.

4.2.2 가변 상태를 이용하는 멀티스레딩 웹 서비스

3.2.1절의 '가변 상태는 탈출왕'에서 우리는 토너먼트에 참가한 선수들의 목록을 관리하는 가상의 웹 서비스를 살펴보았다. 이 절에서 우리는 그런 웹 서비스를 위한 코드를 전체적으로 살펴보고, 클로저의 영속적인 자료구조가 어떻게 해서 자바에서 처럼 가변 상태를 의도된 범위를 벗어나지 않도록 만드는지 보게 될 것이다.

Clojure/TournamentServer/src/server/core.clj

```
1  (def players (atom ()))
-
-  (defn list-players []
-    (response (json/encode @players)))
5
-  (defn create-player [player-name]
-    (swap! players conj player-name)
-    (status (response "") 201))
-
10 (defroutes app-routes
-    (GET "/players" [] (list-players))
-    (PUT "/players/:player-name" [player-name] (create-player player-name)))
-  (defn -main [& args]
-    (run-jetty (site app-routes) {:port 3000}))
```

이 코드는 두 가지 경로를 정의한다. /players에 전달되는 GET 요청은 현재 선수의 목록을 (JSON 포맷으로) 읽고, /players/name에 전달되는 PUT 요청은 새로운 선수를 목록에 추가한다. 앞 장에서 보았던 웹 서비스의 경우와 마찬가지로 내장되어 있는 제티 서버는 멀티스레드를 지원하므로, 우리가 작성하는 코드는 스레드-안전성을 제공할 필요가 있다.

코드가 어떻게 동작하는지는 곧 설명하기로 하고, 일단 실행부터 해보자. curl을 사용하면 웹 서비스가 동작하는 모습을 확인할 수 있다.

```
$ curl localhost:3000/players
[]

$ curl -X put localhost:3000/players/john
$ curl localhost:3000/players
["john"]

$ curl -X put localhost:3000/players/paul
$ curl -X put localhost:3000/players/george
$ curl -X put localhost:3000/players/ringo
$ curl localhost:3000/players
["ringo","george","paul","john"]
```

이제 코드가 동작하는 원리를 알아보기로 하자. (1번 줄에 있는) players라는 이름의 원자는 우선 빈 리스트 ()로 초기화된다. (7번 줄에서) conj를 사용해서 리스트에 새로운 선수가 추가되고 빈 응답이 (정상적인 생성을 의미하는) HTTP 201 상태와 함께 리턴된다. 그리고 (4번 줄에서) @를 이용해 players의 값을 읽은 다음, 선수들의 목록을 JSON으로 인코딩하여 리턴한다.

코드의 내용이 매우 간단한 것처럼 보이지만 마음에 걸리는 부분이 있다. list-players 함수와 create-player 함수가 모두 players에 접근하고 있다는 점이다. 이 코드는 어째서 탈출왕에서처럼 자바 코드가 멀티스레딩 환경과 관련되어 생기는 문제가 없는 것일까? 어느 스레드가 원자에 담긴 리스트를 순차적으로 방문하여 그것을 JSON으로 변환하는 동안 다른 스레드가 리스트에 새로운 선수를 추가하면 어떤 일이 일어날까?

클로저의 자료구조는 영속적이라는 속성을 갖기 때문에 이 코드는 스레드-안전성을 보장한다.

4.2.3 영속적인 자료구조

여기에서 말하는 영속적이라는 말의 의미는 데이터를 디스크나 데이터베이스에 저장하는 것과 상관없이 값이 수정되었을 때 이전 버전을 영속적으로 보관하는 자료구조를 의미한다. 그렇기 때문에 수정이 일어나도 겉보기에는 일관성이 유지되는 구조다. REPL에서 쉽게 확인할 수 있다.

```
user=> (def mapv1 {:name "paul" :age 45})
#'user/mapv1
user=> (def mapv2 (assoc mapv1 :sex :male))
#'user/mapv2
user=> mapv1
{:age 45, :name "paul"}
user=> mapv2
{:age 45, :name "paul", :sex :male}
```

영속적인 자료구조는 수정이 일어날 때마다 마치 자료구조 전체가 새로운 값으로 복사되는 것처럼 행동한다. 실제로 그런 식이라면 대단히 비효율적이기 때문에 사용처가 (2.4.2절에서 보았던 CopyOnWriteArrayList처럼) 제한적일 수밖에 없을 것이다. 하지만 다행히도 이러한 자료구조는 구조 공유^{structure sharing}라는 기법을 이용해서 매우 기발한 방식으로 구현된다.

영속적 자료구조 중에서 가장 이해하기 쉬운 것은 리스트다. 여기 간단한 리스트가 있다.

```
user=> (def listv1 (list 1 2 3))
#'user/listv1
user=> listv1
(1 2 3)
```

다음은 메모리의 모습을 보여주는 그림이다.

그림 4-1 리스트

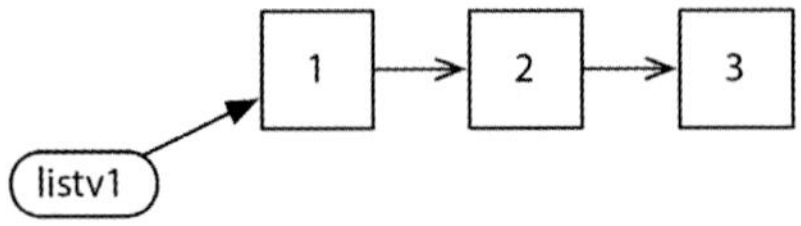

이제 cons를 이용해 새로운 항목을 리스트의 맨 앞에 추가해서 리턴하는 새로운 버전을 만들어보자.

```
user=> (def listv2 (cons 4 listv1))
#'user/listv2
user=> listv2
(4 1 2 3)
```

새로운 리스트는 앞에서 보았던 리스트의 내용을 전부 공유할 수 있어서 데이터를 복사할 필요가 전혀 없다.

그림 4-2 새 리스트가 기존 리스트의 전체를 사용할 때

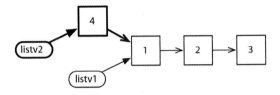

끝으로, 조금 더 수정된 다른 버전이다.

```
user=> (def listv3 (cons 5 (rest listv1)))
#'user/listv3
user=> listv3
(5 2 3)
```

그림 4-3 새 리스트가 기존 리스트의 일부만 사용할 때

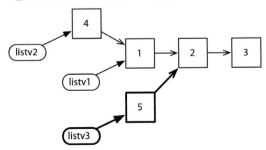

이 경우에는 새 리스트가 원래 리스트의 전체가 아닌 일부만 사용하고 있지만, 여전히 어떤 데이터를 복사하는 것이 불필요하다.

그러나 복사를 항상 피할 수 있는 것은 아니다. 이 예에서 리스트들은 서로 꼬리 부분이 동일할 때에 한해서 재사용될 수 있다. 꼬리 부분에 다른 리스트가 필요하면 복사를 수행하는 방법밖에 없다. 다음은 그런 예를 보여준다.

```
user=> (def listv1 (list 1 2 3 4))
#'user/listv1
user=> (def listv2 (take 2 listv1))
#'user/listv2
user=> listv2
(1 2)
```

이 코드는 메모리상에서 다음과 같은 일이 일어나도록 만든다.

그림 4-4 리스트 복사를 해야만 할 때

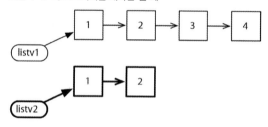

클로저의 컬렉션은 모두 영속적이다. 영속적인 벡터, 맵, 세트 등은 리스트보다 구현하기 복잡하지만, 우리에게 필요한 사실은 그들이 최대한 데이터를 공유하는 영속적인 자료구조라는 점이다. 그럼에도 불구하고 루비나 자바 같은 언어에서 지원하는 자료구조들과 비슷한 성능을 제공한다는 점을 기억할 필요가 있다.

함수적이지 않은 자료구조도 영속적일 수 있는가?

비함수형 언어에서도 영속적 자료구조를 만들 수 있다. 자바에서는 이미(CopyOnWrite-ArrayList처럼) 그런 구조를 보았고, 클로저의 핵심 자료구조들도 처음에는 모두 자바로 작성되었다. 따라서 그렇게 하는 것은 얼마든지 가능하다.

그렇지만 비함수적 언어를 가지고 영속적 자료구조를 작성하는 것은 어렵다. 언어가 아무런 도움을 주지 않기 때문에 제대로 작성하기도 어렵고 효율적으로 만들기도 어렵다. 그런 환경에서는 영속적이라는 약속을 준수하는 것이 전적으로 프로그래머 자신의 손에 달렸다.

이와 반대로 함수형 자료구조는 자동적으로 지속성을 유지한다.

4.2.4 아이덴티티 혹은 상태?

영속적 자료구조는 어떤 스레드가 그에 대한 참조를 가지면 그것이 다른 스레드에 의해서 변경되지 않으리라는 점을 확신할 수 있기 때문에 동시성 프로그래밍에 이루 말할 수 없는 편의를 제공한다. 즉, 영속적 자료구조는 아이덴티티를 상태에서 분리한다.

우리가 모는 차에 기름이 얼마나 있는가? 지금 이 순간 반쯤 차 있을 수 있다. 나중에는 거의 바닥이 날 것이고 (그리하여 주유소에 들르고 나면) 다시 꽉 차게 될 것이다. "차에 있는 기름의 양"이라는 아이덴티티가 하나의 존재라고 했을 때 그 존재의 상태는 수시로 변한다. "차에 있는 기름의 양"은 사실 서로 다른 값들로 이루어진 열이다. 2012년 2월 23일 12시 03분에는 0.53이고, 2012년 2월 23일 2시 30분에는 0.12이며, 2012년 2월 23일 4시 31분에는 1이다.

명령형 언어에서 변수는 아이덴티티와 상태를 함께 엮는다. 그래서 하나의 아이덴티티는 언제나 하나의 값만을 나타낸다. 상태가 사실은 시간에 따른 여러 값들의 열로 이루어진 것이라는 사실을 잊게 만드는 것이다. 영속적 자료구조는 아이덴티티를 상태에서 분리한다. 어떤 아이덴티티가 지금 이 순간을 나타내는 상태를 읽었다고 하자. 그 상태 자체는 더 이상 변경이 불가능하고 영원히 변화하지 않는다. 나중에 아이덴티티 자체에 무슨 일이 일어나더라도 변하지 않는다.[1]

헤라클로이토스는 이렇게 말했다.

똑같은 강물에 두 번 발을 담글 수 없다. 다른 물결이 계속 다가오기 때문이다.

---

[1] 역자주_ 2012년 2월 25일 12시 30분에 기름의 양이 0.5였다고 하자. 나중에 기름의 양이 바닥이 나든 아니면 꽉 채워지든 상관없이 2012년 2월 25일 12시 30분에 기름의 양이 0.5였다는 사실은 변하지 않는다. 즉, 기름의 양이라는 아이덴티티는 2012년 2월 25일 12시 30분의 기름 양이라는 상태에서 분리된 것이다.

대부분의 언어는 강물 전체가 하나의 단일한 값이라는 오류에 집착한다. 클로저는 강물이 계속 변한다는 사실을 인정한다.

4.2.5 재시도

클로저가 함수적이기 때문에 원자는 잠금장치가 필요하지 않다. 그들은 내부적으로 java.util.AtomicReference에 존재하는 compareAndSet() 메서드를 사용한다. 그것은 그들이 매우 빠르게 동작하고 블로킹도 일으키지 않음을 뜻한다(따라서 데드락의 위험도 없다). 하지만 이 것은 곧 swap!의 내부에서 새로운 값을 생성하는 함수를 호출하는 순간과 원자 내부에 있는 값을 바꾸는 순간 사이에 다른 스레드가 개입해서 원자의 값을 바꾸는 경우를 대비해야 함을 의미한다.

그런 경우가 발생하면 swap!은 같은 동작을 반복한다. 함수가 리턴한 값을 버리고 원자의 현 재 값을 이용해서 똑같은 함수를 다시 호출한다. 우리는 2.4.3절에서 ConcurrentHashMap 을 사용할 때 이미 이와 비슷한 동작을 본 적이 있다. 이러한 사실은 swap!에 전달되는 함수가 절대로 부작용이 없어야 함을 뜻하기도 한다. 부작용이 생기면 이러한 재시도 동작이 일어나는 가능성 때문에 부작용이 한 번 이상도 일어날 수 있다.

다행히 클로저의 함수적 본질이 도움을 준다. 함수형 코드는 기본적으로 부작용이 없기 때문 이다.

4.2.6 확인자

절대로 음수 값을 갖지 않는 원자가 필요하다고 생각해보자. 원자를 생성할 때 확인자validator 함 수를 제공함으로써 그런 요구조건을 만족시킬 수 있다.

```
user=> (def non-negative (atom 0 :validator #(>= % 0)))
#'user/non-negative
user=> (reset! non-negative 42)
42
user=> (reset! non-negative -1)
IllegalStateException Invalid reference state
```

확인자는 원자의 내부에 담긴 값을 변경하고자 할 때마다 호출되는 함수다. 그것이 성공하면 true를 리턴하고, 값을 변경하는 동작이 거부되면 false를 리턴한다.

확인자는 swap!에 전달되는 함수처럼 원자 값이 변하기 직전에 호출된다. swap!이 재시도를 수행하는 경우에는 한 번 이상 호출될 수도 있다. 따라서 확인자도 당연히 부작용이 없어야 한다.

4.2.7 감시자

원자는 감시자watcher 기능도 가질 수 있다.

```
user=> (def a (atom 0))
#'user/a
user=> (add-watch a :print #(println "Changed from " %3 " to " %4))
#<Atom@542ab4b1: 0>
user=> (swap! a + 2)
Changed from 0 to 2
2
```

감시자는 키와 감시 함수를 제공하면 추가할 수 있다. 키는 감시자의 아이덴티티를 나타낸다. (따라서 여러 개의 감시자가 존재하는 경우에는 관련된 키를 이용해서 특정한 감시자를 참조할 수 있다.) 감시자는 원자의 값이 변할 때마다 호출된다. 감시 함수는 add-watch에 전달된 키, 원자에 대한 참조, 이전 값, 그리고 새로운 값, 이렇게 4개의 인수로 받아들인다.

앞의 코드에서 우리는 원자의 이전 값(%3)과 새로운 값(%4)을 출력하는 익명 함수를 정의하기 위해서 #(...) 리더 매크로를 사용했다.

확인자와 달리 감시 함수는 값이 변경된 다음에 호출되기 때문에 swap!이 재시도(재시도는 값을 최종적으로 변경하기 전에 일어나는 동작임을 기억하라)를 수행하는 경우라도 언제나 한 번만 호출된다. 따라서 감시 함수는 부작용이 생겨도 상관없다. 하지만 감시 함수가 호출되는 시점에는 다른 스레드에 의해서 원자의 내부 값이 추가적으로 변했을 수도 있기 때문에, 감시 함수는 원자 자체를 역참조하기보다 자기에게 인수로 전달된 값을 사용해야 정확한 동작을 수행할 수 있다.

4.2.8 하이브리드 웹 서비스

3.4.6절 '함수 웹 서비스'에서 우리는 클로저를 이용해서 순수하게 함수적인 웹 서비스를 만들었다. 기능적으로는 큰 문제가 없었지만 몇 가지 중요한 한계를 안고 있었다. 이 서비스는 오직하나의 데이터 정보만 처리할 수 있어서, 메모리 사용량이 끝없이 상승할 수 있다. 우리는 함수적인 특징을 유지하면서 어떻게 이런 문제들을 해결할 수 있는지 살펴볼 것이다.

세션 관리

세션이라는 개념을 도입함으로써 웹 서비스가 둘 이상의 입력정보를 처리할 수 있도록 만들 것이다. 각 세션은 다음과 같은 방법으로 생성되는 고유한 수를 아이덴티티로 갖는다.

Clojure/TranscriptHandler/src/server/session.clj

```clojure
(def last-session-id (atom 0))
(defn next-session-id []
  (swap! last-session-id inc))
```

위 코드는 우리가 새로운 ID가 필요할 때마다 값이 증가되는 last-session-id라는 원자를 사용한다. 결과적으로 next-session-id가 호출될 때마다 이전보다 증가된 값이 리턴된다.

```clojure
server.core=> (in-ns 'server.session)
#<Namespace server.session>
server.session=> (next-session-id)
1
server.session=> (next-session-id)
2
server.session=> (next-session-id)
3
```

현재 활성화된 세션은 세션 ID와 세션 값을 담는 맵을 저장하는 sessions라는 또 다른 원자를 이용해서 관리한다.

```clojure
(def sessions (atom {}))

(defn new-session [initial]
```

```
  (let [session-id (next-session-id)]
    (swap! sessions assoc session-id initial)
    session-id))

(defn get-session [id]
  (@sessions id))
```

new-session이라는 함수는 (예컨대 initial과 같은) 어떤 값을 전달받으면 새로운 세션 ID 를 만들어서 전달된 값과 함께 sessions에 저장한다. 새로운 세션 ID를 만들기 위해서는 next-session-id를 호출한다. 이 예에서는 일단 initial을 전달해서 초깃값을 저장하는 세션 을 만든다. get-session에서 세션을 읽는 것은 단순히 ID를 이용해 맵에서 값을 검색하는 것 에 불과하다.

세션 만료

메모리 사용이 영원히 증가하는 것을 막으려면 더 이상 사용되지 않는 세션은 삭제해야 한다. 우리는 (예컨대 delete-session 함수 같은 것을 이용해서) 직접 그렇게 할 수도 있지만, 우리 는 클라이언트가 자기 할 일을 다 마친 다음에 스스로 세션을 정리하는 것에만 의존할 수는 없 다. 따라서 여기에서 세션 만료라는 기능을 사용할 것이다. 이러한 새로운 요구사항을 앞의 코 드에서 수정해 보자.

Clojure/TranscriptHandler/src/server/session.clj

```
  (def sessions (atom {}))

▶ (defn now []
▶   (System/currentTimeMillis))

  (defn new-session [initial]
    (let [session-id (next-session-id)
▶         session (assoc initial :last-referenced (atom (now)))]
      (swap! sessions assoc session-id session)
      session-id))

  (defn get-session [id]
    (let [session (@sessions id)]
▶     (reset! (:last-referenced session) (now))
      session))
```

현재 시간을 리턴하는 now라는 유틸리티 함수를 추가했다. new-session이 세션을 생성할 때 해당 세션에 현재 시간을 나타내는 원자인 :last-referenced 항목을 추가한다. 이 값은 get-session이 해당 세션에 접근할 때마다 reset!을 이용해서 새로운 값(즉, 새로운 현재 시간)으로 수정된다. 이제 모든 세션이 :last-referenced 항목을 갖게 되었으므로, 우리는 세션들을 주기적으로 검사해서 일정한 시간 동안 참조되지 않은 것이 있는지를 확인할 수 있다.

Clojure/TranscriptHandler/src/server/session.clj

```clojure
(defn session-expiry-time []
  (- (now) (* 10 60 1000)))
(defn expired? [session]
  (< @(:last-referenced session) (session-expiry-time)))

(defn sweep-sessions []
  (swap! sessions #(remove-vals % expired?)))
(def session-sweeper
  (schedule {:min (range 0 60 5)} sweep-sessions))
```

이 코드는 sweep-sessions가 5분마다 동작하도록 스케줄하는 session-sweeper를 만들기 위해 스케줄루어^{Schedulure}라는 라이브러리를 사용한다.[2] 이것이 동작하면 expired?가 true를 리턴하는 세션을 (유스풀^{Useful} 라이브러리[3]가 제공하는 remove-vals를 이용해서) 모두 제거한다. 즉, (10분 전인) session-expiry-time이 나타내는 시간 이전에 마지막으로 접근된 세션을 모두 제거하는 것이다.

모두 하나로

이제 우리의 웹 서비스가 세션을 이용하도록 만들 수 있게 되었다. 그렇게 하려면 우선 세션을 만드는 함수가 필요하다.

Clojure/TranscriptHandler/src/server/core.clj

```clojure
(defn create-session []
  (let [snippets (repeatedly promise)
```

....

2 https://github.com/AdamClements/schejulure
3 https://github.com/flatland/useful

```
          translations (delay (map translate
                               (strings->sentences (map deref snippets)))))]
    (new-session {:snippets snippets :translations translations}))))
```

우리는 여기에서도 입력으로 들어오는 정보를 무한한 프라미스의 게으른 열로 표현하고, 번역
된 내용을 담기 위해서 그 열에 대한 맵 함수를 사용하고 있다. 하지만 이제 그들은 모두 세션
내에 저장된다.

다음으로, 우리는 세션 내에 있는 :snippets 혹은 :translations를 찾아보기 위해서 accept-
snippet과 get-translation의 내용을 수정할 필요가 있다.

Clojure/TranscriptHandler/src/server/core.clj

```
(defn accept-snippet [session n text]
  (deliver (nth (:snippets session) n) text))

(defn get-translation [session n]
  @(nth @(:translations session) n))
```

끝으로, 이러한 함수들을 URI에 연결해주는 루트를 정의한다.

Clojure/TranscriptHandler/src/server/core.clj

```
(defroutes app-routes
  (POST "/session/create" []
    (response (str (create-session))))

  (context "/session/:session-id" [session-id]
    (let [session (get-session (edn/read-string session-id))]
      (routes
        (PUT "/snippet/:n" [n :as {:keys [body]}]
          (accept-snippet session (edn/read-string n) (slurp body))
          (response "OK"))

        (GET "/translation/:n" [n]
          (response (get-translation session (edn/read-string n))))))))
```

이렇게 하면 웹 서비스가 가변 데이터를 신중한 방식으로 사용하되 함수 패러다임의 중요한 원
칙은 유지될 수 있도록 만들 수 있다.

4.2.9 1일 차 마무리

1일 차는 이렇게 마무리하고, 2일 차에는 클로저가 제공하는 또 다른 가변 변수인 에이전트와 ref에 대해서 살펴볼 것이다.

1일 차에서 배운 내용

클로저는 가변 변수를 위한 여러 타입을 제공하는 비순수 함수형 언어다. 그 중에서 가장 간단한 원자에 대해서 살펴보았다.

- 명령형 언어와 비순수 함수형 언어 사이에 존재하는 차이는 어느 쪽을 강조하는가에 달려있다.
  - 명령형 언어에서 변수는 기본적으로 가변이다. 코드는 변수를 수시로 변경한다.
  - 함수형 언어에서 변수는 기본적으로 불변이다. 코드는 변수를 꼭 필요한 경우에 한해서 변경한다.
- 함수형 자료구조는 영속적이기 때문에 어느 한 스레드가 구조의 값을 변경해도 이미 구조에 대한 참조를 가지고 있는 다른 스레드에는 영향을 주지 않는다.
- 이러한 속성은 아이덴티티를 상태에서 분리할 수 있게 한다. 아이덴티티와 연관된 상태가 시간의 흐름에 따라 변하는 값의 열이라는 사실을 인식하는 것이다.

1일 차 자율학습

찾아라

- 연결된 리스트보다 복잡한 영속적 자료구조가 어떻게 구현되는지를 설명한 칼 쿠르코우Karl Krukow의 블로그 글 "클로저의 영속벡터 구현 이해하기"
- "해시 배열 맵 트라이Hash Array Mapped Trie"를 이용해서 PersistentHashMap을 구현하는 방법을 설명한 위의 블로그 글에 대한 추가적인 글

수행하라

- 4.2.2절에서 보았던 TournamentServer 예제를 수정해서 선수가 추가되는 것만이 아니라 삭제되는 것도 가능하게 만들어라.
- 4.2.8절에서 보았던 TranscriptServer 예제를 수정해서 10초 동안 정보가 도착하지 않으면 복구하는 기능을 추가하라.

4.3 2일 차: 에이전트와 소프트웨어 트랜잭션 메모리

앞서 원자에 대해서 살펴보았다. 이제 클로저가 제공하는 또 다른 형태의 가변 타입인 에이전트와 ref에 대해서 알아본다. 이들은 원자와 마찬가지로 동시성을 염두에 두고 만들어졌으며, 아이덴티티와 상태를 분리하기 위해서 영속적인 자료구조를 활용한다. ref에 대해서 설명할 때 우리는 잠금장치 없이 변수가 동시에 수정되면서 일관성을 잃지 않도록 만들기 위해 클로저가 어떻게 소프트웨어 트랜잭션 메모리를 활용하는지 보게 될 것이다.

4.3.1 에이전트

에이전트는 단일 값에 대한 참조를 캡슐화하고 deref 혹은 @을 통해서 검색된다는 점에서 원자와 비슷하다.

```
user=> (def my-agent (agent 0))
#'user/my-agent
user=> @my-agent
0
```

에이전트의 값은 send를 호출함으로써 변경된다.

```
user=> (send my-agent inc)
#<Agent@2cadd45e: 1>
user=> @my-agent
1
user=> (send my-agent + 2)
#<Agent@2cadd45e: 1>
user=> @my-agent
3
```

send는 swap!과 마찬가지로 선택적인 인수를 가지고 다른 함수를 받아들인다. 그리고 함수가 전달되면 에이전트가 현재 담고 있는 값을 그 함수에 전달하면서 호출한다. 함수가 리턴하는 값이 에이전트의 새로운 값이 된다.

swap!과 다른 점은 send가 (에이전트의 값이 변하기 전에) 바로 리턴된다는 점이다. send에 전달된 함수는 나중에 언젠가는 실행된다. 여러 개의 스레드가 send를 동시에 호출하면 send에 전달된 함수들이 일렬로 줄을 서고, 그들 중에서 한 번에 하나의 함수만 실행된다. 그렇기 때문에 그들은 재시도되는 일이 없다. 따라서 부작용이 생겨도 상관없다.

에이전트는 액터인가?

겉으로 보기에는 클로저의 에이전트와 (5장에서 보게 될) 액터 사이에 유사성이 존재한다. 하지만 그들은 충분히 다른 존재다.

- 에이전트는 deref를 통해서 직접적으로 검색할 수 있는 값이 있다. 액터도 내부에 상태를 담기는 하지만 그런 값을 외부에서 읽을 수 있는 방법은 없다.
- 액터는 어떤 동작을 담지만, 에이전트는 그렇지 않다. 에이전트가 수행하는 함수는 클라이언트에 의해서 전송된다.
- 액터는 에러 감지와 복구를 위해서 정교한 지원을 제공하지만, 에이전트의 에러 보고는 그에 비해서 훨씬 단순하다.
- 액터는 원격 사용이 가능하지만, 에이전트는 분산될 수 없다.
- 액터를 조합하는 것은 데드락을 낳을 수 있지만, 에이전트를 조합하는 것은 데드락과 아무 상관이 없다.

에이전트의 동작이 완료되기를 기다리기

앞의 REPL 세션을 잘 보면 send가 리턴하는 값이 에이전트에 대한 참조임을 알 수 있다. REPL이 해당 참조를 나타낼 때 에이전트가 담고 있는 값, 이 예제의 경우에는 1도 함께 화면에 나타난다.

```
user=> (send my-agent inc)
#<Agent@2cadd45e: 1>
```

그런데 2를 더한 다음에도 3 대신 1이 화면에 나타난다.

```
user=> (send my-agent + 2)
#<Agent@2cadd45e: 1>
```

이는 send에 전달된 함수가 비동기적으로 동작하기 때문이다. REPL이 에이전트의 값을 확인하는 순간에는 아직 해당 함수가 동작을 완료하지 않았을 수도 있다. 이 예에서처럼 짧은 동작을 수행하는 경우에는 REPL이 값을 읽는 순간에 이미 해당 동작이 완료되었을 가능성이 높다.

하지만 Thread/sleep을 이용해서 시간이 오래 걸리는 동작을 전달하면 그렇지 않음을 쉽게 확인할 수 있다.

```
user=> (def my-agent (agent 0))
#'user/my-agent
user=> (send my-agent #((Thread/sleep 2000) (inc %)))
#<Agent@224e59d9: 0>
user=> @my-agent
0
user=> @my-agent
1
```

클로저는 에이전트에 전달된 동작이 완료될 때까지 현재 스레드가 블로킹을 수행하도록 만드는 await 함수를 제공한다. await-for는 얼마나 오래 기다릴지 정하는 타임아웃 값도 함께 지정할 수 있다.

```
user=> (def my-agent (agent 0))
#'user/my-agent
user=> (send my-agent #((Thread/sleep 2000) (inc %)))
#<Agent@7f5ff9d0: 0>
user=> (await my-agent)
nil
user=> @my-agent
1
```

Send-Off와 Send-Via는 어떤가?

에이전트는 send 이외에 send-off와 send-via도 지원한다. 이들의 차이점을 살펴보면 send는 주어진 함수를 공통의 스레드 풀을 이용해서 실행하고, send-off는 새로운 스레드를 생성해서 사용하고, send-via는 아예 실행자(executor)를 인수로 받아들인다는 점이다.

인수로 전달하는 함수가 블로킹을 수행하거나 시간이 오래 걸릴 (그래서 작업을 수행하는 스레드를 오랫동안 꼼짝 못하게 할) 가능성이 있으면 send-off나 send-via를 이용해야 한다. 그렇지 않은 경우라면 어느 것을 이용하든 결과는 똑같다.

비동기적인 업데이트는 동기적인 방식에 비해서 몇 가지 명백한 이점을 갖는다. 특히 오래 걸리거나 블로킹을 수행하는 작업인 경우에 그렇다. 그렇지만 에러를 다루는 경우를 포함하여 전체적으로 코드를 복잡하게 만든다. 이런 문제를 위해서 클로저가 어떤 기능을 제공하는지 살펴보자.

에러 처리

에이전트는 원자와 마찬가지로 확인자와 감시자 기능을 제공한다. 예를 들어 다음은 에이전트의 값이 음수가 되지 않도록 보장하는 확인자를 사용하는 경우다.

```
user=> (def non-negative (agent 1 :validator (fn [new-val] (>= new-val 0))))
#'user/non-negative
```

다음은 에이전트의 값이 음수가 될 때까지 값을 감소시킨 경우다.

```
user=> (send non-negative dec)
#<Agent@6257d812: 0>
user=> @non-negative
0
user=> (send non-negative dec)
#<Agent@6257d812: 0>
user=> @non-negative
0
```

우리가 바라는 대로 값이 음수로 내려가지 않는다. 하지만 이 에이전트가 에러가 발생된 다음에 수행을 하면 어떻게 되는가?

```
user=> (send non-negative inc)
IllegalStateException Invalid reference state clojure.lang.ARef.validate…

user=> @non-negative
0
```

에이전트가 에러나면 기본적으로 실패[failed] 상태에 놓이게 되고, 그 상태에서 새로운 동작을 시도하는 것은 결과와 상관없이 무조건 실패하게 된다. 어떤 에이전트가 실패 상태에 놓여있는지 (그렇다면 왜 그런지) agent-error로 확인하고, 필요하면 restart-agent를 이용해서 에이전트를 다시 시작할 수도 있다.

```
user=> (agent-error non-negative)
#<IllegalStateException java.lang.IllegalStateException: Invalid reference state>
user=> (restart-agent non-negative 0)
0
user=> (agent-error non-negative)
nil
user=> (send non-negative inc)
#<Agent@6257d812: 1>
user=> @non-negative
1
```

에이전트는 기본적으로 :fail이라는 에러 모드와 함께 생성된다. 필요하면 에러 모드를 :continue로 설정할 수 있다. 그렇게 하면 restart-agent를 호출하지 않아도 에러를 겪은 에이전트가 자동적으로 다음 동작을 정상적으로 수행하도록 만들 수 있다. 에이전트가 에러를 발생했을 때, 그것을 자동적으로 처리해주는 함수인 에러 처리자[error handler]가 설정된 경우라면 에이전트의 에러 모드는 기본적으로 :continue로 설정된다.

다음은 에이전트를 이용한 좀 더 실전적인 예를 보자.

4.3.2 인메모리 로그

동시성 프로그램을 상대로 작업할 때 종종 유용한 인메모리 로그가 있다. 전통적인 로그는 수많은 문맥 전환[context switch]과 각각의 로그 연산을 위한 IO 동작이 다 들어있어서 동시성 문제를 디버깅하기에는 지나치게 무거워 도움이 되지 않는다. 스레드와 잠금장치가 사용되는 상황에서 인메모리 로그를 작성하는 것은 쉽지 않지만, 에이전트를 기반으로 구현하는 것은 식은 죽먹기다.

Clojure/Logger/src/logger/core.clj

```
(def log-entries (agent []))

(defn log [entry]
  (send log-entries conj [(now) entry]))
```

여기에서 로그는 빈 배열로 초기화된 log-entries라는 에이전트다. log 함수는 conj를 사용해 이 배열에 두 개의 요소로 이루어진 새로운 항목을 추가한다. 요소 중의 하나는 (에이전트가 conj를 호출하는 시간이 아니라 나중에 send가 호출되는 시간을 기록하는) 타임스탬프고, 다른 하나는 로그 메시지 자체다.

다음은 이 코드가 동작하는 모습을 보여주는 REPL 세션이다.

```
logger.core=> (log "Something happened")
#<Agent@bd99597: [[1366822537794 "Something happened"]]>
logger.core=> (log "Something else happened")
#<Agent@bd99597: [[1366822538932 "Something happened"]]>
logger.core=> @log-entries
[[1366822537794 "Something happened"] [1366822538932 "Something else happened"]]
```

다음 절에서는 클로저가 제공하는 가변 변수 중에서 마지막으로 ref에 대해서 살펴볼 것이다.

4.3.3 소프트웨어 트랜잭션 메모리

Ref는 소프트웨어 트랜잭션 메모리(STM)를 제공하기 때문에 원자나 에이전트에 비해서 더 정교하다. 한 번에 단일 변수 값을 변경하는 기능만 제공하는 원자나 에이전트와는 달리 STM은 일정한 협업을 통해서 여러 값을 동시에 변경하는 것을 가능하게 한다. 마치 데이터베이스의 트랜잭션이 여러 레코드에 대한 동시적인 접근과 변경을 가능하게 해주는 것과 같다.

ref는 원자나 에이전트와 마찬가지로 단일 값을 저장한다. 그리고 deref 혹은 @을 통해서 값을 검색한다.

```
user=> (def my-ref (ref 0))
#'user/my-ref
user=> @my-ref
0
```

ref의 값은 ref-set을 통해서 설정하고, swap! 혹은 send에 해당하는 기능은 alter다. 하지만 그들을 사용하는 것은 단순히 호출하는 것으로 끝나지 않는다.

```
user=> (ref-set my-ref 42)
IllegalStateException No transaction running

user=> (alter my-ref inc)
IllegalStateException No transaction running
```

ref의 값을 변경하는 것은 오직 트랜잭션 내부에서만 가능하다.

트랜잭션

STM의 트랜잭션은 원자적^{atomic}이고, 일관적^{consistent}이고, 분리되어^{isolated} 있다.

원자성

다른 트랜잭션 내부에서 동작하는 코드의 입장에서 보았을 때, 특정 트랜잭션이 수행하는 동작의 결과 혹은 부작용은 모두 한꺼번에 일어나거나 아니면 아무 것도 일어나지 않는다.

일관성

트랜잭션은 (원자나 에이전트에서 보았던 것과 같은) 확인자를 통해서 지정된 불변성의 보존을 보장한다. 트랜잭션에 의해서 수행된 변경이 일관성을 유지하는 것에 대한 확인이 실패하면 어떤 변경도 일어나지 않는다.

고립성

여러 트랜잭션을 동시에 수행할 수 있으나 하나씩 순서대로 수행했을 때와 그 효과는 완전히 같다.

이러한 속성이 여러 데이터베이스가 지원하는 ACID 속성의 처음 세 개에 해당한다는 사실을 알아챘을 것이다. 한 가지 빠진 속성은 지속성^{durability}이다. 즉, STM 데이터는 전원이 끊기거나 시스템이 다운되었을 때 살아남지 못한다. 이러한 지속성을 보장할 필요가 있으면 데이터베이스를 사용해야 한다.

트랜잭션은 dosync를 통해서 생성된다.

```
user=> (dosync (ref-set my-ref 42))
42
user=> @my-ref
42
user=> (dosync (alter my-ref inc))
43
user=> @my-ref
43
```

dosync의 본문 안에 있는 코드는 모두 하나의 단일 트랜잭션을 구성한다.

트랜잭션들이 정말 분리되어 있나?

대부분의 상황에서 서로 철저하게 분리된 트랜잭션을 사용하는 것이 바람직하다. 하지만 어떤 경우에는 분리를 보장하는 것이 어려운 제약으로 다가오는 경우도 있다. 클로저는 alter 대신 commute를 사용함으로써 그러한 제약을 완화시키는 것을 지원한다.

commute는 유용한 최적화 도구지만, 언제 사용할 수 있는지 정확하게 이해하는 것은 단순한 작업이 아니기 때문에 이 책에서는 더 이상 자세하게 다루지 않을 것이다.

여러 개의 ref들

트랜잭션이 여러 개의 ref를 사용할 때가 가장 흥미롭다. (그렇지 않으면 그냥 원자나 에이전트를 사용하는 편이 낫다.) 트랜잭션의 전형적인 예는 두 개의 계좌 사이에서 돈을 전송하는 것이다. 한 계좌에서는 돈이 빠져나갔는데 다른 계좌에는 돈이 들어오지 않는 상황을 원하는 사람은 없다. 다음은 출금과 입금이 모두 일어나거나 아니면 아무것도 일어나지 않도록 하는 코드다.

Clojure/Transfer/src/transfer/core.clj

```
(defn transfer [from to amount]
  (dosync
    (alter from - amount)
    (alter to + amount)))
```

이 함수를 사용하는 방법은 다음과 같다.

```
user=> (def checking (ref 1000))
#'user/checking
user=> (def savings (ref 2000))
#'user/savings
user=> (transfer savings checking 100)
1100
user=> @checking
1100
user=> @savings
1900
```

STM 런타임이 동시에 동작하는 트랜잭션이 서로 모순되는 변경을 수행하는 것이 감지되면 하나 혹은 몇 개의 트랜잭션은 재시도를 하게 된다. 이것은 원자를 변경할 때와 마찬가지로 트랜잭션도 부작용이 없어야 함을 뜻한다.

트랜잭션 재시도하기

우리가 작성한 transfer 함수를 대상으로 스트레스 테스트를 수행하여 재시도되는 트랜잭션이 실제로 있는지 확인해 보도록 하겠다. 먼저 코드를 다음과 같이 수정한다.

Clojure/Transfer/src/transfer/core.clj

```
(def attempts (atom 0))
(def transfers (agent 0))

(defn transfer [from to amount]
  (dosync
►    (swap! attempts inc) // 실전에서는 이렇게 하면 안 된다.
►    (send transfers inc)
    (alter from - amount)
    (alter to + amount)))
```

트랜잭션 내부에 있는 원자를 수정해서 "부작용 없음"이라는 규칙을 일부러 위반했다. 지금은 트랜잭션이 재시도되는 모습을 확인하기 위해 코드를 작성하고 있기 때문에 상관없지만, 실전에서 이런 식으로 코드를 작성하는 것은 절대 금물이다.

카운트를 원자에 저장할 수 있는 것처럼 에이전트에도 저장할 수 있다. 그렇게 하는 이유는 곧 보게 될 것이다.

다음은 이렇게 수정된 transfer 함수에 대해서 스트레스 테스트가 측정되는 메인 함수다.

Clojure/Transfer/src/transfer/core.clj

```
(def checking (ref 10000))
(def savings (ref 20000))

(defn stress-thread [from to iterations amount]
  (Thread. #(dotimes [_ iterations] (transfer from to amount))))

(defn -main [& args]
  (println "Before: Checking =" @checking " Savings =" @savings)
  (let [t1 (stress-thread checking savings 100 100)
        t2 (stress-thread savings checking 200 100)]
    (.start t1)
    (.start t2)
    (.join t1)
    (.join t2))
  (await transfers)
  (println "Attempts: " @attempts)
  (println "Transfers: " @transfers)
  (println "After: Checking =" @checking " Savings =" @savings))
```

이것은 두 개의 스레드를 생성한다. 스레드 하나는 체크 계좌에서 100불을 출금해서 현금 계좌로 입금하는 작업을 100번 반복하고, 다른 스레드는 반대로 현금 계좌에서 100불을 출금해서 체크 계좌로 입금하는 작업을 200번 반복한다. 다음은 코드를 실행한 결과다.

```
Before: Checking = 10000 Savings = 20000
Attempts: 638
Transfers: 300
After: Checking = 20000 Savings = 10000
```

최종 결과는 우리가 기대하는 바와 일치한다. 따라서 STM 런타임은 동시에 실행되는 트랜잭션이 정확한 결과를 낳도록 보장해주었다. 그렇게 하기 위한 비용은 (338회에 달하는) 재시도를 수행해야 했다는 사실이다. 하지만 그 대신 우리는 잠금장치를 이용하거나 데드락의 위험에 노출되지 않았다.

이것은 물론 현실적인 예제는 아니다. 두 개의 스레드가 이렇게 작은 루프 내부에서 동일한 ref 들에 접근하면 충돌이 일어나는 것이 당연하다. 하지만 시스템이 제대로 설계한 실전에서는 이렇게 재시도가 이루어지는 경우가 지극히 드물다.

트랜잭션 내부의 안전한 부작용

원자에 의해서 관리되는 카운트 수는 훨씬 크지만, 에이전트가 관리하는 카운트의 수가 트랜잭션의 수와 정확히 일치한다는 사실을 눈치챘을 것이다. 여기엔 이유가 있다. 에이전트는 원자와 달리 트랜잭션을 인식한다.

트랜잭션 내부에서 send를 이용해서 에이전트의 값을 변경하면, 해당 send 호출은 오직 트랜잭션이 성공을 거둘 때에 한해서 일어난다. 따라서 트랜잭션이 성공할 때 어떤 부작용이 생긴다면 send를 사용하는 것이 탁월한 방법이다.

느낌표는 무엇인가?

어떤 함수의 이름이 느낌표로 끝나는 것을 보았을 것이다. 이것은 무엇을 의미하는가?

클로저는 swap!이나 reset! 같은 함수가 트랜잭션-안전성을 보장하지 않는다는 사실을 나타내기 위해서 느낌표를 사용한다. 반면, 트랜잭션 내부에서 에이전트의 값을 변경하는 함수가 send!가 아니라 send라는 사실만으로도 우리는 그것이 트랜잭션 내부에서 에이전트의 값을 변경할 목적으로 안전하게 사용될 수 있음을 알 수 있다.

4.3.4 클로저 내부의 공유되는 가변 상태

지금까지 클로저가 공유되는 가변 상태를 위해서 제공하는 세 메커니즘을 모두 살펴보았다. 각각 저마다의 사용법을 가지고 있다.

원자는 단일 값에 대한 동기적인 변경을 가능하게 해준다. swap!이 리턴하는 시점은 변경이 이미 일어난 다음이기 때문에 동기적이다. 어느 원자의 값을 변경하고자 하는 동작은 같은 원자를 변경하려고 하는 다른 동작들과 섞이지 않는다.

에이전트는 단일 값에 대한 비동기적인 변경을 가능하게 해준다. send에 대한 호출은 리턴된 이후에 변경이 일어나기 때문에 비동기적이다. 어느 에이전트의 값을 변경하고자 하는 동작은 같은 에이전트를 변경하려고 하는 다른 동작들과 섞이지 않는다.

Ref는 여러 값에 대해서 동기적이면서 조절되는 변경을 가능하게 해준다.

4.3.5 2일 차 마무리

2일 차의 내용은 이렇게 마무리하고, 3일 차에는 각각의 타입을 언제 어떻게 이용해야 하는지에 대한 가이드라인과 더불어 좀 더 확장된 예를 살펴보게 될 것이다.

2일 차에서 배운 내용

클로저는 원자 이외에 에이전트와 ref를 지원한다.

- 원자는 단일 값에 대해 독립적이고 동기적인 변경을 가능하게 한다.
- 에이전트는 단일 값에 대해 독립적이고 비동기적인 변경을 가능하게 한다.
- Ref는 여러 개의 값에 대해서 조절되고 동기적인 변경을 가능하게 한다.

2일 차 자율학습

찾아라

- 리치 히키의 프레젠테이션 "영속적인 자료구조와 관리되는 참조들: 아이덴티티와 상태에 대한 클로저의 접근 방식"
- 리치 히키의 프레젠테이션 "단순한 것이 쉽다"

수행하라

- 4.2.2절에서 보았던 TournamentServer를 수정해서 ref와 트랜잭션을 이용해 틱택토(tic-tac-toe) 토너먼트를 수행하는 서버를 구현하라.
- 노드를 나타내기 위한 리스트를 이용해서 영속적인 이진 검색 트리를 구현하라. 최악의 경우 복사해야 하는 노드의 수는 얼마인가? 평균적인 경우의 수는 얼마인가?
- 핑거 트리^{finger tree}를 찾아본 후 그것을 이용해서 이진 검색 트리를 구현하라. 이것이 평균과 최악의 성능에 미치는 영향은 무엇인가?

4.4 3일 차: 자세히

"클로저 방식"에 필요한 모든 요소들을 전부 살펴보았다. 자, 이제 그러한 요소들을 제대로 활용하는 예제를 살펴보면서 특정한 동시성 문제를 만났을 때 원자와 STM 사이에서 어느 것을 사용해야 하는지 판단하는 방법을 알아볼 것이다.

4.4.1 STM을 이용한 식사하는 철학자

2장 '스레드와 잠금장치'에서 보았던 "식사하는 철학자"를 다시 살펴보고, 클로저의 소프트웨어 트랜잭션 메모리를 이용한 해법을 구성해보자. 우리의 해법은 2.3.4절에서 보았던 조건 변수에 기초한 방법과 매우 비슷하다(곧 보겠지만 훨씬 단순하다).

철학자는 (:thinking 혹은 :eating으로 표현되는) 철학자의 현재 상태를 보관하는 ref로 표현한다. 그러한 ref들은 philosophers라는 벡터에 저장된다.

Clojure/DiningPhilosphersSTM/src/philosophers/core.clj

```
(def philosophers (into [] (repeatedly 5 #(ref :thinking))))
```

각 철학자는 자신만의 고유한 스레드를 가지고 있다.

Clojure/DiningPhilosphersSTM/src/philosophers/core.clj

```
1  (defn think []
-    (Thread/sleep (rand 1000)))
-
-  (defn eat []
5    (Thread/sleep (rand 1000)))
-
-
-  (defn philosopher-thread [n]
-    (Thread.
-      #(let [philosopher (philosophers n)
10           left (philosophers (mod (- n 1) 5))
-            right (philosophers (mod (+ n 1) 5))]
-        (while true
-          (think)
```

```
 -               (when (claim-chopsticks philosopher left right)
15                 (eat)
 -                 (release-chopsticks philosopher))))))
 -
 - (defn -main [& args]
 -   (let [threads (map philosopher-thread (range 5))]
20     (doseq [thread threads] (.start thread))
 -     (doseq [thread threads] (.join thread))))
```

자바의 해법과 마찬가지로 각 스레드는 (12번 줄에서) 생각하는 것과 먹으려고 시도하는 것 사이를 왔다 갔다 하며 영원히 루프를 돈다. (14번 줄에서) claim-chopsticks가 성공하면 when 통제 구조는 우선 eat를 호출하고 다음에 release-chopsticks를 호출한다.

release-chopsticks를 구현하는 것은 쉽다.

Clojure/DiningPhilosphersSTM/src/philosophers/core.clj

```
(defn release-chopsticks [philosopher]
  (dosync (ref-set philosopher :thinking)))
```

dosync를 이용해서 트랜잭션을 하나 만들고 ref-set으로 자신의 상태를 :thinking으로 설정한다.

첫 번째 시도

재밌는 함수는 claim-chopsticks다. 다음은 이 함수를 구현하기 위한 첫 번째 시도다.

```
(defn claim-chopsticks [philosopher left right]
  (dosync
    (when (and (= @left :thinking) (= @right :thinking))
      (ref-set philosopher :eating))))
```

release-chopsticks를 이용해 트랜잭션을 하나 만든다. 그 트랜잭션 내부에서 왼쪽과 오른쪽에 있는 철학자의 상태를 확인한다. 둘 다 :thinking 상태면 ref-set으로 자신의 상태를 :eating으로 설정한다. when은 주어진 조건이 false면 nil을 리턴하고, claim-chopsticks도 마찬가지로 양쪽의 젓가락을 모두 손에 쥐고 먹기 시작하는 것에 실패하면 nil을 리턴한다.

이렇게 구현된 코드를 실행하면 처음에는 제대로 동작하는 것처럼 보인다. 하지만 가끔 나란히 앉은 철학자들이 동시에 먹고 있는 것을 발견하게 된다. 그것은 둘이 똑같은 젓가락을 공유하고 있음을 의미하므로 불가능해야 옳다. 무슨 일이 일어난 것일까?

문제는 우리가 left와 right의 값을 @을 이용해서 접근하고 있다는 점이다. 클로저의 STM은 두 개의 트랜잭션이 동일한 ref에 서로 겹치는 변경을 가하지 않도록 보장한다. 하지만 우리는 여기에서 left 혹은 right의 값을 변경하는 것이 아니라 단순히 그 안에 담긴 값만 읽는다. 그렇기 때문에 우리가 left를 읽고 다시 right를 읽는 사이에 다른 트랜잭션이 개입해서 그들의 값을 변경시킬 수 있다. 인접한 철학자는 동시에 먹을 수 없다는 조건을 무력화시키는 것이다.

값이 변하지 않음을 보장하기

이 문제에 대한 해법은 @이 아니라 ensure를 이용해 left와 right의 값을 확인하면 된다.

Clojure/DiningPhilosphersSTM/src/philosophers/core.clj

```
(defn claim-chopsticks [philosopher left right]
  (dosync
    (when (and (= (ensure left) :thinking) (= (ensure right) :thinking))
      (ref-set philosopher :eating))))
```

이름에서 알 수 있듯이, ensure는 그것이 리턴하는 ref의 값이 다른 트랜잭션에 의해서 변경되지 않았음을 보장한다. 이 해법을 앞에서 보았던 잠금장치를 이용하는 해법과 비교해볼 필요가 있다. 여기에 있는 해법이 훨씬 간단할 뿐만 아니라 잠금장치를 사용하지 않기 때문에 데드락이 발생할 가능성도 전혀 없다.

다음 절에서는 여러 개의 ref와 트랜잭션을 이용하는 대신 하나의 원자를 사용하는 구현 방법을 살펴볼 것이다.

4.4.2 STM을 사용하지 않는 식사하는 철학자

앞에서 STM을 사용한 접근 방법이 클로저 내에서 식사하는 철학자 문제를 해결할 수 있는 유일한 방법은 아니다. 각 철학자를 ref로 표현하고 그런 ref에 대한 변경이 조율되도록 만들기 위해 트랜잭션을 사용하는 대신 모든 철학자의 상태를 나타내는 단 하나의 원자를 사용하는 것도 가능하다.

Clojure/DiningPhilosphersAtom/src/philosophers/core.clj

```
(def philosophers (atom (into [] (repeat 5 :thinking))))
```

이 값은 상태의 벡터다. 예를 들어 철학자 0과 3이 먹고 있으면 그 값은 다음과 같을 것이다.

```
[:eating :thinking :thinking :eating :thinking]
```

특정한 철학자를 이제 배열의 인덱스를 이용해서 참조할 것이기 때문에 philosopher-thread를 약간 수정할 필요가 있다.

Clojure/DiningPhilosphersAtom/src/philosophers/core.clj

```
  (defn philosopher-thread [philosopher]
    (Thread.
▶     #(let [left (mod (- philosopher 1) 5)
▶           right (mod (+ philosopher 1) 5)]
        (while true
          (think)
          (when (claim-chopsticks! philosopher left right)
            (eat)
            (release-chopsticks! philosopher))))))
```

release-chopsticks!를 구현하는 것은 단순히 swap!을 사용해 벡터 내부의 적당한 위치에 있는 값을 :thinking으로 설정하는 것에 불과하다.

Clojure/DiningPhilosphersAtom/src/philosophers/core.clj

```
  (defn release-chopsticks! [philosopher]
    (swap! philosophers assoc philosopher :thinking))
```

이 코드는 앞서 보았던 맵에서 사용된 assoc을 활용하고 있지만 여기에서도 똑같은 방식으로 동작한다.

```
user=> (assoc [:a :a :a :a] 2 :b)
[:a :a :b :a]
```

끝으로, 앞에서와 마찬가지로 가장 재미있는 함수는 claim-chopsticks!다.

Clojure/DiningPhilosphersAtom/src/philosophers/core.clj

```
(defn claim-chopsticks! [philosopher left right]
  (swap! philosophers
    (fn [ps]
      (if (and (= (ps left) :thinking) (= (ps right) :thinking))
        (assoc ps philosopher :eating)
        ps)))
  (= (@philosophers philosopher) :eating))
```

swap!에 전달되는 익명 함수는 philosophers 벡터의 현재 값을 받아들여서 인접한 철학자들의 상태를 검사한다. 둘 다 생각을 하고 있으면 assoc을 사용해 현재 철학자의 상태를 :eating으로 바꾼다. 그렇지 않으면 현재 벡터의 상태를 바꾸지 않고 그대로 리턴한다.

claim-chopsticks!의 마지막 줄은 swap!이 현재 철학자의 상태를 :eating으로 잘 변경했는지 보기 위해서 philosophers의 새로운 값을 확인한다.

지금까지 "식사하는 철학자" 문제에 대한 해법으로 두 방법을 살펴보았다. 하나는 STM을 사용하는 방법이고, 다른 하나는 사용하지 않는 방법이다. 둘 중 어느 하나를 선호할 이유가 있을까?

4.4.3 원자인가 STM인가?

4.3.4절에서 본 것처럼 원자는 단일 값에 대한 독립적인 변경을 가능하게 만들고, ref는 여러 값에 대해 조절되는 변경을 가능하게 만든다. 이 둘은 서로 상당히 다른 종류의 성격을 갖지만, 방금 살펴본 것처럼, 여러 개의 ref를 사용하는 STM에 기반을 둔 해법을 단일 원자만 사용하는 해법으로 바꾸는 것은 별로 어렵지 않다.

이런 변환은 이상한 일이 아니다. 여러 개의 값에 대해 조절되는 변경을 수행할 필요가 있을 때마다 우리는 트랜잭션을 이용해서 여러 개의 ref에 대한 접근을 조절하는 방법을 선택하거나, 혹은 여러 값을 한 곳에 모은 복합적인 자료구조를 단일한 원자에 넣고 사용하는 방법을 선택할 수 있다.

그럼 어떻게 선택하는가?

여러모로 이것은 개인적인 스타일과 취향의 문제다. 둘 다 기능에 하자가 없으므로 어느 쪽이든 더 명확하게 이해되는 방법을 선택하면 된다. 어떤 문제를 해결하고자 하는 것인지에 따라 성능 면에서 약간 차이가 있을 수는 있기 때문에 (지속 테스트를 수행하는 도구와 더불어) 시간을 잴 수 있는 시계가 필요하다.

그렇다고 했을 때 경험이 많은 클로저 프로그래머들은 비록 STM이 요즘 헤드라인을 장식할 정도로 유행이긴 하지만, 클로저의 함수적 본질이 가변 데이터를 최소한으로 사용하도록 권장하기 때문에, 아무래도 원자를 이용하는 것이 대부분의 문제를 해결하는 데 충분하다고 생각된다. 언제나 그렇듯이 문제를 해결할 수만 있다면 가장 단순한 해법이 최선이다.

4.4.4 직접 만든 동시성

원자에 기반을 둔 "식사하는 철학자" 문제의 해법은 정상적으로 동작하긴 하지만, claim-chopsticks!의 구현 내용은 그다지 우아하지 않다. swap!을 호출한 다음에 그것이 젓가락을 확보하는 데 성공했는지 별도로 확인하는 과정을 없앨 수 있어야 하지 않을까? 하나의 조건 함수(predicate)를 받아들인 다음 해당 조건 함수가 true를 리턴하는 경우에 한해서 값을 변경하는 swap! 버전을 호출하면 이상적일 것이다. 그렇게 할 수 있으면 claim-chopsticks!를 다음과 같이 바꾸는 것이 가능하다.

Clojure/DiningPhilosphersAtom2/src/philosophers/core.clj

```
(defn claim-chopsticks! [philosopher left right]
  (swap-when! philosophers
    #(and (= (%1 left) :thinking) (= (%1 right) :thinking))
    assoc philosopher :eating))
```

클로저는 이런 함수를 제공하지 않지만, 우리가 직접 함수를 만들지 말라는 법은 없다.

Clojure/DiningPhilosphersAtom2/src/philosophers/util.clj

```
 1 (defn swap-when!
 -    "If (pred current-value-of-atom) is true, atomically swaps the value
 -    of the atom to become (apply f current-value-of-atom args). Note that
 -    both pred and f may be called multiple times and thus should be free
 5    of side effects. Returns the value that was swapped in if the
 -    predicate was true, nil otherwise."
 -    [a pred f & args]
 -    (loop []
 -      (let [old @a]
10        (if (pred old)
 -          (let [new (apply f old args)]
 -            (if (compare-and-set! a old new)
 -              new
 -              (recur)))
15          nil)))))
```

이 코드는 새로운 내용을 상당히 많이 도입하고 있다. 우선, 함수는 defn과 파라미터 리스트 사이에 존재하는 doc-string을 가지고 있는데, 그것은 함수의 동작을 설명하는 문서에 해당한다. 이런 설명을 추가하는 것은 어떤 함수에 대해서도 좋은 습관이지만, 특히 재사용을 염두에 두고 만들어지는 유틸리티 함수의 경우에는 더욱 그러하다. doc-string은 코드 내에서 문서의 역할을 수행할 뿐만 아니라 RELP 내에서도 접근될 수 있다.

```
philosophers.core=> (require '[philosophers.util :refer :all])
nil
philosophers.core=> (clojure.repl/doc swap-when!)
-------------------------
philosophers.util/swap-when!
([atom pred f & args])
  (pred current-value-of-atom)이 참이면, 원자의 값을 (apply f current-value-of-atom
  args)의 값으로 바꾼다. 여기에서 pred와 f가 둘 다 여러 번 호출될 수 있기 때문에 부작용이 없어
  야 함에 유의하기 바란다. 주어진 예측함수predicate가 참이면 새로 설정된 값을 리턴하고, 아니면 nil을
  리턴한다.
```

인수 리스트에 있는 앰퍼샌드(&)는 swap-when!이 (자바의 ... 혹은 루비의 *처럼) 가변적인 개수의 인수를 받아들이는 것을 말한다. 추가적인 인수는 배열에 담겨서 args라는 이름에 바인딩된다. 우리는 이러한 추가적인 인수를 (11번 줄에 있는) f에 전달하기 위해서 마지막

인수를 꺼내는(unpack) apply를 이용한다. 예를 들어 다음은 +를 호출하기 위한 동일한 방법이다.

```
user=> (apply + 1 2 [3 4 5])
15
user=> (+ 1 2 3 4 5)
15
```

swap!을 사용하는 대신 이 코드는 (12번 줄에서) 낮은 수준의 compare-and-set! 함수를 이용하고 있다. 이것은 원자, 이전 값, 새로운 값을 모두 한꺼번에 받아들여 현재 값이 이전 값과 동일한 경우에 한해서 원자의 값을 새로운 값으로 설정하는 동작을 수행한다.

compare-and-set!이 성공하면 새로운 값이 리턴되고, 그렇지 않으면 (14번 줄에서) 8번 줄로 되돌아가기 위해서 recur를 사용한다.

Loop/Recur는 무엇인가?

클로저는 다른 많은 함수형 언어와 달리 꼬리-재귀 최적화를 수행하지 않는다. 따라서 전형적인 클로저 코드는 재귀를 거의 사용하지 않는 대신 loop/recur를 사용한다.

loop 매크로는 recur가 곧바로 도달할 수 있는 목표를 정의한다(C/C++에서 사용하는 setjmp()와 longjmp()를 떠오르게 한다). 이것이 어떻게 동작하는지 더 자세한 내용을 알고 싶으면 클로저 문서를 참조하라.

4.4.5 3일 차 마무리

클로저가 함수형 프로그래밍과 동시성을 의식하는 가변 변수들을 어떻게 결합하는지에 대해 살펴보았다.

3일 차에서 배운 내용

클로저의 함수적 본질은 코드가 가변 변수를 최소한으로 사용하도록 유도한다. 이것은 곧 대부분의 동시성 코드를 작성하기 위해서는 간단한 원자만 사용해도 충분하다는 사실을 의미한다.

- 트랜잭션을 이용하는 여러 개의 ref와 STM에 기반을 둔 코드는 에이전트를 통해 접근 가능한 하나의 복합적인 자료구조로 통합시킨 ref를 이용해 에이전트 기반 해법으로 쉽게 바뀔 수 있다.
- STM과 에이전트 사이에서 내리는 선택은 개인적인 취향과 성능에 대한 고려를 기반으로 이루어진다.
- 우리가 직접 만든 동시성 구조물은 코드를 더 간결하고 명확하게 만들 수 있다.

3일 차 자율학습

찾아라

- 리치 히키의 프레젠테이션 "값으로서의 데이터베이스" – 데이토믹[Datomic]이 어떻게 데이터베이스 전체를 하나의 값으로 다루는지에 주목하라.[4]

수행하라

- 2일 차 끝부분 연습문제였던 TournamentServer를 수정해서 ref와 트랜잭션 대신 원자를 사용해서 만들어라. 어느 쪽이 더 간단한가? 어느 쪽이 읽기에 더 편리한가? 어느 쪽이 더 빠른 성능을 제공하는가?

4.5 마치며

클로저는 동시성에 대해서 실용적인 접근 방법을 사용한다. 동시성 프로그래밍과 관련한 어려움이 대부분 공유되는 가변 상태에서 비롯됨을 인식했기 때문에, 클로저는 부작용에서 자유로운 참조투명성이 보장되는 코드를 장려하는 함수형 언어다. 그렇지만 실제적인 문제들은 대부분 일정한 정도의 가변 상태가 필요하기 때문에, 그런 가변 변수들을 동시성과 안전성을 보장하면서 사용하도록 해주는 다양한 타입을 지원한다.

4.5.1 장점

"클로저 방식"이 앞 장에서 보았던 함수형 프로그래밍의 원리들을 기반으로 구축된 이유는 자명하다. 클로저는 함수적인 접근이 자연스러운 경우에는 그런 방식으로 문제를 해결하도록 해주고, 그렇지 않은 경우에는 순수 함수형 프로그래밍의 영역을 벗어나는 방법도 허용한다.

---

4 http://www.datomic.com

아이덴티티와 상태를 뒤섞어서 사용하는 전통적인 명령형 언어의 변수들과 달리 클로저의 영속적인 자료구조는 가변 변수가 아이덴티티와 상태를 분리하는 것을 허용한다. 이러한 접근 방식은 잠금장치를 사용하는 프로그램에서 흔히 마주치는 광범위한 종류의 문제점을 원천적으로 제거해준다. 그래서 경험이 풍부한 클로저 프로그래머들은 동시성 문제에 대한 일반적인 해법이 "그냥 동작한다"는 식으로 느낀다.

4.5.2 단점

"클로저 방식"이 갖는 주요한 단점은 그것이 (지리적으로나 혹은 여타의 의미로) 분산 프로그래밍을 지원하지 않는다는 데 있다. 이와 관련해서 장애 허용$^{fault\ tolerance}$에 대한 직접적인 지원도 하지 않는다.

물론 클로저는 JVM에서 동작하는 언어기 때문에 그러한 지원을 제공하는 제 3의 라이브러리 (특히 다음 장에서 살펴보게 될 액터 모델을 지원하는 아카와 같은[5])를 가져다 사용할 수는 있지만, 그런 라이브러리를 이용하는 것은 전형적인 클로저 코드의 범위를 벗어나는 일이다.

4.5.3 다른 언어들

순수 함수적 본질 때문에 약간 다른 "느낌"을 주기는 하지만, 하스켈이 제공하는 동시성 프로그래밍은 이 장에서 살펴본 내용과 비슷한 기능을 제공한다. 특히 하스켈은 사이먼 페이튼 존스의 "아름다운 동시성$^{Beautiful\ Concurrency}$"에 담긴 내용을 탁월하게 보여주는 완전한 STM 구현을 제공한다.[6]

STM 구현은 GCC[7]를 포함하여 다른 대부분의 주류 언어에도 존재한다. 그렇지만 STM이 명령형 언어와 결합되어 사용될 경우에는 그다지 매력적인 해법을 제공하지 않는다는 증거이기도 하다.[8]

---

5 http://blog.darevay.com/2011/06/clojure-and-akka-a-match-made-in/

6 http://research.microsoft.com/pubs/74063/beautiful.pdf

7 http://gcc.gnu.org/wiki/TransactionalMemory

8 http://www.infoq.com/news/2010/05/STM-Dropped

4.5.4 마지막 생각

클로저는 명령형 프로그래밍에 익숙한 사람들이 일단 손쉽게 시작해서, 조금씩 순수 함수형 언어의 영역으로 넘어갈 수 있도록 이끄는 방식을 통해서 함수형 프로그래밍과 가변 상태 사이에서 훌륭한 균형점을 찾았다. 함수형 프로그래밍이 가진 이점을 거의 잃지 않으면서, 특히 동시성에 대한 탁월한 지원을 지속하면서 그런 균형을 찾은 것이다.

크게 보면 클로저는 공유되는 가변 상태를 유지함으로써, 하지만 신중하게 고려된 동시성을 염두에 둔 구조물들을 이용해서 이런 일을 할 수 있었다.

다음 장에서는 공유되는 가변 상태를 아예 없애버린 액터에 대해서 살펴볼 것이다.

CHAPTER 5

액터

액터는 렌트카와 비슷하다. 우리가 원할 때 빠르고 쉽게 얻을 수 있고, 사용하던 것이 고장 나면 구태여 고치지 않아도 상관없다. 렌트카 회사에 전화를 하면 새로운 액터가 도달한다. 액터모델은 매우 광범위한 적용범위를 가진 범용 목적의 동시성 프로그래밍 모델이다. 공유되고 분산된 메모리 아키텍처를 둘 다 지원하고, 지역적 분산을 촉진하며, 장애 허용과 유연성이라는측면에서 특별히 강력한 지원을 제공한다.

5.1 객체보다 더욱 객체 지향적인

함수형 프로그래밍은 가변 상태를 사용하지 않음으로써 공유된 가변 상태가 야기하는 문제를원천적으로 피한다. 이에 비해서 액터 프로그래밍은 가변 상태를 사용하긴 하지만 공유되는 부분을 제거한다. 액터는 객체 지향(OO) 프로그램에서 사용하는 객체와 비슷하다. 상태를 캡슐화하고 메시지를 전달하는 방식으로 다른 액터와 의사소통한다. 차이가 있다면 액터는 다른 액터들과 동시에 동작을 수행한다는 점이다. 그리고 (메서드를 호출하는 것에 불과한) 일반적인객체 지향 스타일의 메시지 전달 방식과는 달리, 액터는 진짜로 메시지를 주고받는 방식으로 의사소통을 한다. 액터 모델은 거의 모든 언어에서 동시성 문제를 해결하기 위해 사용될 수 있는범용의 방식이지만, 실제로는 얼랭[1]과 가장 깊은 관계를 맺고 있다. 이 책에서 우리는 얼랭의

---

1 http://www.erlang.org/

가상기계(BEAM)에서 동작하는 비교적 최신 언어인 엘릭서[2]를 이용해서 액터를 설명할 것이다. 클로저(그리고 얼랭)와 마찬가지로 엘릭서는 비순수, 동적 타입 함수 언어다. 자바 혹은 루비에 익숙한 사람이라면 엘릭서 코드를 읽는 것이 어렵지 않을 것이다. 이 책은 엘릭서에 대한 소개서는 아니지만 (언어에 대한 책이 아니라 동시성에 대한 책이므로) 본문의 내용을 진행하면서 필요할 때마다 언어의 중요한 기능을 설명할 것이다. 더 깊은 내용이 필요한 사람에게는 『프로그래밍 엘릭서』[3]를 권한다.

1일 차에는 액터 모델에 대한 기본적인 내용을 살펴본다. 액터를 만들고, 메시지를 전달하고, 메시지를 받는 등의 일을 알아본다. 2일 차에는 "크래시하게 내버려 두어라[Let It Crash]"라는 철학을 활용한 장애 검출 기능이 액터 프로그램의 장애 허용 수준을 어떻게 높이는지에 대해서 알아볼 것이다. 끝으로, 3일 차에는 액터가 지원하는 분산 프로그래밍이 어떻게 하나의 컴퓨터를 넘어서 확장되는지, 그리고 여러 대의 컴퓨터에서 발생한 장애를 어떻게 복구할 수 있는지에 대해 살펴볼 것이다.

5.2 1일 차: 메시지와 메일박스

오늘은 어떻게 프로세스를 시작하고 멈추는지, 어떻게 메시지를 보내고 받는지, 그리고 프로세스가 종료했을 때 어떻게 알아채는지에 대한 방법을 살펴볼 것이다.

액터 혹은 프로세스?

얼랭과 엘릭서에서는 액터가 '프로세스'로 불린다. 대부분의 환경에서 프로세스는 많은 자원을 소모할 뿐만 아니라 생성하기에도 비싼 무거운 존재로 이해된다. 그에 비해서 엘릭서 프로세스는 매우 가볍다. 심지어 자원 소모와 시작하는 데 드는 비용 측면에서 보면 대부분의 시스템에서 사용하는 스레드보다 더 가볍다. 엘릭서 프로그램은 아무 문제없이 수천 개의 프로세스를 생성한다(2.4.1절을 보라). 그 덕분에 프로세스의 수와 비슷한 수의 스레드 풀을 사용하지 않아도 상관없다.

---

2 http://elixir-lang.org/

3 David Thomas. 『Programming Elixir』: Functional |〉 Concurrent |〉 Pragmatic |〉 Fun. The Pragmatic Bookshelf, Raleigh, NC and Dallas, TX, 2014.

5.2.1 첫 번째 액터

간단한 액터를 만들고 그에게 메시지를 전달하는 것을 예를 통해 살펴보자. 전달된 메시지에 대해서 몇 개의 간단한 문장으로 대답하는 일종의 "말하기" 액터를 만들 것이다.

우리가 전송하는 메시지는 일련의 값으로 이루어진 튜플^{tuple}이다. 엘릭서에서 튜플은 중괄호를 이용해 표기된다.

```
{:foo, "this", 42}
```

이것은 3-튜플(혹은 트리플)이다. 첫 번째 요소는 키워드(엘릭서의 키워드는 클로저의 키워드와 거의 비슷하다. 심지어 콜론으로 시작되는 문법까지 똑같다), 두 번째는 문자열, 세 번째는 정수다.

다음은 액터의 코드다.

Actors/hello_actors/hello_actors.exs

```
defmodule Talker do
  def loop do
    receive do
      {:greet, name} -> IO.puts("Hello #{name}")
      {:praise, name} -> IO.puts("#{name}, you're amazing")
      {:celebrate, name, age} -> IO.puts("Here's to another #{age} years, #{name}")
    end
    loop
  end
end
```

이 코드에 대해서는 곧 자세하게 살펴볼 것이다. 위 코드는 세 종류의 메시지를 받아, 각각에 대해서 적절한 문자열을 화면에 출력하는 액터를 정의하는 내용이다.

다음은 이 액터를 실제로 만든 다음 몇 개의 메시지를 전달하는 코드다.

Actors/hello_actors/hello_actors.exs

```
pid = spawn(&Talker.loop/0)
send(pid, {:greet, "Huey"})
send(pid, {:praise, "Dewey"})
```

```
send(pid, {:celebrate, "Louie", 16})
sleep(1000)
```

우선 액터의 인스턴스를 생성^{spawn}하고, 프로세스 식별자^{identifier}를 받아서 pid라는 변수에 바인딩한다. 프로세스는 단순히 하나의 함수, 이 경우에는 Talker 모듈 내부에 존재하고 아무 인수도 받지 않는 loop() 함수를 실행한다.

다음으로, 우리는 새롭게 만든 액터에 메시지 3개를 전송하고 그들이 처리되는 시간을 주기 위해서 잠시 기다린다. (sleep()을 이용하는 것이 최선의 방법은 아니다. 곧 더 나은 방법을 보게 될 것이다.)

이 코드를 실행하면 다음과 같은 결과가 화면에 나타난다.

```
Hello Huey
Dewey, you're amazing
Here's to another 16 years, Louie
```

액터를 만들고 메시지를 전달하는 방법을 보았으므로, 배후에서 일어나는 일들에 대해서 살펴보도록 하자.

5.2.2 메일박스는 큐다

액터 프로그래밍의 특징 중에서 가장 중요한 것은 메시지들이 비동기적인 방식으로 전달된다는 점이다. 그들은 액터에 직접 전달되는 것이 아니라, 메일박스에 전달된다.

그림 5-1 메일박스

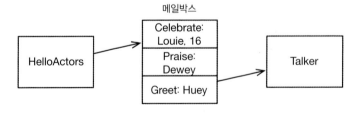

이것은 액터들이 서로 분리되어^{decoupled} 있음을 의미한다. 액터는 자신의 속도에 맞춰서 동작하고 메시지를 전송하기 위해서 블로킹되지 않는다.

액터는 다른 액터들과 동시에 동작하지만 자신에게 전달되는 메시지는 순차적으로 처리한다. 메시지가 메일박스에 도착하는 순서대로 처리되고, 현재 메시지를 정상적으로 처리하는 경우에 한해서 다음 메시지로 넘어간다. 그래서 우리는 메시지를 전송할 때만 동시성에 대해서 고민하면 된다.

5.2.3 메시지 전달받기

액터는 보통 receive로 메시지를 받아 처리하는 작업을 무한히 반복한다. 다음은 Talker의 루프다.

Actors/hello_actors/hello_actors.exs

```
def loop do
  receive do
    {:greet, name} -> IO.puts("Hello #{name}")
    {:praise, name} -> IO.puts("#{name}, you're amazing")
    {:celebrate, name, age} -> IO.puts("Here's to another #{age} years, #{name}")
  end
  loop
end
```

이 함수는 자신을 재귀적으로 호출하는 방식으로 무한 루프를 실행한다. receive 블록은 메시지가 전달되기를 기다리다가 메시지가 전달되면 패턴 매치를 이용해서 어떻게 처리할지를 판단한다. 들어오는 메시지는 미리 정해진 패턴에 의해 차례로 비교된다. 메시지가 정확하게 매치되면 메시지에 담긴 값이 패턴에 존재하는 변수(name이나 age)에 바인딩되고, 화살표 (->) 오른쪽에 있는 코드가 실행된다. 여기에서는 문자열 보간^{string interpolation}을 통해서 만들어지는 메시지를 화면에 출력한다. #{...}에 담긴 내용이 평가되어 값으로 전환된 결과가 문자열에 보간되는 것이다.

앞에서 보았던 코드는 프로그램을 종료하기 전에 메시지가 처리되는 시간을 허락하기 위해서 1초 동안 sleep을 호출했다. 이것은 바람직한 방법이 아니다. 더 좋은 해법이 있다.

5.2.4 프로세스 연결하기

프로그램을 깔끔하게 종료하기 위해서는 두 방법이 필요하다. 첫째, 큐에 있는 모든 메시지를 처리했으면 동작을 멈추라고 액터에 알려주는 방법이 필요하다. 둘째, 액터가 실제로 종료했는지 확인하는 방법이 필요하다.

첫째 방법은 액터가 명시적인 종료 메시지를 받아서 처리하도록 만들면 해결할 수 있다(2.4.3절에서 보았던 포이즌필 코드와 비슷하다).

Actors/hello_actors/hello_actors2.exs

```
defmodule Talker do
  def loop do
    receive do
      {:greet, name} -> IO.puts("Hello #{name}")
      {:praise, name} -> IO.puts("#{name}, you're amazing")
      {:celebrate, name, age} -> IO.puts("Here's to another #{age} years, #{name}")
►     {:shutdown} -> exit(:normal)
    end
    loop
  end
end
```

둘째 방법은 액터가 완전히 종료되었음을 확인하는 것으로, 이것은 :trap_exit를 true로 설정한 다음, 그것을 spawn() 대신 spawn_link()를 이용해서 연결하면 된다.

Actors/hello_actors/hello_actors2.exs

```
Process.flag(:trap_exit, true)
pid = spawn_link(&Talker.loop/0)
```

이 코드는 생성된 프로세스가 작업을 종료하면 (시스템이 만드는 메시지를 통해서) 통지가 될 것이다. 전달되는 메시지는 다음과 같이 트리플이다.

```
{:EXIT, pid, reason}
```

이제 남은 일은 액터에 종료 메시지를 보내고 시스템 통보를 기다리는 것이다.

Actors/hello_actors/hello_actors2.exs

```
  send(pid, {:greet, "Huey"})
  send(pid, {:praise, "Dewey"})
  send(pid, {:celebrate, "Louie", 16})
▶ send(pid, {:shutdown})

▶ receive do
▶   {:EXIT, ^pid, reason} -> IO.puts("Talker has exited (#{reason})")
▶ end
```

receive의 패턴에 있는 ^(캐럿) 기호는 튜플의 두 번째 요소를 pid에 바인딩하는 대신, 두 번째 요소가 pid에 이미 바인딩되어 있는 메시지를 매치하고 싶음을 의미한다.

이 새로운 버전을 실행하면 결과는 다음과 같다.

```
Hello Huey
Dewey, you're amazing
Here's to another 16 years, Louie
Talker has exited (normal)
```

연결하기linking에 대해서는 더 자세하게 살펴볼 것이다.

5.2.5 상태 액터

Talker 액터는 상태가 없다. 상태 액터를 만들기 위해서는 가변 변수를 도입해야 할 것이라고 생각하기 쉬운데, 사실 재귀만 있으면 된다. 예를 들어 다음은 메시지를 전달받을 때마다 카운트를 1씩 증가시키는 액터의 코드다.

Actors/counter/counter.ex

```elixir
defmodule Counter do
  def loop(count) do
    receive do
      {:next} ->
        IO.puts("Current count: #{count}")
        loop(count + 1)
    end
  end
end
```

(엘릭서의 REPL인) iex를 실행해서 이 코드가 동작하는 모습을 살펴보자.

```
iex(1)> counter = spawn(Counter, :loop, [1])
#PID<0.47.0>
iex(2)> send(counter, {:next})
Current count: 1
{:next}
iex(3)> send(counter, {:next})
{:next}
Current count: 2
iex(4)> send(counter, {:next})
{:next}
Current count: 3
```

우리는 먼저 세 개의 인수를 전달받는 spawn()을 사용한다. 모듈의 이름, 모듈 내부에 있는 함수의 이름, 그리고 함수에 전달되는 인수의 리스트를 전달하는 것이다. 이러한 인수를 이용해서 Counter.loop()에 count의 초깃값을 전달할 수 있다. 그렇게 하면 액터에 {:next} 메시지를 전달할 때마다 화면에 다른 값이 출력된다. 가변 변수를 전혀 사용하지 않았지만 상태를 보관하는 것처럼 보이는 액터를 만든 것이다. 또한 이 액터는 메시지가 하나씩 순서대로 처리되기 때문에 동시성 버그를 염려하지 않으면서 내부 상태에 안전하게 접근할 수 있는 코드이기도 하다.

5.2.6 API 배후에 메시지 감추기

Counter 액터는 우리가 원하는 동작을 수행하기는 하지만 사용하기에는 그리 편하지 않다. 시작할 때 spawn()에 어떤 인수를 전달해야 하는지, 정확히 어떤 메시지 형태를 받아들이는지 ({:next}인가, :next인가, 아니면 {:increment}인가?) 등을 일일이 기억해야 한다. 그렇기 때문에 이렇게 spawn()을 통해서 액터를 시작하고 직접 메시지를 전달하는 것보단 간편한 API를 만들어서 사용하는 것이 일반적이다.

Actors/counter/counter.ex

```elixir
defmodule Counter do
▶   def start(count) do
▶     spawn(__MODULE__, :loop, [count])
▶   end
▶   def next(counter) do
▶     send(counter, {:next})
▶   end
  def loop(count) do
    receive do
      {:next} ->
        IO.puts("Current count: #{count}")
        loop(count + 1)
    end
  end
end
```

start()는 현재 모듈의 이름으로 대치되는 의사 변수$^{pseudo-variable}$인 __MODULE__을 사용해 구현했다. 이 방식을 사용하면 액터가 더 깔끔해지고 에러가 날 가능성도 줄어든다.

```elixir
iex(1)> counter = Counter.start(42)
#PID<0.44.0>
iex(2)> Counter.next(counter)
Current count: 42
```

```
{:next}
iex(3)> Counter.next(counter)
{:next}
Current count: 43
```

자신의 상태를 화면에 출력하는 일만 수행하는 액터는 사실 쓸모가 없다. 따라서 다음은 액터가 서로 필요한 정보를 질의하는 쌍방향 커뮤니케이션을 수행하는 모습을 살펴볼 것이다.

5.2.7 쌍방향 커뮤니케이션

이미 살펴본 바와 같이, 액터 사이에서는 메시지가 비동기적으로 전달된다. 즉, 메시지를 보내는 액터가 블로킹되지 않는다. 하지만 메시지에 대한 응답이 필요한 경우는 어떤가? 예를 들어 Counter 액터가 다음 수를 화면에 출력하는 것이 아니라, 현재 카운트 값을 질의에 대한 응답으로 리턴하는 경우라면 어떻게 해야 하는가?

액터 모델은 이와 같은 응답 과정을 직접 지원하지 않는다. 하지만 메시지에 보내는 프로세스의 식별자를 저장하거나 하는 다양한 방식으로 메시지를 전달받은 액터가 응답을 보내는 동작을 쉽게 구현할 수 있게 한다.

Actors/counter/counter2.ex

```
defmodule Counter do
  def start(count) do
    spawn(__MODULE__, :loop, [count])
  end
  def next(counter) do
►   ref = make_ref()
►   send(counter, {:next, self(), ref})
►   receive do
►     {:ok, ^ref, count} -> count
►   end
  end
  def loop(count) do
    receive do
      {:next, sender, ref} ->
►       send(sender, {:ok, ref, count})
        loop(count + 1)
```

```
        end
      end
   end
```

이 버전은 카운터 값을 화면에 출력하는 대신 원래 메시지를 보낸 전송 액터에 다음과 같은 형태의 응답을 전송한다.

```
{:ok, ref, count}
```

여기에서 ref는 make_ref()를 이용해서 전송 액터에 의해 생성된 고유의 참조주소다.

이 코드가 동작하는 모습을 확인하자.

```
iex(1)> counter = Counter.start(42)
#PID<0.47.0>
iex(2)> Counter.next(counter)
42
iex(3)> Counter.next(counter)
43
```

왜 응답이 튜플로 이루어졌을까?

Counter의 새 버전은 튜플 대신 그냥 카운트 수만 응답으로 보낼 수도 있었다.

```
{:next, sender} ->
  send(sender, count)
```

이렇게 해도 정상적으로 동작하긴 하겠지만, 엘릭서에서는 메시지를 튜플로 표현하는 것이 일반적이다. 첫째 요소는 성공과 실패 여부를 나타낸다. 이 예에서는 클라이언트에 의해서 생성된 고유한 참조주소가 포함되어 있어서 클라이언트의 메일박스에 여러 개의 메시지가 기다리고 있는 경우, 누가 무엇을 보냈는지 확인하는 데 사용된다.

다음 내용으로 넘어가기 전에 Counter 코드를 한 차례 더 수정할 것이다. 이름을 부여해서 그것이 쉽게 발견될 수 있게 할 것이다.

5.2.8 이름을 붙이는 프로세스

메시지는 어떤 프로세스에 전달되는데, 이것은 곧 프로세스의 식별자가 필요함을 뜻한다. 해당 프로세스가 우리가 직접 만든 것이면 쉽겠지만, 그게 아니라 어떤 임의의 프로세스에 메시지를 보내려면 어떻게 해야 하는가?

이 문제를 해결하는 방법은 여러 가지가 있는데, 그 중에서 가장 편리한 것은 프로세스에 이름을 붙이는 것이다.

```
iex(1)> pid = Counter.start(42)
#PID<0.47.0>
iex(2)> Process.register(pid, :counter)
true
iex(3)> counter = Process.whereis(:counter)
#PID<0.47.0>
iex(4)> Counter.next(counter)
42
```

Process.register()를 이용해서 프로세스의 식별자를 이름과 연결시키고, Process.whereis()를 이용하면 식별자를 읽을 수 있다. Process.registered()를 호출하면 특정한 이름으로 등록되어 있는 프로세스를 모두 볼 수 있다.

```
iex(5)> Process.registered
[:kernel_sup, :init, :code_server, :user, :standard_error_sup,
 :global_name_server, :application_controller, :file_server_2, :user_drv,
 :kernel_safe_sup, :standard_error, :global_group, :error_logger,
 :elixir_counter, :counter, :elixir_code_server, :erl_prim_loader, :elixir_sup,
 :rex, :inet_db]
```

위에서 보는 바와 같이, 가상기계는 처음 시작하는 시점에서 여러 개의 표준 프로세스를 자동적으로 등록한다. 또한 send()는 편의상 프로세스 식별자 대신 프로세스의 이름을 인수로 받을 수 있다.

```
iex(6)> send(:counter, {:next, self(), make_ref()})
{:next, #PID<0.45.0>, #Reference<0.0.0.107>}
iex(7)> receive do msg -> msg end
{:ok, #Reference<0.0.0.107>, 43}
```

Counter의 API를 수정해서 프로세스를 호출할 때마다 프로세스 식별자 대신 이름을 사용하도록 할 수도 있다.

Actors/counter/counter3.ex

```
  def start(count) do
    pid = spawn(__MODULE__, :loop, [count])
▶   Process.register(pid, :counter)
    pid
  end
  def next do
    ref = make_ref()
▶   send(:counter, {:next, self(), ref})
    receive do
      {:ok, ^ref, count} -> count
    end
  end
```

다음은 코드가 실제로 사용되는 모습이다.

```
iex(1)> Counter.start(42)
#PID<0.47.0>
iex(2)> Counter.next
42
iex(3)> Counter.next
43
```

마지막으로, 지금까지 공부한 내용을 이용해서 클로저의 pmap과 비슷한 병렬 맵 함수를 작성할 것이다. 그 전에 잠시 소개할 내용이 있다.

5.2.9 잠시 소개 – 1급 함수

다른 모든 함수 언어에서와 마찬가지로 엘릭서의 함수들은 1급이다. 즉, 그들을 변수에 바인딩할 수 있고 인수로 전달할 수 있으며, 데이터로 취급할 수 있다. 예를 들어 다음은 배열에 담긴 값을 모두 두 배로 만들기 위해서 Enum.map에 익명 함수를 전달하는 iex 세션이다.

```
iex(1)> Enum.map([1, 2, 3, 4], fn(x) -> x * 2 end)
[2, 4, 6, 8]
```

엘릭서는 익명 함수를 정의하기 위해서 클로저의 #(...) 리더 매크로와 비슷한 &(...)이라는 축약형 문법을 제공한다.

```
iex(2)> Enum.map([1, 2, 3, 4], &(&1 * 2))
[2, 4, 6, 8]
iex(3)> Enum.reduce([1, 2, 3, 4], 0, &(&1 + &2))
10
```

함수에 바인딩된 변수가 주어지면 . (혹은 apply) 연산을 통해서 해당 함수를 호출할 수 있다.

```
iex(4)> double = &(&1 * 2)
#Function<erl_eval.6.80484245>
iex(5)> double.(3)
6
```

끝으로, 함수를 리턴하는 함수를 만들 수도 있다.

```
iex(6)> twice = fn(fun) -> fn(x) -> fun.(fun.(x)) end end
#Function<erl_eval.6.80484245>
iex(7)> twice.(double).(3)
12
```

이제 병렬 map() 함수를 만들기 위해서 필요한 도구들을 모두 갖추었다.

5.2.10 병렬 맵

앞에서 보았던 것과 마찬가지로, 엘릭서는 컬렉션에 담긴 요소들에 함수를 적용하기 위해 map() 함수를 제공하지만, 순차적으로 적용한다.

다음은 그러한 적용을 병렬적으로 수행하는 코드다.

Actors/parallel/parallel.ex

```
defmodule Parallel do
  def map(collection, fun) do
    parent = self()

    processes = Enum.map(collection, fn(e) ->
        spawn_link(fn() ->
            send(parent, {self(), fun.(e)})
          end)
      end)

    Enum.map(processes, fn(pid) ->
        receive do
          {^pid, result} -> result
        end
      end)
  end
end
```

이 작업은 두 단계로 이루어진다. 첫 번째 단계에서는 컬렉션에 담긴 요소들 각각에 대해서 하나의 프로세스를 생성한다. 즉, 컬렉션이 1,000개의 요소를 담고 있으면 1,000개의 프로세스가 만들어지는 것이다. 이러한 프로세스들은 자신의 요소에 전달된 함수인 fun을 적용한 결과를 부모 프로세스에 응답으로 전송한다. 두 번째 단계에서는 부모 프로세스가 각 결과를 기다린다.

이 코드가 제대로 동작하는지 살펴보자.

```
iex(1)> slow_double = fn(x) -> :timer.sleep(1000); x * 2 end
#Function<6.80484245 in :erl_eval.expr/5>
iex(2)> :timer.tc(fn() -> Enum.map([1, 2, 3, 4], slow_double) end)
{4003414, [2, 4, 6, 8]}
iex(3)> :timer.tc(fn() -> Parallel.map([1, 2, 3, 4], slow_double) end)
{1001131, [2, 4, 6, 8]}
```

이 코드는 함수가 실행되는 시간을 측정하는 :timer.tc()를 이용하여 결괏값을 리턴할 때 걸린 시간도 함께 묶어서 리턴한다. 순차적 버전은 4초가 조금 넘는 반면, 병렬적 버전은 1초가 걸리는 것을 알 수 있다.

5.2.11 1일 차 마무리

1일 차는 이렇게 마무리하고, 2일 차에는 액터 모델이 어떻게 에러 처리와 유연성에 도움을 주는지 알아보기로 한다.

1일 차에서 배운 내용

액터(혹은 프로세스)는 동시에 동작하고, 상태를 공유하지 않고, 메일박스에 메시지를 전달하는 방식을 통해 서로 비동기적으로 의사소통을 한다. 지금까지 다음과 같은 일들을 어떻게 수행하는지 살펴보았다.

- spawn()을 통해서 새로운 프로세스 만들기
- send()를 통해서 프로세스에 메시지 전송하기
- 메시지를 처리하기 위해서 패턴 매치 이용하기
- 두 프로세스를 연결하고 하나가 종료되었을 때 통보받기
- 표준적인 비동기 메시지 전달을 이용해서 쌍방향의 동기적인 메시지 전달 방법 구현하기
- 프로세스에 이름 부여하기

1일 차 자율학습

찾아라

- 엘릭서의 라이브러리 문서
- Lang.NEXT 2012에서 에릭 마이어와 클레멘스 직퍼스키가 액터 모델과 관련해서 칼 휴이드와 나누는 대담 동영상

수행하라

- 얼랭 가상기계에서 프로세스를 만드는 데 들어가는 비용을 측정하라. 자바 가상기계에서 스레드를 만드는 것과 어떻게 비교할 수 있는가?
- 우리가 만든 병렬적 맵 함수를 실행하는 데 들어가는 비용을 순차적 버전의 맵과 비교해 측정하라. 언제 병렬적 맵을 사용하고 언제 순차적 맵을 사용해야 하는가?
- 우리가 만든 병렬적 맵과 비슷한 방식을 활용해서 병렬적 축소 함수^{reduce function}를 작성하라.

5.3 2일 차: 에러 처리와 유연성

1.3.3절에서 보았던 것처럼, 동시성과 관련한 주요한 이점은 장애 허용 수준이 높은 코드를 작성할 수 있게 해준다는 점이다. 이제 액터가 이러한 측면과 관련해서 어떤 기능을 제공하는지 살펴보기로 한다.

그렇게 하려면 조금 복잡하긴 해도 실전적인 의미가 있는 예를 만들기 위해 앞서 배운 내용을 활용할 필요가 있다.

5.3.1 캐싱 액터

웹페이지를 위한 간단한 캐시를 만들 것이다. 클라이언트 코드는 URL과 함께 관련 페이지에 담긴 텍스트를 전달함으로써 캐시에 새로운 항목을 추가할 수 있고, URL을 이용해서 관련된 페이지의 내용을 검색할 수도 있고, 캐시가 전체적으로 얼마나 많은 바이트를 담고 있는지 확인할 수도 있다.

URL에서 페이지로 향하는 매핑을 저장하기 위해서 사전dictionary 자료구조를 사용할 것이다. 클로저의 맵과 마찬가지로 엘릭서의 사전은 영속적인 자료구조다.

```
iex(1)> d = HashDict.new
#HashDict<[]>
iex(2)> d1 = Dict.put(d, :a, "A value for a")
#HashDict<[a: "A value for a"]>
iex(3)> d2 = Dict.put(d1, :b, "A value for b")
#HashDict<[a: "A value for a", b: "A value for b"]>
iex(4)> d2[:a]
"A value for a"
```

HashDict.new를 통해서 새로운 사전을 만들고, Dict.put(dict, key, value)를 통해서 그 안에 새로운 항목을 더하고, dict[key]를 통해서 매핑되어 있는 항목을 읽는다.

앞의 내용을 사용 가능하게 하는 캐시의 구현은 다음과 같다.

Actors/cache/cache.ex

```
1  defmodule Cache do
-    def loop(pages, size) do
-      receive do
-        {:put, url, page} ->
5          new_pages = Dict.put(pages, url, page)
-          new_size = size + byte_size(page)
-          loop(new_pages, new_size)
-        {:get, sender, ref, url} ->
-          send(sender, {:ok, ref, pages[url]})
10         loop(pages, size)
-        {:size, sender, ref} ->
-          send(sender, {:ok, ref, size})
-          loop(pages, size)
-        {:terminate} -> # Terminate request - don't recurse
15     end
-    end
-  end
```

이 코드는 pages와 size라는 두 개의 상태 항목을 가지고 있다. pages는 URL을 페이지에 매핑하는 사전이고, size는 캐시에 저장된 데이터의 현재 바이트 값인 정수 값이다. 6번 줄에 있는 byte_size() 함수에 의해서 변경된다.

이 액터를 어떻게 시작하고 정확히 어떤 메시지를 보내야 하는지 일일이 기억하는 대신, 앞에서 했던 것처럼 편하게 사용할 수 있는 API를 만드는 것이 좋다. 먼저 start_link()다.

Actors/cache/cache.ex

```
def start_link do
  pid = spawn_link(__MODULE__, :loop, [HashDict.new, 0])
  Process.register(pid, :cache)
  pid
end
```

이 코드는 loop()에 초기 상태인 빈 사전과 0을 전달하고, 생성된 프로세스에 :cache라는 이름을 부여한다. 다음으로 put(), get(), size(), 그리고 terminate() 함수도 필요하다.

```elixir
def put(url, page) do
  send(:cache, {:put, url, page})
end

def get(url) do
  ref = make_ref()
  send(:cache, {:get, self(), ref, url})
  receive do
    {:ok, ^ref, page} -> page
  end
end

def size do
  ref = make_ref()
  send(:cache, {:size, self(), ref})
  receive do
    {:ok, ^ref, s} -> s
  end
end

def terminate do
  send(:cache, {:terminate})
end
```

put()과 terminate() 함수는 단순히 인수를 받은 다음, 그들을 튜플로 묶어서 메시지로 전송한다. get()과 size() 메서드는 응답이 필요하기 때문에 약간 복잡하다. 여기에서는 1일 차에서 본 패턴을 이용해서 액터의 고유한 참조주소를 전송하고 있다.

다음은 액터가 실제로 동작하는 모습이다.

```elixir
iex(1)> Cache.start_link
#PID<0.47.0>
iex(2)> Cache.put("google.com", "Welcome to Google ...")
{:put, "google.com", "Welcome to Google ..."}
iex(3)> Cache.get("google.com")
"Welcome to Google ..."
iex(4)> Cache.size()
21
```

지금까지는 캐시에 항목을 더하고, 값을 읽고, 캐시에 담긴 데이터의 크기도 확인할 수 있어서 좋다.

그런데 예를 들어 액터를 호출할 때 nil처럼 유효하지 않은 인수를 전달하면 어떻게 될까?

```
iex(5)> Cache.put("paulbutcher.com", nil)
{:put, "paulbutcher.com", nil}
iex(6)>
=ERROR REPORT==== 22-Aug-2013::16:18:41 ===
Error in process <0.47.0> with exit value: {badarg,[[{erlang,byte_size,[nil],[]}] …
** (EXIT from #PID<0.47.0>) {:badarg, [{:erlang, :byte_size, [nil], []}, …
```

인수가 유효한지 아닌지 검사하는 코드를 작성하지 않았으므로, 코드가 에러를 발생시키는 것은 놀라운 일이 아니다. 대부분의 언어가 이런 상황에 대처하는 방법은 잘못된 인수가 전달될 가능성을 미리 예측하여 그런 인수가 전달되면 그때 에러를 보고하는 것이다. 엘릭서는 다른 방법도 함께 제공하는데, 에러 처리를 별도의 감시자supervisor 프로세스에 맡기는 것이다. 이렇게 명백하고 단순한 방법은 코드의 명확성, 유지보수성, 안전성에 심오한 개선을 불러일으키는 힘을 갖는다.

그런 감시자 코드를 어떻게 작성하는지 알려면 프로세스 사이에 존재하는 연결성에 대해서 더 깊이 이해해야 한다.

5.3.2 장애 감지

5.2.4절에서 우리는 하나의 프로세스가 종료되었을 때 다른 프로세스가 그 사실을 알 수 있도록 만들기 위해서 두 개의 프로세스를 연결하는 spawn_link()를 사용했다. 이러한 연결은 엘릭서 프로그래밍에서 가장 중요한 개념 중의 하나이므로, 더 깊이 살펴볼 필요가 있다.

연결은 비정상적인 종료를 서로에게 알린다

Process.link()를 이용하면 두 프로세스 사이를 원하는 시점 아무 때나 연결할 수 있다. 다음은 연결이 어떤 식으로 작동하는지 살펴보기 위한 간단한 액터 코드다.

Actors/links/links.ex

```elixir
defmodule LinkTest do
  def loop do
    receive do
      {:exit_because, reason} -> exit(reason)
      {:link_to, pid} -> Process.link(pid)
      {:EXIT, pid, reason} -> IO.puts("#{inspect(pid)} exited because #{reason}")
    end
    loop
  end
end
```

이 액터의 인스턴스를 몇 개 만들고 서로 연결하여, 그중 하나가 에러를 발생시킬 때 어떤 일이 일어나는지 보자.

```elixir
iex(1)> pid1 = spawn(&LinkTest.loop/0)
#PID<0.47.0>
iex(2)> pid2 = spawn(&LinkTest.loop/0)
#PID<0.49.0>
iex(3)> send(pid1, {:link_to, pid2})
{:link_to, #PID<0.49.0>}
iex(4)> send(pid2, {:exit_because, :bad_thing_happened})
{:exit_because, :bad_thing_happened}
```

이 액터의 인스턴스를 두 개 만들고, 그들의 프로세스 식별자를 pid1과 pid2에 바인딩한다. 그 다음 pid1에서 pid2로 향하는 연결을 만든다. 끝으로 pid2에 비정상적으로 종료하라는 명령을 전달한다.

pid2가 왜 종료되었는지 설명하는 메시지를 pid1이 바로 출력하지 않는 것을 확인할 수 있는데, 그 이유는 :trap_exit를 설정하지 않았기 때문이다. 하지만 프로세스 사이의 연결은 유효하다. Process.info()를 사용해 프로세스의 상태를 확인하면 필요한 정보를 볼 수 있다.

```elixir
iex(5)> Process.info(pid2, :status)
nil
iex(6)> Process.info(pid1, :status)
nil
```

우리가 만든 프로세스가 pid2만이 아니라 둘 다 종료했다. 이것을 수정하는 방법은 곧 보기로 하고 그 전에 다른 실험을 해보도록 하자.

연결은 쌍방향이다

앞에서와 동일한 실험을 하는데, 이번에는 pid1에 종료하라고 명령을 내려보자. 전과 동일한 결과가 발생함을 확인할 수 있다. 즉, 두 개의 프로세스가 모두 종료한다.

```
iex(1)> pid1 = spawn(&LinkTest.loop/0)
#PID<0.47.0>
iex(2)> pid2 = spawn(&LinkTest.loop/0)
#PID<0.49.0>
iex(3)> send(pid1, {:link_to, pid2})
{:link_to, #PID<0.49.0>}
iex(4)> send(pid1, {:exit_because, :another_bad_thing_happened})
{:exit_because, :another_bad_thing_happened}
iex(5)> Process.info(pid1, :status)
nil
iex(6)> Process.info(pid2, :status)
nil
```

이는 연결 자체가 쌍방향이기 때문이다. pid1에서 pid2로 향하는 연결을 만들면 반대 방향으로의 연결도 만들어진다. 즉, 하나가 비정상적으로 종료하면 다른 하나도 똑같이 행동한다.

정상적인 종료

이번에는 서로 연결된 프로세스 중에서 하나가 정상적으로 종료하는 경우를 살펴보자 (:normal이라고 표시된다).

```
iex(1)> pid1 = spawn(&LinkTest.loop/0)
#PID<0.47.0>
iex(2)> pid2 = spawn(&LinkTest.loop/0)
#PID<0.49.0>
iex(3)> send(pid1, {:link_to, pid2})
{:link_to, #PID<0.49.0>}
iex(4)> send(pid2, {:exit_because, :normal})
{:exit_because, :normal}
iex(5)> Process.info(pid2, :status)
```

```
nil
iex(6)> Process.info(pid1, :status)
{:status, :waiting}
```

정상적인 종료는 연결되어 있는 프로세스가 함께 종료되도록 강제하지 않는다.

시스템 프로세스

:trap_exit 플래그를 설정하면 어떤 프로세스가 다른 프로세스의 종료를 알아차리도록 만들
수 있다. 이렇게 하는 것을 시스템 프로세스로 만든다고 한다.

Actors/links/links.ex

```
def loop_system do
  Process.flag(:trap_exit, true)
  loop
end
```

코드가 동작하는 모습이다.

```
iex(1)> pid1 = spawn(&LinkTest.loop_system/0)
#PID<0.47.0>
iex(2)> pid2 = spawn(&LinkTest.loop/0)
#PID<0.49.0>
iex(3)> send(pid1, {:link_to, pid2})
{:link_to, #PID<0.49.0>}
iex(4)> send(pid2, {:exit_because, :yet_another_bad_thing_happened})
{:exit_because, :yet_another_bad_thing_happened}
#PID<0.49.0> exited because yet_another_bad_thing_happened
iex(5)> Process.info(pid2, :status)
nil
iex(6)> Process.info(pid1, :status)
{:status, :waiting}
```

이번에는 pid1을 시작하기 위해서 loop_system()을 사용한다. 루프를 돈다는 것은 pid2가
종료할 때 pid1이 그것을 알 수 있게 (그리고 그런 사실을 화면에 출력하게) 한다는 것 뿐만
아니라, pid2가 종료해도 계속 동작을 수행한다는 것을 의미한다.

5.3.3 프로세스의 감시

이제 하나 혹은 그 이상의 작업자^{worker} 프로세스를 감시하고, 그들이 에러를 발생시키면 필요한 조치를 취하는 시스템 프로세스, 즉 감시자 프로세스를 만들기 위한 모든 준비가 끝났다.

다음은 우리가 앞에서 보았던 캐시 액터가 에러를 발생시키면 그것을 재시작하는 동작을 수행하는 캐시 액터의 감시자를 위한 코드다.

Actors/cache/cache.ex

```elixir
defmodule CacheSupervisor do
  def start do
    spawn(__MODULE__, :loop_system, [])
  end
  def loop do
    pid = Cache.start_link
    receive do
      {:EXIT, ^pid, :normal} ->
        IO.puts("Cache exited normally")
        :ok
      {:EXIT, ^pid, reason} ->
        IO.puts("Cache failed with reason #{inspect reason} - restarting it")
        loop
    end
  end
  def loop_system do
    Process.flag(:trap_exit, true)
    loop
  end
end
```

이 액터는 자신을 시스템 프로세스로 표시하면서 시작한 다음 Cache.loop()를 실행한다. 그리고 생성된 프로세스가 종료될 때까지 블로킹되는 동작을 수행하는 loop()로 진입한다. 정상적으로 종료하면 (:ok를 리턴함으로써) 감시자 자신도 정상적으로 종료한다. 하지만 감시 중인 액터가 다른 이유로 종료하게 되면 재귀적으로 루프를 돌면서 캐시를 다시 생성한다.

Cache 인스턴스를 우리가 직접 시작하는 대신, Cache 인스턴스를 만들고 감시하는 역할을 수행하는 CacheSupervisor를 시작한다.

```
iex(1)> CacheSupervisor.start
#PID<0.47.0>
iex(2)> Cache.put("google.com", "Welcome to Google ...")
{:put, "google.com", "Welcome to Google ..."}
iex(3)> Cache.size
21
```

Cache가 크래시하면, 이제 자동적으로 재시작하게 된다.

```
iex(4)> Cache.put("paulbutcher.com", nil)
{:put, "paulbutcher.com", nil}
Cache failed with reason {:badarg, [{:erlang, :byte_size, [nil], []}, …
iex(5)>
=ERROR REPORT==== 22-Aug-2013::17:49:24 ===
Error in process <0.48.0> with exit value: {badarg,[{erlang,byte_
size,[nil],[]}, …

iex(5)> Cache.size
0
iex(6)> Cache.put("google.com", "Welcome to Google ...")
{:put, "google.com", "Welcome to Google ..."}
iex(7)> Cache.get("google.com")
"Welcome to Google ..."
```

물론 캐시가 크래시하게 되면 그 안에 있던 데이터는 모두 사라진다. 하지만 최소한 새롭게 만들어진 캐시가 계속 동작하도록 만들었다.

5.3.4 타임아웃

캐시를 자동적으로 재시작하는 것은 훌륭하지만 이게 만병통치약은 아니다. 두 개의 프로세스가 캐시에 거의 똑같은 시점에 메시지를 보내면, 예를 들어 다음과 같은 동작이 일어날 수도 있다.

1 프로세스1이 캐시에 :put 메시지를 보낸다.

2 프로세스2가 캐시에 :get 메시지를 보낸다.

3 캐시가 프로세스1의 메시지를 처리하는 도중에 크래시한다.

4 감시자가 캐시를 재시작하지만, 프로세스2의 메시지는 사라진다.

5 프로세스2는 이제 receive 내에서 영원히 도착하지 않을 응답을 기다린다. 일종의 데드락이다.

after 구문 다음에 일정 시간이 지나면 receive가 타임아웃을 일으키도록 하는 코드를 작성하면 이런 일을 피할 수 있다.

다음은 수정된 get()버전이다(size()에 대해서도 동일하게 수정한다).

Actors/cache/cache2.ex

```
def get(url) do
  ref = make_ref()
  send(:cache, {:get, self(), ref, url})
  receive do
    {:ok, ^ref, page} -> page
▶   after 1000 -> nil
  end
end
```

메시지 전달은 보장되는가?

캐시가 재시작될 때 클라이언트의 메시지가 분실되는 문제는 일반적으로 일어날 수 있는 문제의 한 예에 불과하다. 엘릭서는 메시지의 전달과 관련해서 어떤 보장을 제공하는가?

두 개의 기본적인 보장이 존재한다.

- 어떠한 에러도 발생하지 않는다면 메시지 전달이 보장된다.
- 에러가 발생하면, 우리는 에러가 발생했다는 사실을 (문제가 되고 있는 프로세스에 대한 연결이 존재하거나, 감시가 이루어지고 있다는 가정 하에) 알게 된다.

엘릭서에서 장애 허용 수준이 높은 코드를 작성할 때 기초가 되는 것은 두 번째 보장이다.

5.3.5 에러-커널 패턴

토니 호어는 다음과 같은 유명한 말을 남겼다.[4]

----

4 http://zoo.cs.yale.edu/classes/cs422/2011/bib/hoare81emperor.pdf

소프트웨어를 설계하는 데는 두 방법이 있다. 하나는 단순하게 만들어서 아무 결함이 없도록 만드는 것이고, 다른 하나는 복잡하게 만들어서 눈에 드러나는 결함이 없도록 만드는 것이다.

액터 프로그래밍은 이러한 통찰에 따라 장애 허용 수준이 높은 코드를 작성하는 것을 자연스럽게 지원하는데, 그 방법이 에러—커널 패턴이다.

어떤 소프트웨어 시스템에서의 에러 커널이란 시스템 전체가 정상적으로 동작하기 위해서 반드시 에러가 없거나, 혹은 있으면 즉각적으로 수정되어야 하는 것이 핵심이다. 잘 작성된 프로그램은 에러 커널을 가급적 작게 만든다. 너무 작아서 명백히 어떠한 결함도 없도록 만드는 것이다.

액터 프로그램에서의 에러 커널은 가장 상위에 위치하는 감시자다. 이러한 감시자는 필요에 따라 자식 액터들을 시작하고, 중단하고, 재시작하는 일을 수행한다.

또한 프로그램의 각 모듈은 자신만의 고유한 에러 커널을 차례로 가진다. 해당 모듈이 정상적으로 작동하기 위해서는 반드시 에러에서 자유로운 부분이 있어야 한다. 그 모듈의 하위 모듈도 자신만의 에러 커널을 가지며, 이런 과정은 계속 반복된다. 이러한 패턴을 사용하면 [그림 5-2]에서 보는 것처럼 위험이 수반되는 동작이 트리의 가장 하위 부분의 액터에 전담되는 결과를 낳는다.

그림 5-2 에러 커널의 계층구조

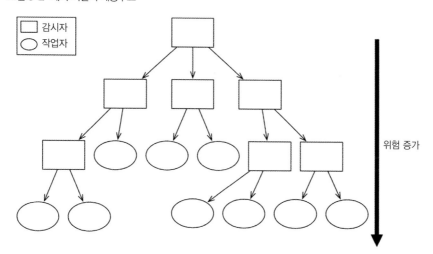

에러—커널 패턴과 깊은 연관이 있는 것으로 방어적 프로그래밍defensive programming이라는 골치 아픈 주제가 있다.

5.3.6 크래시하게 내버려 두어라!

방어적 프로그래밍은 발생할 가능성이 있는 버그를 미리 예측해서 장애 허용 수준을 높이려는 방법이다. 예를 들어 어떤 문자열을 인수로 받아서 모두 대문자면 true를 리턴하고, 그렇지 않으면 false를 리턴하는 메서드를 작성한다고 생각해보자. 다음은 가능한 구현 방법이다.

```
def all_upper?(s) do
  String.upcase(s) == s
end
```

이것은 완전히 합리적인 메서드지만, 우리가 nil을 전달하면 크래시가 발생한다. 이러한 문제 때문에 어떤 프로그래머는 코드를 다음과 같이 수정하려고 할지도 모른다.

```
defmodule Upper do
  def all_upper?(s) do
    cond do
      nil?(s) -> false
      true -> String.upcase(s) == s
    end
  end
end
```

이제 이 코드는 nil이 전달되어도 크래시하지 않는다. 하지만 nil 대신 (예를 들어 어떤 특정한 키워드 같은) 말이 되지 않는 값을 전달하면 어떻게 되는가? 어쨌든 이런 함수에 nil을 전달하면서 호출하는 것은 무슨 의미일까? 그런 행동을 하는 코드에 버그가 있을 확률은 매우 높다. 그리고 이런 버그는 미래의 어떤 시점에 실제로 모습을 드러낼 때까지 우리가 미리 알 수 없다는 점에서 숨어있는 버그다.

액터 프로그램은 이와 같은 방어적 프로그래밍을 사용하지 않는 대신 "크래시하게 내버려 두어라"는 철학을 채택한다. 즉 액터의 감시자가 문제를 해결하도록 맡기는 것이다. 이런 철학은 다음과 같은 몇 가지 장점을 갖는다.

- "정상적인 경로"와 에러를 처리하는 코드가 분리되어 있기 때문에 코드가 간단하고 이해하기도 쉽다.

- 액터들은 서로 분리되어 있고 상태를 공유하지도 않기 때문에, 어느 한 액터의 실패가 다른 액터에 악영향을 미칠 위험이 거의 없다. 특히 감시되고 있는 액터가 크래시했다고 해서 그것을 감시하고 있는 감시자 액터가 덩달아 크래시할 가능성은 없다.

- 감시자는 에러를 처리할 뿐만 아니라 에러가 발생했다는 사실을 감추지 않고 로그로 기록해서 우리가 어떤 일이 발생했는지 인식하고 필요한 일을 수행하도록 해준다.

이 개념을 처음 보는 사람에게는 아무래도 낯선 개념이겠지만, "크래시하도록 내버려 두어라"라는 철학은 에러-커널 패턴과 더불어 여러 현장에서 도움을 주는 것으로 증명되고 있다. 어떤 시스템은 이러한 철학을 채택하여 문제없이 실행되는 가용성^{availability} 비율이 99.9999999%에 달하는 것으로 보고되기도 한다(『프로그래밍 얼랭: 동시성 세계를 위한 소프트웨어』[5]를 보라).

5.3.7 2일 차 마무리

1일 차에서는 액터 모델에 대한 기본적인 내용을 소개했고, 2일 차에서는 장애 허용과 관련한 내용을 설명했다. 3일 차에서는 액터 모델이 어떻게 분산 프로그래밍에 도움을 주는지 알아볼 것이다.

2일 차에서 배운 내용

엘릭서는 프로세스를 연결하는 방식으로 장애가 감지되도록 한다. 이런 기능은 감시자를 생성하는 것도 가능하게 해준다.

- 연결은 쌍방향이다. 프로세스 a가 b에 연결되면 b도 a에 연결된다.

- 연결은 에러를 전파한다. 두 개의 프로세스가 서로 연결되었는데, 그중 하나가 비정상적으로 종료하면 다른 하나도 역시 종료된다.

- 프로세스가 시스템 프로세스로 표시되면 연결된 프로세스가 비정상적으로 종료했을 때 같이 종료하는 대신 :EXIT 메시지를 전달받게 된다.

----

5 Joe Armstrong. 『Programming Erlang: Software for a Concurrent World』. The Pragmatic Bookshelf, Raleigh, NC and Dallas, TX, Second, 2013.

2일 차 자율학습

찾아라

- Process.monitor()에 대한 문서 – 프로세스를 감시하는 것은 연결되는 것과 어떻게 다른가? 언제 모니터를 이용하고 언제 연결을 하는가?
- 엘릭서에서 예외는 어떻게 동작하는가? 어떤 상황에서 감시자와 "크래시하게 내버려 두어라"라는 철학 대신 예외를 통해서 에러를 처리하는가?

수행하라

- receive 블록에서 패턴 매치에 의해서 처리되지 않는 메시지는 프로세스의 메일박스에 남아있게 된다. 이 사실과 타임아웃을 이용해서 우선순위 메일박스*priority mailbox*를 구현하라. 우선순위가 높은 메시지는 우선순위가 낮은 메시지보다 먼저 처리되어야 한다.
- 5.3.1절에서 만들었던 캐시를 다음과 같이 수정하라. 해시 함수를 이용해서 캐시 항목들이 여러 액터에 분산되도록 분산 캐시를 작성하라. 여러 개의 캐시 액터를 생성하는 감시자를 만들고, 전달되는 메시지를 적절한 캐시 작업자에게 할당하도록 만들어라. 캐시 작업자 중 하나에서 에러가 발생되면 이 감시자는 어떤 동작을 수행해야 하는가?

5.4 3일 차: 분산

우리가 지금까지 살펴본 내용은 모두 단일 컴퓨터에서 일어나는 일이었지만, 액터 모델이 다른 모델에 비해서 뛰어난 부분은 분산에 대한 지원에 있다. 다른 컴퓨터에서 동작하는 액터에 메시지를 보내는 것은 동일한 컴퓨터에서 동작하는 액터에 메시지를 보내는 것만큼이나 쉽다.

분산에 대해서 이야기하기 전에 잠시 엘릭서를 강력한 언어로 만들어준 OTP 라이브러리에 대해서 살펴볼 필요가 있다.

5.4.1 OTP

지난 이틀 동안 우리는 엘릭서 "자체"를 이용해서 일일이 손으로 모든 걸 작성했다. 이렇게 하면 실제로 어떤 일이 벌어지는지 이해하는 데 도움은 되지만, 매번 액터와 액터의 감시자를 처음부터 코딩해야 한다면 좀 귀찮을 것이다. 그렇기 때문에 라이브러리가 그런 작업을 대신 해주는 것은 놀랄 일이 아니다. 그 라이브러리의 이름이 바로 OTP다.

OTP는 무엇을 나타내는 머리글자인가?

머리글자는 종종 하나의 독립적인 의미를 획득한다. 이론적으로 IBM은 "International Business Machines"를 의미하지만 대다수의 사람에게 IBM은 그냥 IBM일 뿐이다. 머리글자 자체가 이름이 되었다. 마찬가지로 BBC도 더 이상 "British Broadcasting Corporation"을 의미하지 않고, OTP 역시 "Open Telecom Platform"을 나타내지 않는다.

얼랭(따라서 엘릭서)은 원래 텔레콤 영역에서 시작되었고, 오늘날 널리 사용되고 있는 실전적인 지침은 대부분 OTP 안에서 마련되었다. 하지만 그들이 텔레콤 자체와 특별히 관련된 부분은 별로 없다. 따라서 OTP는 그냥 OTP일 뿐이다.

OTP의 예를 보기 전에 엘릭서에서 함수와 패턴 매치가 어떤 식으로 상호작용하는지 잠깐 살펴보도록 하자.

함수와 패턴 매치

지금까지 우리는 receive 내에서 사용되는 패턴 매치에 대해서만 이야기했다. 하지만 패턴 매치는 엘릭서 전체에 걸쳐서 사용된다. 특히, 어떤 함수를 호출하면 자동적으로 패턴 매치를 수행하게 된다. 다음은 그런 사실을 설명해주는 예다.

Actors/patterns/patterns.ex

```
defmodule Patterns do
  def foo({x, y}) do
    IO.puts("Got a pair, first element #{x}, second #{y}")
  end
end
```

하나의 인수를 받아서 그것을 {x, y}라는 패턴에 매치하는 함수를 정의한다. 우리가 여기에 매치되는 쌍을 인수로 전달하면 쌍의 첫 번째 값은 x에, 두 번째 값은 y에 바인딩된다.

```
iex(1)> Patterns.foo({:a, 42})
Got a pair, first element a, second 42
:ok
```

매치되지 않는 인수를 전달하면 다음과 같은 에러가 발생한다.

```
iex(2)> Patterns.foo("something else")
** (FunctionClauseError) no function clause matching in Patterns.foo/1
    patterns.ex:3: Patterns.foo("something else")
    erl_eval.erl:569: :erl_eval.do_apply/6
    src/elixir.erl:147: :elixir.eval_forms/3
```

어떤 함수를 위한 정의(혹은 구문clause)를 필요한 만큼 다양하게 추가할 수 있다.

Actors/patterns/patterns.ex

```
def foo({x, y, z}) do
  IO.puts("Got a triple: #{x}, #{y}, #{z}")
end
```

함수가 호출되면 매치된 구문이 실행된다.

```
iex(2)> Patterns.foo({:a, 42, "yahoo"})
Got a triple: a, 42, yahoo
:ok
iex(3)> Patterns.foo({:x, :y})
Got a pair, first element x, second y
:ok
```

이제 OTP에서 서버를 구현할 때 이러한 기능이 어떻게 사용되는지 살펴보자.

GenServer를 이용해 캐시를 다시 구현하기

OTP와 관련해서 처음으로 살펴볼 부분은 상태가 있는 액터를 만들 때 필요한 여러 내용을 자동적으로 만들어주는 비헤이비어behaviour인 GenServer다. 앞서 만들었던 캐시를 다시 구현하기 위해서 GenServer를 사용할 것이다.

방금 사용한 behaviour라는 단어의 철자가 조금 이상하게 보일지 모르겠다. 얼랭과 엘릭서가 영국식 철자를 따르기 때문에, 우리도 여기서는 미국식인 behavior 대신 영국식 철자인 behaviour를 사용하려 한다.

비헤이비어라는 것은 자바에서 사용하는 인터페이스와 매우 비슷하다. 함수들의 집합을 정의한다. 모듈은 use를 이용해서 자신이 구현하는 비헤이비어가 무엇인지 나타낸다.

Actors/cache/cache3.ex

```
  defmodule Cache do
▶   use GenServer.Behaviour
    def handle_cast({:put, url, page}, {pages, size}) do
      new_pages = Dict.put(pages, url, page)
      new_size = size + byte_size(page)
      {:noreply, {new_pages, new_size}}
    end

    def handle_call({:get, url}, _from, {pages, size}) do
      {:reply, pages[url], {pages, size}}
    end

    def handle_call({:size}, _from, {pages, size}) do
      {:reply, size, {pages, size}}
    end
  end
```

Cache의 이 버전은 GenServer.Behaviour를 구현하고 handle_cast()와 handle_call()이라는 두 함수를 구현한다.

handle_cast()는 응답이 필요 없는 메시지를 처리하고, 두 개의 인수를 받아들인다. 첫 번째 인수는 메시지 자체고, 두 번째 인수는 액터의 현재 상태다. 리턴되는 값은 {:noreply, new_state}라는 형태의 쌍으로 이루어진다. 우리의 경우에는 :put 메시지를 처리하는 handle_cast() 구문을 하나 제공한다.

handle_call()은 응답이 필요한 메시지를 처리한다. 이것은 세 개의 인수인 메시지, 발신자, 그리고 현재 상태를 받아들인다. 리턴되는 값은 {:reply, reply_value, new_state} 형태의 트리플이다. 이 경우에는 handle_call() 안에 두 개의 구문이 있다. 하나는 :get 메시지를 처리하고, 다른 하나는 :size 메시지를 처리한다. 엘릭서는 클로저에서와 마찬가지로 사용되지 않는 변수이름을 나타내기 위해서 밑줄("_")을 사용한다. 따라서 _from이라고 표현되었다.

앞에서 보았던 구현과 마찬가지로 클라이언트가 초기화, 메시지 전송 등과 관련한 세세한 내용을 모두 기억할 필요가 없도록 API를 제공한다.

Actors/cache/cache3.ex

```
def start_link do
  :gen_server.start_link({:local, :cache}, __MODULE__, {HashDict.new, 0}, [])
end

def put(url, page) do
  :gen_server.cast(:cache, {:put, url, page})
end

def get(url) do
  :gen_server.call(:cache, {:get, url})
end

def size do
  :gen_server.call(:cache, {:size})
end
```

우리는 spawn_link()를 사용하는 대신 :gen_server.start_link()를 사용한다. :gen_server.cast()를 이용해서 응답을 요구하지 않는 메시지를 보내고 :gen_server.call()을 이용해서 응답이 필요한 메시지를 보낸다.

먼저 OTP로 감시자를 만드는 방법을 살펴보자.

OTP 감시자

다음은 OTP의 감시자 비헤이비어를 이용해서 구현한 캐시 감시자 코드다.

Actors/cache/cache3.ex

```
defmodule CacheSupervisor do
  def init(_args) do
    workers = [worker(Cache, [])]
    supervise(workers, strategy: :one_for_one)
```

```
    end
  end
```

이름에서 알 수 있듯이, init() 함수는 시작할 때 호출된다. 이 함수는 (여기에서는 사용되지 않는) 단일 인수를 받아들이고 단순히 일련의 작업자^{worker}들을 만든 다음 그들이 감시되도록 설정한다. 우리의 경우에는 단일 Cache 작업자를 만들고 일대일 재시작 전략을 이용해서 감시되도록 한다.

재시작 전략은 무엇인가?

OTP 감시자 비헤이비어는 여러 개의 다양한 재시작 전략을 제공하는데, 일대일^{one for one} 혹은 일대다^{one for all} 전략을 가장 많이 사용된다.

이러한 전략은 감시자가 문제를 일으킨 작업자를 만나게 되었을 때, 여러 개의 작업자들을 어떤 식으로 재시작하는가에 대한 지침을 제공한다. 작업자 하나가 망가지면 일대다 전략을 사용하는 감시자는 (망가지지 않은 작업자를 포함하여) 모든 작업자를 재시작한다. 그에 비해서 일대일 전략을 사용하는 감시자는 망가진 작업자만 특정해서 재시작한다.

다른 전략도 존재하지만 거의 대부분의 경우에는 이 둘 중 하나를 사용하면 충분하다.

다른 때와 마찬가지로 클라이언트 코드를 위한 API도 제공한다.

Actors/cache/cache3.ex

```
def start_link do
  :supervisor.start_link(__MODULE__, [])
end
```

이 코드가 앞선 작업의 아무 것도 없는 상태에서 작성한 캐시와 감시자랑 비슷하게 동작한다는 사실을 확인해보기 바란다. (사본^{transcript}은 여기서 반복하지 않는다. 이미 본 내용과 거의 비슷하다.)

OTP가 하는 일은 또 무엇이 있는가?

앞에서 본 것처럼 OTP는 우리가 반복적인 코드를 작성하는 일을 피할 수 있게 해준다. 하지만 OTP가 하는 일은 그 이상이다. 우리가 본 예제에서는 드러나지 않았지만 OTP를 이용해서 구현한 서버와 감시자들은 지금까지 살펴본 내용보다 더 많은 일을 수행한다. 그 중에서 몇 가지를 간추리면 다음과 같다.

- **개선된 재시작 논리** : 우리가 작성한 감시자는 작업자를 무작정 재시작하는 단순한 방법을 사용했다. 업무가 정상적으로 완료되지 않으면 그냥 재시작하는 것이다. 작업자가 시작하는 과정에서 문제를 일으키면 감시자는 아무 생각 없이 곧바로 재시작할 것이고, 이런 과정은 계속 반복될 것이다. 이에 비해서 OTP의 감시자는 이런 상황에서 재시작하는 횟수가 미리 정해진 횟수를 초과하면 감시자 자체에서 에러를 발생하도록 한다.
- **디버깅과 로깅** : OTP 서버는 로깅과 디버깅을 위한 다양한 옵션과 함께 시작할 수 있는데, 이러한 기능은 개발 과정에서 많은 도움을 준다.
- **동적 코드 교체**hot code swapping : OTP 서버는 시스템 전체를 다운시키지 않은 상태에서 동적으로 업그레이드 될 수 있다.
- **더 많은 기능** : 배포 관리, 장애 극복failover, 자동 스케일링 등이 있다.

여기에서는 이런 기능들에 대해서 더 자세히 언급하지 않겠지만, 이러한 기능들 때문에 대부분의 환경에서 직접 구현한 코드보다 OTP가 선호된다.

5.4.2 노드

얼랭 가상기계의 인스턴스를 하나 만들 때마다 우리는 노드를 하나 만든다. 지금까지 우리는 단일 노드만 만들었다. 이제 여러 개의 노드를 만들고 서로 연결하는 방법을 살펴보자.

노드 연결하기

하나의 노드를 다른 노드에 연결하려면 둘 다 이름이 필요하다. 얼랭 가상기계를 시작할 때 --name 혹은 --sname 옵션을 추가함으로써 노드에 이름을 부여할 수 있다. 내가 사용하는 맥북은 IP 주소가 10.99.1.50이다. 예를 들어 내 맥북프로에서 iex --sname node1@10.99.1.50 --cookie yumyum을 실행해 보면, 프롬프트에서 이름이 반영되어 있는 것을 확인할 수 있다. (--cookie 인수는 뒤에서 나오는 "클러스터는 어떻게 관리하는가"에서 설명한다.)

```
iex(node1@10.99.1.50)1> Node.self
:"node1@10.99.1.50"
iex(node1@10.99.1.50)2> Node.list
[ ]
```

노드는 Node.self()를 통해서 자신의 이름을 확인할 수 있고, Node.list()를 통해서 자신과 연결되어 있는 다른 노드들의 목록을 확인할 수 있다. 지금은 그 리스트가 비어 있지만, 이제 리스트에 노드를 추가하는 방법을 보자. 10.99.1.92라는 IP 주소를 가진 다른 컴퓨터에서 iex --sname ndode2@10.99.1.92 --cookie yumyum이라고 실행하면, 내 맥북프로에 Node.connect()를 이용해 이 새로운 노드를 연결할 수 있다.

```
iex(node1@10.99.1.50)3> Node.connect(:"node2@10.99.1.92")
true
iex(node1@10.99.1.50)4> Node.list
[:"node2@10.99.1.92"]
```

연결은 쌍방향이므로, 새로운 노드도 내 맥북프로의 존재를 알게 되었다.

```
iex(node2@10.99.1.92)1> Node.list
[:"node1@10.99.1.50"]
```

컴퓨터를 한 대만 가지고 있으면 어떻게 하나?

컴퓨터가 한 대만 있는 상태에서 클러스터를 확인하고 싶을 경우에는 다음과 같은 몇 가지 방법이 있다.

- 가상기계를 사용하라.
- 아마존 EC2 혹은 그와 비슷한 클라우드 인스턴스를 사용하라.
- 단일 컴퓨터에서 여러 개의 노드를 실행하라. 이렇게 하는 것이 실제적인 방법은 아니지만 가장 쉬운 방법이고, 여러 대의 컴퓨터를 사용할 때 마주치게 될 수도 있는 방화벽이나 네트워크 구성과 관련된 문제도 피하게 해준다.

원격 실행

연결된 두 개의 노드가 있으므로, 한 노드는 다른 노드의 코드를 실행할 수 있다.

```
iex(node1@10.99.1.50)5> whoami = fn() -> IO.puts(Node.self) end
#Function<20.80484245 in :erl_eval.expr/5>
iex(node1@10.99.1.50)6> Node.spawn(:"node2@10.99.1.92", whoami)
#PID<8242.50.0>
node2@10.99.1.92
```

이렇게 간단한 코드가 놀라울 정도로 강력한 기능을 보여주고 있다. 한 노드가 다른 노드의 코드를 실행했을 뿐만 아니라, 그런 실행의 결과가 처음 노드에 나타난다. 이는 하나의 프로세스가 자신의 그룹 리더를 자신을 생성한 프로세스에서 상속받고, 그런 상속은 (여러 가지 중에서) IO.puts()의 결과가 어디에 나타나야 하는지를 결정하기 때문이다. 우리 눈에 보이지 않는 곳에서 엄청나게 많은 일들이 일어나고 있는 것이다!

원격 메시지

이미 알고 있겠지만, 한 노드에서 실행되는 액터는 다른 노드에서 실행되는 액터에 메시지를 보낼 수 있다. 이런 사실을 확인하기 위해서 우리가 5.2.5절에서 만들었던 Counter 액터를 한 노드에서 시작해보자.

클러스터는 어떻게 관리하는가?

한 컴퓨터가 다른 컴퓨터에 존재하는 코드를 실행할 수 있도록 만드는 기능은 엄청나게 강력하다. 하지만 많은 강력한 도구가 그렇듯이, 이것 또한 위험하다. 특히 보안에 관심을 기울여야 하고 클러스터 관리에 대해서도 잘 알아야 한다. 앞에서 사용했던 --cookie가 필요한 이유가 바로 여기에 있다. 얼랭 노드는 연결에 대한 요청이 똑같은 쿠키를 사용하는 노드에 한해서 요청을 수락한다. 이밖에도 얼랭은 노드 사이에서 SSL을 이용한 터널링을 구현하는 것처럼 다른 방식으로 클러스터 보안을 구현하기도 한다.

보안만이 아니다. 앞의 예제에서는 노드의 이름 안에 IP 주소를 포함시켰다. 그렇게 하면 대부분의 네트워크 구성 안에서 정상적으로 동작할 것이기 때문이다(독자들의 네트워크가 어떻게 구성되어 있을지 알 수 없기 때문에). 하지만 그렇게 하는 것은 어쩌면 (혹은 반드시) 실제 현장에서는 좋은 방법이 아닐 수도 있다.

클러스터를 설계하는 데 수반되는 미묘한 트레이드오프는 이 책의 범위를 넘어선다. 클러스터를 현장에 배포하기 전에 반드시 관련된 문서를 읽고 필요한 질문을 던져보기 바란다.

```
iex(node2@10.99.1.92)1> pid = spawn(Counter, :loop, [42])
#PID<0.51.0>
iex(node2@10.99.1.92)2> :global.register_name(:counter, pid)
:yes
```

노드를 생성한 다음에 우리는 :global.register_name()을 사용해 등록한다. 이것은
Process.register()와 비슷하지만, 해당 이름이 클러스터 전체에서 사용된다는 점에서 차이
가 있다.

이제 다른 노드에서 :global.whereis_name()을 호출해서 프로세스 식별자를 검출하고, 메
시지를 전달할 수 있다.

```
iex(node1@10.99.1.50)1> Node.connect(:"node2@10.99.1.92")
true
iex(node1@10.99.1.50)2> pid = :global.whereis_name(:counter)
#PID<7856.51.0>
iex(node1@10.99.1.50)3> send(pid, {:next})
{:next}
iex(node1@10.99.1.50)4> send(pid, {:next})
{:next}
```

물론 이런 결과는 처음 노드에 나타난다.

```
Current count: 42
Current count: 43
```

이러한 출력결과가 처음 노드의 화면에 출력된다는 점을 잘 기억해 두기 바란다.

5.4.3 분산 단어 세기

앞 장에서 보았던 위키피디아 단어 세기 프로그램을 분산 버전으로 만들어봄으로써 액터와 엘
릭서에 관련한 논의를 마무리하려고 한다. 이러한 분산 버전은 여러 개의 코어를 최대한 활용
할 것이다. 하지만 앞에서 보았던 해법과 달리, 이번 버전은 하나의 컴퓨터가 제공하는 범위를
넘어 확장되기도 하고 장애에서 회복되기도 한다.

다음은 우리가 만들려고 하는 아키텍처를 표현한 그림이다.

그림 5-3 단어 세기 프로그램의 분산 버전

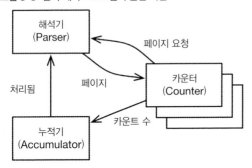

우리가 만들려고 하는 해법은 세 개의 액터로 나누어져 있다. 하나의 해석기Parser, 여러 개의 카운터Counter, 그리고 하나의 누적기Accumulator가 그들이다. 해석기는 위키피디아 데이터를 읽고 해석한다. 카운터는 페이지 안에 담긴 단어의 수를 센다. 그리고 누적기는 페이지 전체를 망라한 단어의 수를 저장한다.

카운터가 해석기에 페이지를 하나 요청하면서 프로세스가 시작된다. 카운터가 페이지를 받으면 그 안에 담긴 단어의 수를 세고 결과를 누적기에 전달한다. 끝으로 누적기는 해당 페이지가 처리되었다는 사실을 해석기에 알려준다.

우리가 이런 방식으로 설계한 이유는 곧 설명할 것이다. 우선 이것이 실제로 어떻게 구현되는지 보도록 하자. 카운터가 출발점이다.

단어 세기

Counter 모듈은 Parser에서 페이지를 받아서 단어를 세고, 그 결과를 Accumulator에 전달하는 내부 상태가 없는 간단한 액터를 구현한다. 다음은 전체 코드다.

Actors/word_count/lib/counter.ex

```
1  defmodule Counter do
-    use GenServer.Behaviour
-    def start_link do
-      :gen_server.start_link(__MODULE__, nil, [])
5    end
```

```
-     def deliver_page(pid, ref, page) do
-       :gen_server.cast(pid, {:deliver_page, ref, page})
-     end
-
10    def init(_args) do
-       Parser.request_page(self())
-       {:ok, nil}
-     end
-
15    def handle_cast({:deliver_page, ref, page}, state) do
-       Parser.request_page(self())
-
-       words = String.split(page)
-       counts = Enum.reduce(words, HashDict.new, fn(word, counts) ->
20        Dict.update(counts, word, 1, &(&1 + 1))
-       end)
-       Accumulator.deliver_counts(ref, counts)
-       {:noreply, state}
-     end
25 end
```

이 코드는 OTP 서버를 위한 평범한 패턴을 따르고 있다. (여기에서는 start_link()와 deliver_page()에 해당하는) 퍼블릭 API, 초기화(init()) 코드, 그리고 메시지 처리자 (handle_cast())가 그들이다.

각 카운터는 (11번 줄에서) 초기화를 하는 과정에서 Parser.request_page()를 호출함으로써 프로세스를 시작한다.

페이지를 받으면 counter는 (페이지를 받는 데 걸리는 지연을 최소화하기 위해서 16번 줄에서) 곧바로 다음 페이지를 호출한다. 그리고 이미 전달받은 페이지 안에서 단어를 세어 (18~21번 줄에서) counts라는 이름의 사전dictionary을 생성한다. 끝으로, 그러한 결과는 페이지와 함께 전달된 참조ref와 더불어 Accumulator에 전달된다.

다음으로 CounterSupervisor는 여러 개의 카운터를 생성하고 감시하도록 해준다.

Actors/word_count/lib/counter.ex

```
defmodule CounterSupervisor do
  use Supervisor.Behaviour
  def start_link(num_counters) do
```

```
    :supervisor.start_link(__MODULE__, num_counters)
  end
  def init(num_counters) do
    workers = Enum.map(1..num_counters, fn(n) ->
      worker(Counter, [], id: "counter#{n}")
    end)
    supervise(workers, strategy: :one_for_one)
  end
end
```

CounterSupervisor.init()은 우리가 만들고 싶은 카운터의 수를 인수로 받는데, 그 값은 workers를 만들 때 사용된다. 각 작업자가 자신만의 id를 가져야 함에 유의하기 바란다. 우리는 1..num_counters의 범위를 map 함수로 변형함으로써 필요한 id를 생성한다.

전체 값 기억하기

Accumulator 액터는 상태를 기록하는 두 개의 요소를 가지고 있다. 하나는 누적된 카운트 값을 기록하는 사전인 totals고, 다른 하나는 자신이 처리한 페이지에 대한 참조를 담고 있는 집합인 processed_pages다.

Actors/word_count/lib/accumulator.ex

```
1  defmodule Accumulator do
-    use GenServer.Behaviour
-
-    def start_link do
5      :gen_server.start_link({:global, :wc_accumulator}, __MODULE__,
-        {HashDict.new, HashSet.new}, [])
-    end
-
-    def deliver_counts(ref, counts) do
10     :gen_server.cast({:global, :wc_accumulator}, {:deliver_counts, ref, counts})
-    end
-
-    def handle_cast({:deliver_counts, ref, counts}, {totals, processed_pages}) do
-      if Set.member?(processed_pages, ref) do
15       {:noreply, {totals, processed_pages}}
-      else
-        new_totals = Dict.merge(totals, counts, fn(_k, v1, v2) -> v1 + v2 end)
-        new_processed_pages = Set.put(processed_pages, ref)
```

```
-            Parser.processed(ref)
20           {:noreply, {new_totals, new_processed_pages}}
-        end
-      end
-    end
```

(5번 줄에서) {:global, wc_accumulator}를 :gen_server.start_link()에 보냄으로써 누적기에 전역 이름을 부여한다. 이 이름은 (10번 줄에서) :gen_server.cast()를 이용해 메시지를 보낼 때 직접 사용할 수 있다.

카운트 수의 집합이 누적기에 전달되면 해당 페이지를 이미 처리한 적이 있는지 확인한다. 이렇게 하는 것이 중요한 이유와 왜 페이지를 두 번 전달받는지 등에 대해서는 곧 알게 될 것이다. 그런 적이 없으면 Dict.merge()를 이용해서 해당 페이지의 카운트를 totals에 병합시키고, Set.put()을 이용해 페이지 참조를 processed_pages에 병합시킨다. 그리고 해당 페이지가 처리되었다는 사실을 해석기에 알려준다.

해석과 장애 허용

Parser는 세 종류의 액터 중에서 가장 복잡하기 때문에 그것을 몇 개의 조각으로 나누어서 살펴본다. 우선 퍼블릭 API에 해당하는 부분이다.

Actors/word_count/lib/parser.ex

```
defmodule Parser do
  use GenServer.Behaviour

  def start_link(filename) do
    :gen_server.start_link({:global, :wc_parser}, __MODULE__, filename, [])
  end

  def request_page(pid) do
    :gen_server.cast({:global, :wc_parser}, {:request_page, pid})
  end

  def processed(ref) do
    :gen_server.cast({:global, :wc_parser}, {:processed, ref})
  end
end
```

Accumulator와 마찬가지로 Parser 레지스터는 처음 시작할 때 글로벌 이름을 등록하고, 두 개의 연산을 지원한다. 하나는 Counter가 페이지를 요청할 때 사용하는 request_page() 고, 다른 하나는 Accumulator가 페이지가 성공적으로 처리되었음을 알릴 때 사용하는 processed()이다.

다음은 두 개의 연산을 위한 메시지 처리자의 구현 내용이다.

Actors/word_count/lib/parser.ex

```
def init(filename) do
  xml_parser = Pages.start_link(filename)
  {:ok, {ListDict.new, xml_parser}}
end

def handle_cast({:request_page, pid}, {pending, xml_parser}) do
  new_pending = deliver_page(pid, pending, Pages.next(xml_parser))
  {:noreply, {new_pending, xml_parser}}
end

def handle_cast({:processed, ref}, {pending, xml_parser}) do
  new_pending = Dict.delete(pending, ref)
  {:noreply, {new_pending, xml_parser}}
end
```

Parser는 상태를 갖는 두 항목을 포함한다. 하나는 카운터에 전송되었지만 아직 끝까지 처리되지 않은 페이지에 대한 참조를 담고 있는 ListDict이고, 다른 하나는 위키피디아 데이터를 해석하기 위해서 얼랭의 xmlerl 라이브러리를 이용하는 액터인 xml_parser다(이 코드의 내용은 여기 포함하지 않는다. 관심이 있으면 부록에 있는 코드를 참고하기 바란다).[6]

:processed 메시지를 처리하는 것은 처리된 페이지를 pending에서 제거하는 정도에 불과하다. :requset_page 메시지를 처리하는 것은 XML 해석기에서 다음 페이지를 받아서 deliver_page()를 통해 전달하는 일을 포함한다.

----

6 http://www.erlang.org/doc/apps/xmerl/

```
defp deliver_page(pid, pending, page) when nil?(page) do
  if Enum.empty?(pending) do
    pending # Nothing to do
  else
    {ref, prev_page} = List.last(pending)
    Counter.deliver_page(pid, ref, prev_page)
    Dict.put(Dict.delete(pending, ref), ref, prev_page)
  end
end

defp deliver_page(pid, pending, page) do
  ref = make_ref()
  Counter.deliver_page(pid, ref, page)
  Dict.put(pending, ref, page)
end
```

deliver_page()를 구현한 코드는 우리가 아직 보지 않은 엘릭서 기능을 사용하고 있는데, 맨 처음에 있는 deliver_page() 구문 뒤에 when을 통해서 정의되는 보호 구문guard clause이 그것이다. 보호 구문은 일종의 불리언 표현이다. 함수의 구문 내용은 이러한 보호 구문이 true일 때에 한해서만 매치된다.

page가 nil이 아닌 경우를 먼저 생각해보자. 이 경우에 우리는 make_ref()를 이용해서 새로운 고유한 참조를 생성하고, 페이지를 요청한 카운터에 페이지를 전송하고, 그 페이지를 pending 사전에 추가한다.

page가 nil이면 XML 해석기가 위키피디아 데이터를 해석하는 일을 모두 마쳤음을 의미한다. 이 경우에는 pending에 있는 가장 오래된 항목을 제거하고, 그것을 전송한 다음, 그것이 가장 새로운 항목이 되도록 다시 pending에 추가한다.

이런 일을 왜 하는가? pending 상태에서 기다리고 있는 모든 페이지는 결국은 처리가 될 것이다. 그런데 이렇게 오래된 페이지를 카운터에 전달하는 이유는 무엇일까?

중요한 이유

그렇게 하는 이유는 장애 허용 기능 때문이다. 카운터가 종료하거나, 네트워크가 다운되거나, 컴퓨터에 문제가 생기거나 하면 카운터가 처리하고 있던 페이지를 다른 카운터에 전달하면 된다. 우리는 모든 페이지에 대한 참조를 모두 저장하고 있기 때문에 어느 페이지가 정상적으로 처리되었는지 알 수 있다. 그렇기 때문에 동일한 페이지가 두 번 카운트되는 일은 없다.

확실한 이해를 위해서 직접 클러스터를 하나 시작해보기 바란다. 하나의 컴퓨터에서 해석기와 누적기를 시작하라. 다른 컴퓨터(들)에서 여러 개의 카운터를 시작하라. 이제 카운터가 실행되고 있는 컴퓨터에서 네트워크 케이블을 제거하거나 혹은 그것이 실행되고 있는 가상기계를 죽이면 그 카운터는 동작을 수행하지 못하겠지만, 영향을 받지 않은 나머지 카운터들은 계속 페이지를 처리한다. 동작이 중단된 카운터가 처리하던 페이지를 포함해서 말이다.

이것은 동시적인, 분산된 개발이 갖는 장점의 예다. 보통 순차적인 프로그램, 혹은 단일 컴퓨터에서 수행되는 멀티스레드 프로그램에 커다란 문제를 야기하는 하드웨어 문제조차 이런 분산 프로그램에는 별로 영향을 주지 않는다.

5.4.4 3일 차 마무리

이것으로 3일 차 공부와 액터에 대한 이야기를 마무리하고자 한다.

3일 차에서 배운 내용

엘릭서는 노드의 클러스터를 만드는 것을 가능하게 해준다. 한 노드에서 실행되는 액터는 다른 노드에서 동작하는 액터에 동일한 노드에서 실행되는 액터에 하는 것과 똑같은 방식으로 메시지를 전달할 수 있다. 이러한 기능은 여러 대로 분산된 컴퓨터의 자원을 활용할 수 있을 뿐만 아니라, 여러 컴퓨터 중의 하나가 일으키는 장애를 손쉽게 회복할 수 있게 해준다.

3일 차 자율학습

찾아라

- 조 암스트롱의 람다잼 프레젠테이션인 "영원히 동작하며 스스로 고치고 스케일하는 시스템Systems That Run Forever Self-Heal and Scale"

- OTP 애플리케이션은 무엇인가? 그것을 컴포넌트 방식으로 설명하는 것이 더 나은 이유는 무엇인가?

- 지금까지 우리가 보았던 액터는 모두 액터가 죽으면 내부 상태도 함께 사라지도록 설계되었다. 엘릭서는 영속적인 상태를 지원하기 위해서 어떤 기능을 가지고 있는가?

수행하라

- 우리가 구현한 단어 세기 프로그램은 카운터가 죽거나, 혹은 카운터가 실행되고 있는 컴퓨터에 문제가 생겼을 때는 회복이 가능하지만, 해석기나 누적기의 문제에 대해서는 취약하다. 모든 액터와 노드에 대해서 장애 허용 기능을 갖는 버전을 구현하라.

5.5 마치며

스몰토크를 개발한 객체 지향 프로그래밍의 아버지인 앨런 케이는 객체 지향의 본질에 대해서 이렇게 말했다.[7]

> *내가 오래전에 "객체"라는 용어를 만든 것을 후회한다. 사람들을 중요하지 않은 일에 관심을 갖도록 만들었기 때문이다. 중요한 것은 "메시지"다. ... 일본어에는 "가운데 있는 무엇"을 가리키는 짧은 말-마(ma)-가 있다. 영어에서 가장 비슷한 단어로는 틈(interstitial) 정도일 것이다. 위대하고 성장 가능한 시스템을 만들 때 핵심은 객체 내부의 속성이나 행위가 아니라 각각의 모듈이 의사소통하는 방식이다.*

이 말은 액터 프로그래밍의 정수를 잘 포착하고 있다. 우리는 객체 지향 프로그래밍이 동시성 세계로 확장된 것을 액터라고 볼 수 있다. 사실 액터는 메시지와 캡슐화를 엄격하게 준수한다는 면에서 객체보다 더 객체 지향적이다.

5.5.1 장점

액터는 다양한 동시성 문제를 해결하는 데 도움이 되는 여러 기능을 가지고 있다.

메시지와 캡슐화

액터는 상태를 공유하지 않고, 다른 액터들과 동시에 실행되는 경우라도 단일 액터 내에서는 모든 것이 순차적이다. 그렇기 때문에 액터 사이에서 메시지를 주고받을 때에 한해서만 동시성과 관련된 고민을 해주면 된다.

----

7 http://c2.com/cgi/wiki?AlanKayOnMessaging

이러한 사실은 개발자에게 커다란 선물이다. 액터는 별도로 고립된 상태에서 테스트될 수 있으며, 테스트에서 사용하는 메시지를 실제로 액터에 전달되는 메시지의 타입과 순서를 제대로 반영하기만 한다면 액터는 정상적으로 동작할 것이라는 확신을 할 수 있게 해준다. 동시성과 관련된 버그가 발견되면 그것이 액터 사이에 존재하는 메시지 자체와 관련된 것이라는 사실을 쉽게 알 수 있다.

장애 허용

장애 허용 기능은 액터 프로그램이 만들어지는 순간부터 내부에 구축된다. 이러한 사실은 프로그램을 더 유연하게^{resilient} 만들 뿐만 아니라 ("크래시하도록 내버려 두라"는 철학을 통해서) 더 간결하고 명확한 코드를 만드는 것도 가능하게 해준다.

분산 프로그래밍

액터가 공유되는 메모리뿐만 아니라 분산 메모리 아키텍처도 지원한다는 사실은 몇 가지 탁월한 장점을 제공한다.

첫째, 액터 프로그램은 어떤 크기의 문제에 대해서도 적당한 수준의 규모를 제공할 수 있도록 해준다. 단일 컴퓨터 내에서 동작하는 문제로만 국한될 필요가 없다.

둘째, 지리적으로 분산해 처리해야 하는 문제에 대해서도 적절한 해법을 제공해준다. 소프트웨어를 구성하는 요소들이 서로 다른 지역적 장소에 있는 경우에도 액터는 탁월한 선택이 된다.

끝으로, 분산은 유연성과 장애 허용 기능을 제공하는 데 있어서 핵심적이다.

5.5.2 단점

액터를 이용해서 작성한 프로그램은 스레드와 잠금장치를 이용해서 만든 코드보다 디버깅이 쉽긴 하지만, 여전히 데드락과 같은 문제 그리고 (액터의 메일박스가 넘치는 것과 같이) 액터 자체의 고유한 문제에서 자유롭지 않다.

스레드와 잠금장치가 그랬던 것처럼, 액터도 병렬성에 대한 직접적인 지원은 하지 않는다. 병렬적인 해법은 동시성을 위한 구조물을 활용해서 직접 만들어야 하는데, 그렇기 때문에 비결정성이라는 유령을 함께 데리고 온다. 그리고 액터들은 서로 메시지를 주고받는 방식으로만 의사소통을 하고 상태는 공유하지 않기 때문에, 아주 미세한 병렬성 통제가 필요한 경우에는 적당한 선택이 되지 못한다.

5.5.3 다른 언어들

보통 좋은 아이디어들이 다 그렇듯이, 액터 모델도 새로운 것은 아니다. 액터 모델은 1970년대에 칼 휴이트에 의해서 처음 설명되었다. 하지만 이 모델을 대중적으로 확산시킨 언어는 의심할 여지없이 얼랭이다. 예를 들어 얼랭의 창시자인 조 암스트롱은 "크래시하도록 내버려 두라"는 철학을 만들어낸 장본인이다.

대부분의 유명한 프로그래밍 언어들은 이제 액터 라이브러리를 가지고 있다. 특히 자바나 JVM 기반의 언어들은 아카^Akka를 이용할 수 있다.[8] 아카에 대해서 더 많은 내용을 알고 싶으면 온라인으로 제공되는 보너스 장을 참고하기 바란다.[9] 거기에 스칼라를 이용하는 액터 프로그래밍이 설명되어 있다.

5.5.4 마지막 생각

액터 프로그래밍은 존재하는 여러 모델 중에서 가장 넓은 적용범위를 가지고 있는 모델이다. 동시성에 대한 지원뿐만 아니라 분산, 에러 검출, 장애 허용과 관련된 기능도 제공한다. 그렇기 때문에 오늘날 우리가 분산되어 있는 세계에서 마주하게 되는 문제를 해결하고자 할 때 이러한 모델을 활용한 프로그래밍은 매우 적합하다고 할 수 있다.

다음 장에서는 순차 프로세스 통신^communicating sequential process에 대해서 살펴보게 될 것이다. CSP는 겉으로 보면 액터와 닮았지만, 통신을 수행하는 개체가 아니라 통신을 위해서 사용되는 채널을 강조한다. 이런 사실은 우리를 액터와 매우 다른 방향으로 이끈다.

---

8 http://akka.io
9 http://media.pragprog.com/titles/pb7con/Bonus_Chapter.pdf

CHAPTER **6**

순차 프로세스 통신

자동차광은 모든 신경을 차에 쏟기 때문에 차가 지나가는 길에 대해서는 생각을 놓치기가 쉽다. 터보엔진과 자연흡기엔진 사이의 차이점, 혹은 엔진을 차체의 중앙에 놓는 방법과 앞에 놓는 방법 사이의 차이점에 대해서 논쟁하는 동안, 자동차와 관련해서 가장 중요한 길에 대해서는 완전히 잊어버리는 것이다. 원하는 장소에 어떻게 갈 것인가, 얼마나 빨리 갈 것인가는 자동차 자체가 아니라 길이 어떻게 연결되어 있는가에 의해서 결정된다.

이와 마찬가지로, 메시지 전달 시스템의 기능과 용량은 메시지를 주고받는 개체들이나 그 안에 담긴 내용이 아니라, 메시지가 전달되는 경로transport 자체에 의해서 결정된다.

이 장에서 우리는 겉으로 보기에는 액터와 많이 닮았지만 강조한 점이 다르기 때문에 사실 액터와 매우 다른 느낌을 주는 모델에 대해서 살펴볼 것이다.

6.1 의사소통이 모든 것이다

앞 장에서 보았던 것처럼, 액터 프로그램은 독립적이고 동시에 실행되며, 서로 메시지를 주고받으면서 의사소통을 하는 개체들(액터 혹은 엘릭서에서는 프로세스라고 불리는)로 구성된다. 각 액터는 전달은 되었지만 아직 처리되지 않은 메시지를 메일박스에 저장한다.

순차 프로세스 통신을 이용하는 프로그램도 이와 비슷하다. 차이점은 무엇을 강조하는가다.

CSP는 메시지를 전송하는 개체들에 초점을 맞추는 것이 아니라 메시지가 전송되는 채널 자체에 초점을 맞춘다. 채널은 1급 시민의 자격을 갖는다. 각 프로세스가 하나의 메일박스에 단단히 엮이는 대신 채널은 독자적으로 생성되고, 데이터가 쓰이고, 읽히고, 프로세스 사이에 전달될 수 있다.

함수형 프로그래밍과 액터와 마찬가지로, CSP는 새로운 르네상스를 맞이한 오래된 개념이다. CSP가 최근에 주목을 받고 있는 이유는 고^{GO} 언어[1] 때문이다. 우리는 core.async 라이브러리[2]를 살펴보는 방식으로 CSP에 대해서 공부할 것이다. 이 라이브러리는 고 언어가 구현한 동시성 모델을 클로저로 가져온 것이다.

1일 차에는 core.async가 작성되는 데 사용되는 중심 개념인 채널과 고 블록에 대해 소개할 것이다. 2일 차에는 그들을 이용해서 실제적인 예제를 만들어본다. 끝으로, 3일 차에는 core.async가 클라이언트 프로그래밍을 쉽게 만들기 위해서 클로저스크립트^{ClojureScript} 내에서 어떻게 사용되는지 살펴본다.

6.2 1일 차: 채널과 고 블록

core.async 라이브러리는 채널과 고 블록이라는 두 개의 주요한 기능을 제공한다. 고 블록은 여러 개의 동시적인 작업이 제한된 스레드 풀을 이용해서 효율적으로 동작하도록 허용한다. 하지만 그 전에 먼저 채널부터 알아보자.

---

core.async 사용하기

core.async 라이브러리는 비교적 최근에 클로저에 추가되었고, 아직 배포전^{prerelease} 버전에 머무르고 있다(따라서 내용이 달라질 수 있음에 유의하라). 그것을 이용하려면 해당 라이브러리를 프로젝트의 라이브러리에 더하고 코드에 포함^{import}시켜야 한다. 이 라이브러리에 포함된 함수 몇몇이 클로저의 핵심 라이브러리에 포함된 함수의 이름과 충돌하기 때문에 상황이 조금 복잡해졌다. 빠른 실험을 위해 이 책의 부록에 있는 채널 프로젝트를 이용해도 좋다. 거기에서는 core.

---

1 http://golang.org
2 http://clojure.com/blog/2013/06/28/clojure-core-async-channels.html

async가 다음과 같이 포함되어 있다.

CSP/channels/src/channels/core.clj

```
(ns channels.core
  (:require [clojure.core.async :as async :refer :all
            :exclude [map into reduce merge partition partition-by take]]))
```

:refer와 :all은 core.async에 있는 함수를 거의 대부분 직접 사용할 수 있도록 해주지만, (클로저의 핵심 라이브러리와 이름이 충돌하는) 일부 함수는 앞에 async/라는 접두사가 필요하다.

디렉터리를 이 채널 프로젝트로 옮기고 lein repl을 실행하면 이 정의가 포함된 REPL을 시작할 수 있다.

6.2.1 채널

채널은 스레드의 안전성을 제공하는 큐다. 이 채널에 대한 참조를 가지고 있는 작업은 모두 큐의 한 쪽 끝에 메시지를 추가할 수 있고, 다른 쪽 한 끝에서 메시지를 제거할 수 있다. 특정한 액터를 대상으로 메시지를 보내고 특정한 액터에서 매시지를 받는 액터의 경우와는 달리, 여기에서는 보내는 개체와 받는 개체가 서로에 대해서 알 필요가 없다.

chan이라는 새로운 채널을 만들어보자.

```
channels.core=> (def c (chan))
#'channels.core/c
```

>!!을 이용해 채널에 메시지를 써넣을 수 있고, <!!를 이용해 읽을 수 있다.

```
channels.core=> (thread (println "Read:" (<!! c) "from c"))
#<ManyToManyChannel clojure.core.async.impl.channels.ManyToManyChannel@78fcc563>
channels.core=> (>!! c "Hello thread")
Read: Hello thread from c
nil
```

우리는 core.async가 제공하는 편리한 thread 유틸리티 매크로를 사용하고 있다. 이름에서 알 수 있듯이, 주어진 코드를 별도의 스레드에서 실행한다. 이 스레드는 채널에서 읽은 메시지에 담긴 내용을 화면에 출력한다. 이 스레드는 우리가 〉!!를 이용해서 채널에 무언가를 써넣을 때까지 블로킹된다. 메시지를 써넣자마자 결과가 출력된다.

버퍼링

채널은 기본적으로 동시적(혹은 무버퍼^{unbuffered})이다. 그래서 채널에 무언가를 써넣는 동작은 다른 무언가가 메시지를 읽을 때까지 블로킹된다.

```
channels.core=> (thread (>!! c "Hello") (println "Write completed"))
#<ManyToManyChannel clojure.core.async.impl.channels.ManyToManyChannel@78fcc563>
channels.core=> (<!! c)
Write completed
"Hello"
```

chan에 버퍼 크기를 전달함으로써 버퍼가 내장된 버퍼 채널을 만들 수 있다.

```
channels.core=> (def bc (chan 5))
#'channels.core/bc
channels.core=> (>!! bc 0)
nil
channels.core=> (>!! bc 1)
nil
channels.core=> (close! bc)
nil
channels.core=> (<!! bc)
0
channels.core=> (<!! bc)
1
channels.core=> (<!! bc)
nil
```

이 코드는 다섯 개의 메시지를 보관하기에 충분한 크기의 버퍼를 만든다. 공간이 남아있는 한 버퍼 채널에 메시지를 써넣는 동작은 바로 리턴된다.

채널 닫기

앞의 예는 채널이 가진 또 하나의 기능을 보여주는데, 바로 close!를 통해서 채널을 닫을 수도 있다는 점이다. 이미 닫힌 텅 빈 채널에서 무언가를 읽으려고 하면 nil이 리턴된다. 닫힌 채널에 무엇을 써넣으려는 동작은 전달된 메시지를 조용히 버린다. 예상하겠지만 채널에 nil을 써넣는 동작은 에러를 발생시킨다.

```
channels.core=> (>!! (chan) nil)
IllegalArgumentException Can't put nil on channel ≪ ... ≫
```

다음은 어떤 채널이 닫힐 때까지 계속 메시지를 읽은 다음, 읽은 내용을 모두 벡터에 담아서 리턴하는 함수다.

CSP/channels/src/channels/core.clj

```
(defn readall!! [ch]
  (loop [coll []]
    (if-let [x (<!! ch)]
      (recur (conj coll x))
      coll)))
```

coll을 사용한 이 루프는 초기에는 빈 벡터 []다. 각 순차적 방문이 일어날 때마다 ch에서 어떤 값을 읽어 그 값이 nil이 아니면 coll에 더하고, 값이 nil이면(즉, 채널이 이미 닫혔다면) coll이 리턴된다.

그리고 채널과 열을 받아서 열에 담긴 내용을 모두 채널에 써넣고, 열에 더 이상 값이 없으면 채널을 닫는 writeall!이 사용되고 있다.

CSP/channels/src/channels/core.clj

```
(defn writeall!! [ch coll]
  (doseq [x coll]
    (>!! ch x))
  (close! ch))
```

이 함수가 동작하는 모습을 확인해보자.

```
channels.core=> (def ch (chan 10))
#'channels.core/ch
channels.core=> (writeall!! ch (range 0 10))
nil
channels.core=> (readall!! ch)
[0 1 2 3 4 5 6 7 8 9]
```

core.async가 이와 비슷한 유틸리티를 제공해줌으로써 우리가 이런 코드를 직접 구현하지 않
게 해준다.

```
channels.core=> (def ch (chan 10))
#'channels.core/ch
channels.core=> (onto-chan ch (range 0 10))
#<ManyToManyChannel clojure.core.async.impl.channels.ManyToManyChannel@6b16d3cf>
channels.core=> (<!! (async/into [] ch))
[0 1 2 3 4 5 6 7 8 9]
```

onto-chan 함수는 컬렉션에 담긴 내용 전체를 채널에 써넣고, 컬렉션에 더 이상 내용이 없으
면 채널을 닫는다. 그리고 async/into는 (앞 예에서 보았던 빈 벡터에 해당하는) 초기 컬렉션
과 채널을 받아서 작업을 수행하고 채널을 리턴한다. 그 채널 내부에는 채널에서 읽은 내용 전
부와 초기 컬렉션을 결합한 내용을 담은 컬렉션이 저장된다.

다음에는 버퍼 채널을 더 자세히 알아보기 위해서 이런 유틸리티들을 활용할 것이다.

꽉 찬 버퍼 전략

꽉 찬 채널 블록에 값을 써넣는 동작은 기본적으로 블로킹되지만, chan에 버퍼를 전달함으로
써 다른 전략을 선택할 수 있다.

```
channels.core=> (def dc (chan (dropping-buffer 5)))
#'channels.core/dc
channels.core=> (onto-chan dc (range 0 10))
#<ManyToManyChannel clojure.core.async.impl.channels.ManyToManyChannel@147c0def>
channels.core=> (<!! (async/into [] dc))
[0 1 2 3 4]
```

여기에서 우리는 다섯 개의 메시지를 담기에 충분한 크기의 버리는 버퍼^{dropping buffer}를 내장한 채널을 만들어 그 안에 0에서 9까지의 수를 써넣는다. 우리가 만든 채널은 10개에 달하는 메시지를 담기에는 크기가 부족하지만 블로킹되지 않는다. 그 안에 담긴 내용을 읽어보면 처음 다섯 개의 메시지만 담겨 있음을 알 수 있는데, 이는 버퍼가 꽉 찬 이후에 더해진 내용은 모두 버려졌기 때문이다.

클로저는 또한 sliding-buffer도 제공한다.

```
channels.core=> (def sc (chan (sliding-buffer 5)))
#'channels.core/sc
channels.core=> (onto-chan sc (range 0 10))
#<ManyToManyChannel clojure.core.async.impl.channels.ManyToManyChannel@3071908b>
channels.core=> (<!! (async/into [] sc))
[5 6 7 8 9]
```

앞에서 했던 것처럼 이번에도 다섯 개의 메시지를 담기에 충분한 크기의 채널을 만들었다. 하지만 이번에는 미끄러지는 버퍼^{sliding buffer}를 이용했다. 이번에는 채널에 담긴 내용을 읽었을 때 마지막에 써넣은 다섯 개가 리턴됨을 확인할 수 있다. 이는 미끄러지는 버퍼를 이용한 채널이 꽉 찬 경우에는 가장 오래된 메시지부터 버리기 때문이다. 나중에 이런 버퍼들에 대해서는 더 자세히 알아보기로 하고, 그 전에 core.async가 가진 또 하나의 주요한 기능인 고 블록에 대해서 살펴보자.

자동적으로 크기가 커지는 버퍼는 없다고?

우리는 지금까지 core.async가 제공하는 버퍼의 세 종류인 블로킹 버퍼, 버리는 버퍼, 그리고 미끄러지는 버퍼를 모두 살펴보았다. 더 많은 메시지를 담을 필요가 있을 때에는 단순히 버퍼 크기를 늘리는 것도 얼마든지 가능할 것이다. 그렇다면 표준 라이브러리에 그런 버퍼가 포함되지 않은 이유는 무엇인가?

그것은 바로 오래된 교훈 때문이다. "끝이 없는" 것처럼 보이는 자원이 있다고 해도 조만간 그 자원은 모두 사용되고 말 것이다. 그렇게 되는 이유는 프로그램 자체가 훨씬 커다란 문제를 해결하기 위해서 사용되기 때문일 수도 있고, 버퍼에 저장되는 데이터를 소비해야 하는 코드에 버그가 있어서 버퍼에 데이터가 무한히 쌓이기 때문일 수도 있다.

버퍼 크기가 더 이상 커질 수 없는 상황에 대한 고민을 지금은 피할 수 있다고 해도, 결국은 미래의 어느 시점에서 피해가 막심하고, 이해하기 어렵고, 진단하기도 어려운 버그를 낳을 수밖에 없다. 사실 어떤 프로세스의 메일박스를 꽉 차게 만드는 것은 얼랭 시스템이 완전히 붕괴하도록 만드는 몇 개 되지 않는 방법이다.[3] 꽉 찬 버퍼를 어떻게 처리할지에 대해서 오늘 충분히 고민해서 미래에는 이런 문제가 생기지 않도록 싹을 잘라야 한다.

6.2.2 고 블록

스레드는 생성하는 데 따르는 비용도 들고 일반적인 오버헤드도 가진다. 그렇기 때문에 현대적인 프로그램은 스레드를 직접 만들지 않고 대신 스레드 풀을 이용한다(2.4.1절 참조). 사실 앞에서 사용한 thread 매크로는 배후에서 CachedThreadPool을 사용하고 있다.

그렇지만 스레드 풀은 사용이 그리 편하지 않다. 특히 우리가 실행하려는 코드가 블로킹될 수 있는 코드라면 스레드 풀에 문제를 야기할 수 있다.

블로킹에 수반되는 문제

스레드 풀은 CPU 중심의 업무를 다루는 훌륭한 방법이다. 어떤 스레드가 업무에 할당되어 잠시 동작을 수행한 다음 재사용을 위해서 다시 풀에 되돌려진다. 하지만 그러한 작업이 스레드 사이의 의사소통을 수반하는 경우라면 어떻게 하는가? 스레드가 블로킹하도록 만드는 것은 업무와 스레드가 지나치게 오래 엮이도록 만들기 때문에 스레드 풀을 사용하는 데 따르는 장점을 실질적으로 사라지게 한다.

이러한 상황을 피할 수 있는 방법이 있긴 하지만, 그런 방법은 대개 코드를 수정해서 사건 중심event-driven으로 만드는 과정을 수반한다. 그것은 UI 프로그래밍이나 최근에 사용되는 사건 활용evented 서버를 대상으로 프로그래밍을 수행한 사람이라면 익숙한 프로그래밍 스타일일 것이다.

---

3 http://prog21.dadgum.com/43.html

이렇게 하면 어느 정도 필요한 동작은 수행할 수 있지만, 통제의 자연스러운 흐름이 망가지고 코드를 읽고 이해하는 것도 어려워진다. 또한 사건 처리자들이 나중에 사용하기 위해서 데이터를 저장하는 등 전역 상태global state가 남용될 수도 있다. 앞에서 보았지만, 상태와 동시성은 서로 어울리지 않는다.

고 블록은 이러한 두 개의 장점만 취하는 대안을 제공한다. 고 블록을 사용하면 사건 중심 코드가 가진 효율성을 추구하되 코드의 구조나 가독성을 해치지 않는 것이 가능하다. 눈에 보이지 않는 배후에서 순차적인 코드를 사건 중심 코드로 재작성하는 것이다.

제어의 역전

다른 리스프 언어와 마찬가지로, 클로저는 강력한 매크로 시스템을 제공한다. 다른 언어의 매크로 시스템(예를 들어 C/C++의 선행처리기 매크로)에 익숙하다면 리스프 매크로는 극적인 코드 변형을 수행하는 마법처럼 보일 수도 있다. 특히 go 매크로는 정말 마술 같다.

고 블록 내부에서 작성된 코드는 하나의 상태기계로 전환된다. 채널에서 값을 읽거나 값을 써 넣을 때 블로킹되는 대신, 상태기계는 자기가 쥐고 있던 스레드에 대한 통제를 포기하고 구석에 주차park한다. 다음 실행 순서가 돌아오면 상태를 전이시키고 원래 하던 일을 다른 스레드에서 계속 수행한다.

이것은 제어의 역전에 해당한다. core.async 런타임이 많은 고 블록을 묶은 다음, 스레드 풀을 이용해서 가장 효율적인 방식으로 수행하도록 맡기는 것이다. 이것이 얼마나 효율적인지는 곧 보게 될 것이다. 우선 예를 하나 살펴보자.

주차하기

다음은 go가 동작하는 간단한 예다.

```
channels.core=> (def ch (chan))
#'channels.core/ch
channels.core=> (go
      #_=> (let [x (<! ch)
      #_=>       y (<! ch)]
      #_=>   (println "Sum:" (+ x y))))
```

```
#<ManyToManyChannel clojure.core.async.impl.channels.ManyToManyChannel@13ac7b98>
channels.core=> (>!! ch 3)
nil
channels.core=> (>!! ch 4)
nil
Sum: 7
```

우선 ch라는 채널을 만든다. 이 채널에는 두 개의 값을 읽는 고 블록이 있고, 그 값들의 합을 출력하는 코드가 뒤를 따른다. 이 고 블록이 채널에서 값을 읽을 때 블로킹되어야 정상인 것처럼 보이지만, 무언가 재밌는 일이 벌어진다.

채널에서는 값을 읽기 위해서 <!!를 사용하는 대신 고 블록에서는 <!을 사용한다. 느낌표(!)를 하나만 사용하면 이것은 채널을 읽는 동작이 블로킹되는 버전이 아니라 주차되는 버전임을 나타낸다. 마찬가지로 >!은 블로킹 버전인 >!!와 달리 주차되는 버전을 나타낸다.

go 매크로는 세 개의 상태를 가지고 이 순차적인 코드를 상태기계로 전환한다.

그림 6-1 go 매크로

1 초기 상태는 ch에서 읽을 값이 나타나기를 기다리며 바로 주차된다. 주차가 되면 상태는 2번 단계로 넘어간다.

2 상태기계는 ch에서 읽은 값을 x에 바인딩하고 채널에서 읽을 값이 나타나기를 기다리며 다시 주차된다. 그리고 상태는 3번 단계로 넘어간다.

3 끝으로, ch에서 읽은 값을 y에 바인딩하고, 메시지를 출력하고, 모든 것을 종료한다.

고 블록 내에서 일부러 블로킹 동작을 수행하면 어떻게 되는가?

<!!처럼 블로킹되는 동작을 고 블록 내에서 수행하면 해당 고 블록을 수행하는 스레드가 블로킹되도록 만들 수 있다. 이런 코드는 아마 정상적으로 동작을 수행하겠지만, (물론 너무 많은 스레드가 블로킹되도록 만들면 사용할 수 있는 스레드가 더 이상 없게 되어 데드락과 다름없는 상황이 될 수도 있지만) 그렇게 하는 것은 고 블록을 사용하는 목적 자체에 어긋난다. 이런 실수를 해도 경고는 발생되지 않지만, 이런 실수를 저지르지 않도록 스스로 조심할 필요가 있다.

다행히도 이와 반대되는 실수를 저지를 경우에는 다음과 같이 적절한 경고가 주어진다.

```
channels.core=> (<! ch)
AssertionError Assert failed: <! used not in (go ...) block
nil clojure.core.async/<! (async.clj:83)
```

고 블록은 값싸다

go 매크로를 둘러싼 아이디어의 핵심은 효율성에 있다. (스레드와 달리) 고 블록은 값이 싸기 때문에 자원을 소진시키지 않으면서도 수많은 고 블록을 원하는 만큼 만들 수 있다. 이것이 사소한 장점인 것처럼 보일지 몰라도 아무런 걱정 없이 동시적인 업무를 마음껏 만들 수 있다는 점에서 혁신적인 것이다.

go가 (그리고 thread가) 채널을 리턴하고 있다는 사실을 눈치챘을 것이다. 이 채널은 고 블록이 최종적으로 종료할 때 써넣을 내용을 담는다.

```
channels.core=> (<!! (go (+ 3 4)))
7
```

이러한 사실을 이용해서 엄청나게 많은 수의 고 블록을 생성하는 작은 함수를 만들 수 있으므로 고 블록이 얼마나 값싼 구조물인지 보게 될 것이다.

CSP/channels/src/channels/core.clj

```
(defn go-add [x y]
  (<!! (nth (iterate #(go (inc (<! %))) (go x)) y)))
```

"세상에서 가장 비효율적인 더하기 함수"라는 상을 받아도 좋을 이 함수는 인수로 전달되는 값을 1만큼 증가시키는 고 블록을 y개 만들어서 파이프라인으로 만들고, 그들을 하나씩 순차적으로 방문하면서 x를 y에 더한다.

이것이 어떻게 동작하는지 확인하기 위해서 한 단계씩 살펴보기로 하자.

1 #(go (inc (<! %)))라는 익명 함수는 고 블록을 하나 만든다. 그 고 블록은 단일 채널을 인수로 받아들이고, 전달된 채널에서 하나의 값을 읽고, 그 값보다 1만큼 증가된 값을 담고 있는 채널을 리턴한다.

2 위에서 만든 함수는 초깃값인 (go x)와 함께 iterate에 전달된다(이것은 x라는 값을 포함하는 채널이다). iterate가 (x (f x) (f (f x)) (f (f (f x))) …)라는 형태의 게으른 열을 리턴한다는 사실을 기억하라.

3 nth를 이용해 이 열에서 y번째 요소의 값을 읽는다. 앞의 내용에 따르면 그 요소의 값은 x를 y번 증가시킨 값을 담고 있는 채널이다.

4 끝으로, 〈!!을 이용해서 그 채널의 값을 읽는다.

이 코드가 실제로 동작하는 모습을 보자.

```
channels.core=> (time (go-add 10 10))
"Elapsed time: 1.935 msecs"
20
channels.core=> (time (go-add 10 1000))
"Elapsed time: 5.311 msecs"
1010
channels.core=> (time (go-add 10 100000))
"Elapsed time: 734.91 msecs"
100010
```

이 코드는 100,000개의 고 블록을 생성하고 3/4초 만에 동작을 완료한다. 이것이 고 블록이 엘릭서 프로세스에 비해 선호되는 이유다. 클로저가 JVM에서 동작하는 데 비해 엘릭서는 효율적인 동시성을 염두에 두고 설계된 얼랭 가상기계에서 동작한다는 사실을 고려하면 이것은 매우 인상적인 결과다.

채널과 고 블록이 동작하는 모습을 모두 살펴보았으므로, 그들이 채널에서 복잡한 동작을 수행하기 위해서 어떻게 결합되는지 알아보도록 하자.

6.2.3 채널에서의 동작

채널이 열^sequence과 비슷한 점이 많아 보인다고 생각할 것이다. 열과 마찬가지로 채널은 값들이 순서대로 정렬되어 있는 집합을 나타낸다. 열에서 처럼 우리는 map, filter 등과 같이 채널에 담긴 내용을 대상으로 작업을 수행하는 고계 함수를 정의할 수 있다. 또한 그런 함수를 연결해서 합성 연산^composite operation을 만들 수 있다.

채널에서 맵 수행하기

다음은 채널중심의 map 함수다.

CSP/channels/src/channels/core.clj

```
(defn map-chan [f from]
  (let [to (chan)]
    (go-loop []
      (when-let [x (<! from)]
        (>! to (f x))
        (recur))
      (close! to))
    to))
```

이것은 (f) 함수와 (from) 소스 채널을 받아들인다. 우선 (to) 목적지에 해당하는 채널을 만든다. 이 채널이 나중에 함수에서 리턴되는 값이다. 물론 그 전에 우리는 go-loop를 통해서 (go (loop …))와 동일한 유틸리티 함수에 해당하는 고 블록을 하나 생성한다. 루프의 본문은 from에서 값을 읽기 위해 when-let을 사용한 다음, 읽은 값을 x에 바인딩한다. x가 null이 아니면 when-let의 본문이 실행되고, (f x)가 to에 써넣어지고, 루프가 다시 실행된다. x가 null이면 to 채널이 닫힌다.

이 함수를 실행한 모습이다.

```
channels.core=> (def ch (chan 10))
#'channels.core/ch
channels.core=> (def mapped (map-chan (partial * 2) ch))
#'channels.core/mapped
channels.core=> (onto-chan ch (range 0 10))
#<ManyToManyChannel clojure.core.async.impl.channels.ManyToManyChannel@9f3d43e>
channels.core=> (<!! (async/into [] mapped))
[0 2 4 6 8 10 12 14 16 18]
```

예상대로 core.async는 map<이라는 자신만의 map-chan 버전을 제공한다. 그리고 filter<라는 채널중심의 filter 함수, mapcat<이라는 채널중심의 mapcat 함수도 있다. 이러한 함수들이 결합되어 채널의 연결을 생성할 수도 있다.

```
channels.core=> (def ch (to-chan (range 0 10)))
#'channels.core/ch
channels.core=> (<!! (async/into [] (map< (partial * 2) (filter< even? ch))))
[0 4 8 12 16]
```

위의 코드는 core.async의 또 다른 유틸리티 함수인 to-chan을 사용하는데, 이것은 채널을 만들고, 어떤 열에 담긴 내용을 써넣고, 열에 더 이상 값이 없으면 채널을 닫는 함수다.

이제 1일 차를 마치기 전에 잠깐 재밌는 내용이 있다.

동시적인 에라토스테네스의 체

다음은 에라토스테네스의 체를 동시적인 버전으로 구현한 것이다. get-primes 함수는 limit에 이르기까지 존재하는 모든 소수를 담은 채널을 리턴한다.

CSP/Sieve/src/sieve/core.clj

```
(defn factor? [x y]
  (zero? (mod y x)))

(defn get-primes [limit]
  (let [primes (chan)
        numbers (to-chan (range 2 limit))]
    (go-loop [ch numbers]
      (when-let [prime (<! ch)]
        (>! primes prime)
        (recur (remove< (partial factor? prime) ch)))
      (close! primes))
    primes))
```

(비록 독자들 스스로 해보기를 권장하는 바이지만, 그리고 이제 여러분은 그렇게 할 수 있는 준비가 모두 되었지만) 이 코드가 어떻게 동작하는지에 대해서는 곧 살펴볼 것이다. 우선 이 코드가 우리가 생각하는 대로 동작한다는 사실을 증명해보자.

다음 main 함수는 get-primes를 호출하고 리턴되는 채널에 담긴 값을 화면에 출력한다.

```clojure
(defn -main [limit]
  (let [primes (get-primes (edn/read-string limit))]
    (loop []
      (when-let [prime (<!! primes)]
        (println prime)
        (recur)))))
```

다음은 코드를 실행한 결과다.

```
$ lein run 100000
2
3
5
7
11
⋮
99971
99989
99991
```

이제 get-primes가 어떻게 동작하는지 살펴보자. 그것은 우선 primes라는 채널을 만드는데, 이 채널은 함수의 마지막 부분에서 리턴된다. 채널을 만든 다음에는 루프에 진입한다. ch는 처음에는 to-chan을 이용해서 2부터 limit에 이르는 수를 모두 담고 있는 numbers라는 채널에 바인딩되어 있다.

루프는 ch에서 첫째 항목을 읽는다. 그것은 소수다(왜 그런지는 곧 알게 될 것이다). 따라서 첫째 항목이 primes에 쓰여진다. 그 다음 다시 루프를 도는데, 이번에는 ch가 (remove⟨ (partial factor? prime) ch)의 결과에 바인딩되어 있다.

remove⟨ 함수는 filter⟨ 함수와 비슷하다. 다만 주어진 불리언 함수의 결과가 false에 해당하는 값만 적혀있는 채널을 리턴한다는 점에서 차이가 있다. 그렇기 때문에 여기에서는 우리가 방금 소수로 판별한 수를 제거한 모든 값을 담고 있는 채널을 만든다.

따라서 get-primes는 채널의 파이프라인을 생성한다. 첫 번째는 2에서 limit에 달하는 수를 모두 담고 있다. 두 번째는 2의 배수가 제거된 수를 담는다. 세 번째는 3의 배수가 제거된 수를 담는다. 이런 과정은 [그림 6-2]에서 보는 바와 같이 계속 이어진다.

그림 6-2 에라토스테네스의 체의 동시적인 버전

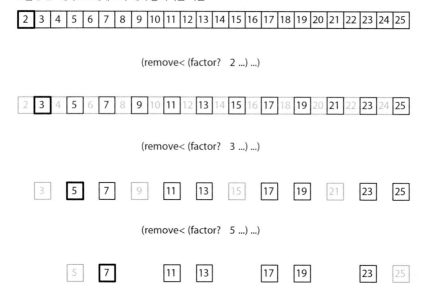

병렬적으로 수행되는 소수의 체를 구현하는 데 이것이 최선의 방법이라고 말할 생각은 없다. 그렇다고 말하기에는 채널이 너무 많다. 하지만 이 코드는 채널이 어떻게 자유롭게 결합되어 임의의 의사소통 패턴을 만들어낼 수 있는지 보여주기에는 적합하다.

6.2.4 1일 차 마무리

1일 차는 이렇고 마무리하고, 2일 차에서는 둘 이상의 채널에서 값을 읽는 방법, 채널과 고 블록을 이용해서 IO-중심의 프로그램을 작성하는 방법에 대해서 살펴볼 것이다.

1일 차에서 배운 내용

core.async의 두 축은 채널과 고 블록이다.

- 채널은 기본적으로 동기적(그리고 무버퍼)이다. 채널에 값을 쓰는 동작은 읽을 내용이 생길 때까지 블로킹된다.

- 채널은 버퍼를 내장할 수 있다. 다양한 버퍼링 전략은 우리에게 꽉 찬 버퍼를 어떻게 다룰지 결정할 수 있도록 해준다. 단순히 블로킹할 수도 있고, (미끄러지는 버퍼처럼) 가장 오래된 값을 버릴 수도 있고, 혹은 (버리는 버퍼처럼) 가장 최근에 추가되는 값을 버릴 수도 있다.

- 고 블록은 순차적인 코드를 상태기계로 전환하기 위해서 제어의 역전을 활용한다. 고 블록은 단순히 블로킹되

는 대신 자신을 실행하던 스레드가 다른 고 블록을 실행하는 데 사용될 수 있도록 동작을 멈추고 주차될[parked] 수 있다.

- 채널 연산 중에서 블로킹되는 버전은 두 개의 느낌표(‼)와 함께 끝나고, 주차되는 버전은 느낌표 하나(!)로 끝난다.

1일 차 자율학습

찾아라

- core.async 문서
- 티모시 발드리지의 "핵심 비동기 고 매크로 내부[Core Async Go Macro Internals]" 스크린캐스트, 혹은 휴이 피터슨의 "core.async의 상태기계" 블로그 포스트 모두 go 매크로가 어떻게 제어의 역전을 구현하고 있는지 설명한다.

수행하라

- 우리가 구현한 map–chan은 동기적(무버퍼) 채널을 만들어 리턴했다. 버퍼를 내장한 채널을 사용한다면 어떤 일이 일어날까? 어느 쪽이 선호되는가? (그런 경우가 있다면) 어떤 상황에서 버퍼 채널이 더 적당한 선택이 되는가?
- core.async는 map⟨만이 아니라 map⟩도 제공한다. 둘은 어떻게 다른가? 자신만의 map⟩ 버전을 작성해보라. 어느 상황에서 어떤 것을 사용할 것인가?
- (클로저의 pmap 혹은 엘릭서에서 우리가 만든 병렬 map 함수와 비슷한) 채널에 기반을 둔 병렬 맵 버전을 만들어라.

6.3 2일 차: 여러 개의 채널과 IO

이제부터 core.async가 비동기적인 IO를 더 간단하고 이해하기 쉽게 만드는 방법에 대해서 살펴볼 것이다. 그 전에 아직 앞에서 보지 않았던 기능 – 여러 개의 채널을 한꺼번에 다루는 기능에 대해서 알아보자.

6.3.1 여러 채널 다루기

지금까지 우리는 한 번에 하나의 채널만 다루었다. 하지만 반드시 그렇게 해야 할 이유가 없다. alt! 함수는 둘 이상의 채널을 다룰 수 있는 코드를 작성할 수 있게 해준다.

```
channels.core=> (def ch1 (chan))
#'channels.core/ch1
channels.core=> (def ch2 (chan))
#'channels.core/ch2
channels.core=> (go-loop []
        #_=> (alt!
        #_=>   ch1 ([x] (println "Read" x "from channel 1"))
        #_=>   ch2 ([x] (println "Twice" x "is" (* x 2))))
        #_=> (recur))
#<ManyToManyChannel clojure.core.async.impl.channels.ManyToManyChannel@d8fd215>
channels.core=> (>!! ch1 "foo")
Read foo from channel 1
nil
channels.core=> (>!! ch2 21)
Twice 21 is 42
nil
```

여기에서 우리는 ch1과 ch2라는 두 개의 채널을 만들었다. 그 다음 무한히 반복되는 루프를 실행하면서 alt!를 이용해 두 채널에서 값을 읽는 고 블록을 생성했다. ch1에서 읽을 내용이 준비되면 그 값이 출력되고, ch2에서 읽을 내용이 준비되면 그 값이 두 배가 되어 출력된다.

alt! 매크로가 인수의 쌍을 받아들이는데, 쌍의 첫 번째는 채널이고 두 번째는 채널에서 읽을 내용이 준비되면 실행되는 코드에 해당한다. 우리의 예에서 그 코드는 익명 함수와 비슷하다. 채널에서 읽힌 값은 x에 바인딩되고, 그 다음으로 println이 실행된다. 하지만 fn으로 시작하지 않기 때문에 익명 함수가 아니다.

이것은 클로저의 매크로 시스템이 마법처럼 보이는 예다. alt!는 코드를 간결하게 작성하는 것을 가능하게 해주면서, 동시에 익명 함수를 사용하는 것보다 더 효율적인 코드를 만들 수 있게 해준다.

여러 채널에 값을 쓰는 것은 어떤가?

우리는 alt! 매크로의 겉만 살펴보았을 뿐이다. 채널에서 값을 읽는 것만이 아니라 여러 채널에 값을 쓰는 것도 가능하고, 심지어 읽기와 쓰기를 혼용하는 것도 가능하다. 이 책에서는 이러한 기능을 사용하지 않겠지만, alt!에 대해서 더 많이 알고 싶으면 관련된 문서를 읽어보는 것도 좋다.

타임아웃

timeout 함수는 명시한 밀리초만큼이 흐르면 자동으로 닫히는 채널을 리턴한다.

```
channels.core=> (time (<!! (timeout 10000)))
"Elapsed time: 10001.662 msecs"
nil
```

이것은 다음 예와 같이 채널의 동작이 타임아웃 값을 갖도록 alt!와 결합되어 사용될 수 있다.

```
channels.core=> (def ch (chan))
#'channels.core/ch
channels.core=> (let [t (timeout 10000)]
        #_=>   (go (alt!
        #_=>     ch ([x] (println "Read" x "from channel"))
        #_=>     t (println "Timed out"))))
#<ManyToManyChannel clojure.core.async.impl.channels.ManyToManyChannel@28134be9>
channels.core=>
Timed out
```

타임아웃이라는 개념은 새로운 것이 아니다. 하지만 이렇게 타임아웃이 구체화[reified](구체적인 개체로 표현되는)되도록 만드는 기능은 믿을 수 없을 정도로 강력하다.

구체화 타임아웃

대부분의 시스템은 하나의 요청에 대해서 타임아웃을 지원한다. 예를 들어 자바의 URLConnection 클래스는 setReadTimeout() 메서드를 제공한다. 서버가 밀리초의 주어진 시간 안에 응답하지 않으면 read()는 IOException을 발생시킨다.

하나의 요청을 수행하는 경우에는 이런 기능이면 충분하지만, 여러 개의 연결을 하나로 묶어서 그들이 전체적으로 소비하는 시간에 대해서 제한을 주고 싶다면 어떻게 하는가? 연결마다 타임아웃을 설정하는 것은 별로 도움이 되지 않는다. 구체화 타임아웃[Reified Timeout]은 바로 이럴 때 도움을 준다. 한 개의 타임아웃을 만든 다음, 열에 담긴 각각의 연결마다 그 타임아웃을 전달한다.

이것이 실제로 동작하는 모습을 보기 위해, 앞에서 보았던 에라토스테네스의 체 코드를 약간 수정해보자. 숫자로 된 상한 값을 취하는 대신 초로 표현되는 일정한 시간 내에 생성할 수 있는 소수를 최대한 생성하는 코드다.

get-primes를 수정해서 소수를 영원히 생성하도록 만든다.

CSP/SieveTimeout/src/sieve/core.clj

```
(defn get-primes []
  (let [primes (chan)
►       numbers (to-chan (iterate inc 2))]
    (go-loop [ch numbers]
      (when-let [prime (<! ch)]
        (>! primes prime)
        (recur (remove< (partial factor? prime) ch)))
      (close! primes))
    primes))
```

이제 초기의 채널이 (range 2 limit)으로 생성되는 대신 무한한 열인 (iterate inc 2)를 사용한다.

다음은 이것을 호출하는 방법이다.

CSP/SieveTimeout/src/sieve/core.clj

```
(defn -main [seconds]
  (let [primes (get-primes)
►       limit (timeout (* (edn/read-string seconds) 1000))]
    (loop []
►     (alt!! :priority true
►       limit nil
►       primes ([prime] (println prime) (recur))))))
```

여기에서는 alt!!를 사용하고 있는데, 예상하는 바와 같이 그것은 alt!의 블로킹되는 버전이다. 이것은 새로운 소수가 준비되거나 혹은 limit이 타임아웃이 되기까지 블로킹된다. :priority true 옵션은 alt!!에 전달되는 구문이 순서대로 평가되는 것을 보장한다. (기본적으로 두 개의 구문이 전달되면 비결정적인 방식으로 하나가 선택된다.) 이 코드는 (그럴 가능성은 매우 낮지만) 소수가 생성되는 동작이 너무 빠르게 일어나서 타임아웃 구문이 평가될 기회를 얻기 전에 계속 소수가 생성되는 상황을 방지한다. 이것은 우리가 해결하고자 하는 문제를 나타내는 아주 자연스런 방법이다. 요청 하나당 타임아웃이 설정되는 경우에 비한다면 훨씬 자연스럽다.

다음 절에서 우리는 폴링polling처럼 흔히 사용되는 사례를 위한 유틸리티를 만들 것이다. 그렇게 하기 위해서 클로저의 매크로 시스템과 함께 타임아웃을 사용할 것이다.

6.3.2 비동기적인 폴링

우리는 RSS 리더를 구현할 것이다. 그런 시스템은 여러 기능이 필요하지만, 특히 관찰 중인 서버에 새로운 기사가 올라왔는지를 감지하기 위한 주기적 요청(poll)을 수행해야 한다. 이 절에서 우리는 클로저의 매크로 지원 기능과 함께 타임아웃을 활용해서 그런 기능을 효율적으로 만들어주고, 또한 비동기적인 주기적 요청을 수행하는 것을 지극히 쉬운 일로 만들어주는 유틸리티를 구현할 것이다.

폴링 함수

앞에서 보았던 timeout 함수는 폴링을 구현하기 위해서 필요한 기능이다. 다음은 초로 표현된 폴링 주기, 그리고 정기적으로 수행되어야 하는 함수를 인수로 받아들이는 함수다.

CSP/Polling/src/polling/core.clj

```
(defn poll-fn [interval action]
  (let [seconds (* interval 1000)]
    (go (while true
          (action)
          (<! (timeout seconds))))))
```

이 코드는 매우 간단하면서, 정확히 우리가 기대하는 대로 동작한다.

```
polling.core=> (poll-fn 10 #(println "Polling at:" (System/currentTimeMillis)))
#<ManyToManyChannel clojure.core.async.impl.channels.ManyToManyChannel@6e624159>
polling.core=>
Polling at: 1388827086165
Polling at: 1388827096166
Polling at: 1388827106168
  ⋮
```

하지만 문제가 있다. poll-fn이 인수로 전달된 함수를 고 블록 내부에서 호출하고 있으므로 해당 함수 자체가 (블로킹하는 것이 아니라) 주차하는 함수를 호출할 수 있을 것이라고 생각하기가 쉽다. 하지만 실제로 그렇게 했을 때 어떤 일이 일어나는지 보자.

```
polling.core=> (def ch (to-chan (iterate inc 0)))
#'polling.core/ch
polling.core=> (poll-fn 10 #(println "Read:" (<! ch)))
Exception in thread "async-dispatch-1" java.lang.AssertionError:
  Assert failed: <! used not in (go ...) block
nil
```

문제는 주차하는 호출이 고 블록 내에서 직접적으로 일어나야 한다는 점이다. 그렇지 않으면 클로저의 매크로 시스템이 마법을 부릴 수 없게 된다.

폴링 매크로

이런 상황에 대한 해법은 우리의 폴링 유틸리티를 함수 대신 매크로를 이용해서 작성하는 것이다.

CSP/Polling/src/polling/core.clj

```
(defmacro poll [interval & body]
  `(let [seconds# (* ~interval 1000)]
     (go (while true
           (do ~@body)
           (<! (timeout seconds#))))))
```

클로저의 매크로 자체에 대해서는 자세히 논의할 수 없으므로, 이런 내용의 대부분은 그냥 받아들이는 수밖에 없다. poll이 확장된 모습을 곧 보게 될 것이다. 여기서는 이 코드가 어떻게 동작하는지 이해하는 데 도움이 되는 포인트 몇 가지만 짚고 넘어가도록 하자.

- 매크로는 직접 컴파일되는 것이 아니라 컴파일될 코드를 리턴한다.
- 역따옴표(`)는 문법 인용 연산자다. 이것은 소스 코드를 받아서 그것을 실행하는 대신 나중에 컴파일될 수 있는 표현을 리턴한다.

- 코드 내에서 매크로에 전달된 인수를 참조하기 위해 ~ (unquote) 연산자와 ~@ (unquote splice) 연산자를 사용할 수 있다.
- # (auto-gensym) 접미사는 클로저가 자동적으로 고유한 이름을 생성해야 한다는 것을 알려준다(매크로에 전달된 코드에 사용되는 다른 어떤 이름과도 충돌하지 않음을 보장한다).

이제 코드가 실제로 동작하는 모습을 보자.

```
polling.core => (poll 10
          #_=>    (println "Polling at:" (System/currentTimeMillis))
          #_=>    (println (<! ch)))
#<ManyToManyChannel clojure.core.async.impl.channels.ManyToManyChannel@1bec079e>
polling.core=>
Polling at: 1388829368011
0
Polling at: 1388829378018
1
  ⋮
```

매크로는 컴파일 시간에 확장되기 때문에 poll에 전달된 코드는 인라인^{inlined} 처리되어 poll의 고 블록 내에 직접 포함되었다. 즉, 이제는 주차하는 호출을 수행하는 코드를 전달할 수 있게 되었다는 뜻이다. 하지만 매크로를 사용하는 장점은 여기에서 그치지 않는다. 함수가 아니라 한 조각의 코드를 전달하기 때문에 문법 자체가 훨씬 자연스럽다. 즉 익명 함수를 만들 필요가 없는 것이다. 사실 우리는 지금 우리 만의 통제 구조를 만든 셈이다.

매크로 확장을 살펴봄으로써 poll에 의해서 생성된 코드를 검사할 수 있다.

```
polling.core => (macroexpand-1
          #_=>   '(poll 10
          #_=>      (println "Polling at:" (System/currentTimeMillis))
          #_=>      (println (<! ch))))
(clojure.core/let [seconds__2691__auto__ (clojure.core/* 10 1000)]
  (clojure.core.async/go
    (clojure.core/while true
      (do
        (println "Polling at:" (System/currentTimeMillis))
        (println (<! ch)))
      (clojure.core.async/<! (clojure.core.async/timeout seconds__2691__
                          auto__)))))
```

macroexpand-1의 출력을 읽기 편하게 하기 위해서 약간 수정했다. 이 결과를 보면 poll에 전달된 코드가 매크로 자체 내부에 있는 코드로 어떻게 이어졌는지[spliced], 그리고 seconds!#가 어떻게 고유한 이름으로 전환되었는지 알 수 있다(이것이 왜 중요한지 이유를 생각해보려면 poll에 전달된 코드가 다른 의미를 위해서 seconds라는 단어를 사용한 점을 보라).

다음 절에서는 poll 매크로를 실제로 사용할 것이다.

6.3.3 비동기적인 IO

IO는 비동기적인 방식이 빛을 발하는 영역이다. 비동기적인 IO는 연결마다 하나의 스레드를 갖도록 하는 전통적인 방법 대신, 여러 동작을 한꺼번에 시작한 다음 어느 것이든 데이터가 준비되었을 때 통보해오는 것을 가능하게 한다. 이런 것이 강력한 방법이긴 하지만, 콜백을 호출하는 코드가 온통 콜백으로 뒤덮이게 만드는 것을 비롯해서 여러 문제에 직면하게 된다. 이 절에서 우리는 core.async가 이런 문제를 어떻게 쉽게 해결하는지 살펴볼 것이다.

앞에서 보았던 단어 세기 프로그램과 비슷하게, 여기에서는 몇 개의 뉴스 공급자를 관찰하다가 새로운 기사가 올라오면 그 안에 담긴 단어의 수를 헤아리는 RSS 리더를 만들 것이다. 이들을 채널에 의해서 연결된 동시적인 고 블록의 파이프라인으로 구현한다.

1 가장 낮은 수준의 고 블록은 60초마다 한 번씩 요청을 보내는 방식으로, 하나의 뉴스 공급자를 관찰한다. 전송된 XML을 해석한 다음 뉴스 기사에 담긴 링크를 추출해서 다음 파이프라인에 공급한다.

2 고 블록은 특정한 뉴스 공급자에게서 검출된 기사 전체의 리스트를 관리한다. 새로운 기사를 만날 때마다 그 기사의 URL을 파이프라인에 전달한다.

3 고 블록은 뉴스 기사를 차례로 검색하고, 그 안에 담긴 단어의 수를 세고, 결괏값을 파이프라인에 전달한다.

4 여러 개의 뉴스 공급자에게서 발생하는 카운트를 하나의 채널에 병합한다.

5 가장 상위의 고 블록은 이 병합된 채널을 관찰하고, 새로운 카운트가 전달될 때마다 그것을 화면에 출력한다.

이러한 구조는 [그림 6-3] RSS 리더의 구조에 잘 나타나 있다.

이미 존재하는 비동기적 IO 라이브러리를 어떻게 core.async에 통합시키는지 살펴보도록 하자.

그림 6-3 RSS 리더의 구조

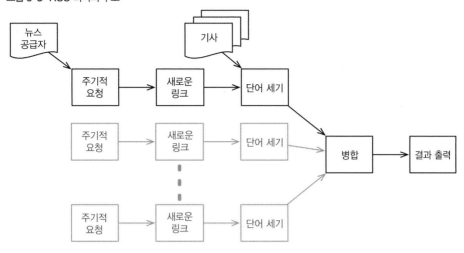

콜백에서 채널로

우리는 http-kit 라이브러리[4]를 이용할 것이다. 다른 많은 비동기적 IO 라이브러리와 마찬가지로 http-kit는 콜백 함수를 호출함으로써 어떤 연산이 완료되었음을 알려준다.

```
wordcount.core=> (require '[org.httpkit.client :as http])
nil
wordcount.core=> (defn handle-response [response]
          #_=>   (let [url (get-in response [:opts :url])
          #_=>         status (:status response)]
          #_=>     (println "Fetched:" url "with status:" status)))
#'wordcount.core/handle-response
wordcount.core=> (http/get "http://paulbutcher.com/" handle-response)
#<core$promise$reify__6310@3a9280d0: :pending>
wordcount.core=>
Fetched: http://paulbutcher.com/ with status: 200
```

첫 번째로 해야 할 일은 http/get을 둘러쌈으로써 http-kit를 core.ascyn와 통합시키는 일이다. 이렇게 하기 위해서 아직 본 적 없는 put!이라는 함수를 사용할 것이다. put!은 고 블록 내에서 호출되어야 하며, 채널에 데이터를 쓸 때 "보내고 잊기[fire and forget]" 방식을 따른다. 그러면

---

4 http://http-kit.org

그것이 호출되는 장소에서 블로킹이나 주차가 되지 않는다.

CSP/WordCount/src/wordcount/http.clj

```
(defn http-get [url]
  (let [ch (chan)]
    (http/get url (fn [response]
                    (if (= 200 (:status response))
                      (put! ch response)
                      (do (report-error response) (close! ch)))))
    ch))
```

우선 함수의 가장 마지막에서 리턴된 채널을 만든다(이런 패턴은 이제 익숙하게 느껴질 것이다). 그리고 나서 바로 리턴되는 http/get을 호출한다. 미래의 어느 시점에 GET 연산이 종료되면 우리의 콜백 함수가 호출된다. 응답의 상태가 (성공을 의미하는) 200이면 콜백 함수는 단순히 응답 내용을 채널에 써넣고, 상태가 200이 아니면 에러를 보고하고 채널을 닫는다.

다음에는 RSS 피드에 주기적으로 요청을 보내는 함수를 만들어 본다.

폴링 피드

이제 http-get과 poll이 있으므로 단순히 RSS 피드를 호출하는 것 자체는 어렵지 않다.

CSP/WordCount/src/wordcount/feed.clj

```
(def poll-interval 60)

; Simple-minded feed-polling function
; WARNING: Don't use in production (use conditional get instead)

(defn poll-feed [url]
  (let [ch (chan)]
    (poll poll-interval
      (when-let [response (<! (http-get url))]
        (let [feed (parse-feed (:body response))]
          (onto-chan ch (get-links feed) false))))
    ch))
```

parse-feed와 get-links 함수는 뉴스 공급자가 리턴하는 XML을 해석하기 위해서 로마^Rome 라이브러리를 이용한다.[5] 여기에서는 더 자세히 설명하지 않을 것이므로, 궁금한 사람은 소스 코드를 보기 바란다.

get-links가 리턴하는 링크들은 onto-chan을 이용해서 ch에 쓰여진다. onto-chan은 기본적으로 주어진 열이 데이터를 다 소진하면 채널을 닫는다. 이러한 기본적인 동작을 원치 않으면 마지막 인수에 false를 전달하면 된다.

다음은 함수가 동작하는 모습이다.

```
wordcount.core=> (ns wordcount.feed)
nil
wordcount.feed=> (def feed (poll-feed "http://www.cbsnews.com/feeds/rss/main.rss"))
#'wordcount.feed/feed
wordcount.feed=> (loop []
        #_=>    (when-let [url (<!! feed)]
        #_=>      (println url)
        #_=>      (recur)))
http://www.cbsnews.com/news/three-year-old-dies-after-visit-to-dentist-in-hawaii/
http://www.cbsnews.com/news/obama-unemployment-benefits-expiration-just-plain-
     cruel/
http://www.cbsnews.com/news/rand-paul-says-hes-suing-over-nsa-surveillance-
     programs/
   ⋮
```

다음은 중복을 제거하기 위해서 poll-feed가 리턴하는 링크들을 어떻게 필터링하는지 살펴본다.

함부로 따라 하지 말 것

이렇게 간단한 폴링 전략은 이 책의 예를 위해서는 나쁘지 않지만, 실전 코드에서 사용할 만한 전략은 아니다. 주기적으로 요청을 보낼 때마다 뉴스 전체를 내려받는 것은 서버와 네트워크 모두에 불필요한 부담을 야기한다. HTTP의 조건적인 받기 기능을 사용하면 이런 부담을 줄일 수 있다.[6]

---

5 http://rometools.github.io/rome/
6 http://fishbowl.pastiche.org/2002/10/21/http_conditional_get_for_rss_hackers/

고유한 링크

우리의 poll-feed는 뉴스 공급자가 새로운 기사를 가지고 있는지 확인할 때마다 발견되는 링크를 모두 리턴하는데, 이렇게 하는 것은 수많은 중복을 초래한다. 우리는 뉴스 공급자의 새 기사에 등장하는 새로운 링크만 저장하는 채널을 원한다. 다음 함수가 수행하는 일이 정확히 그런 일이다.

CSP/WordCount/src/wordcount/feed.clj

```
(defn new-links [url]
  (let [in (poll-feed url)
        out (chan)]
    (go-loop [links #{}]
      (let [link (<! in)]
        (if (contains? links link)
          (recur links)
          (do
            (>! out link)
            (recur (conj links link)))))))
    out))
```

우선 in과 out이라는 두 개의 채널을 만든다. 첫 번째 채널은 poll-feed가 리턴하는 채널이고, 두 번째 채널은 우리가 새 링크를 써넣을 채널이다. 그 다음에는 고 블록 내에서 처음에는 빈 집합인 #{ }에 바인딩되는, 우리가 현재 시점까지 발견한 링크를 모두 저장하는 집합인 links를 관리하는 루프를 시작한다. 우리가 in에서 링크를 읽어들일 때마다 그것이 이미 links에 존재하는지 확인해서 있으면 아무 일도 하지 않고, 그렇지 않으면 그것을 out에 쓰고 links에 추가한다.

REPL에서 이 코드를 실행하라. 그러면 60초마다 링크가 생성되는 대신 새로 추가된 링크만 리턴되는 것을 확인할 수 있을 것이다.

새로운 기사에 대한 링크를 제공할 수 있게 되었으므로, 이제 우리는 그런 링크를 차례로 받아서 각각 얼마나 많은 단어를 담고 있는지 세기만 하면 된다.

단어 세기

지금까지 논의한 내용을 종합하면 get-counts 함수는 이미 작성된 것과 다름없다.

CSP/WordCount/src/wordcount/core.clj

```
(defn get-counts [urls]
  (let [counts (chan)]
    (go (while true
      (let [url (<! urls)]
        (when-let [response (<! (http-get url))]
          (let [c (count (get-words (:body response)))]
            (>! counts [url c]))))))
    counts))
```

이 함수는 urls라는 채널을 받아서 그로부터 읽은 URL 각각에 대해 http-get으로 기사를 읽어들이고, 그 기사에 담긴 단어를 세어 결과를 2차원 배열에 기록한다. 첫 번째 항목은 기사의 URL이고, 두 번째 항목은 출력 채널을 위한 단어의 수다.

이제 이 모든 것을 하나로 묶기만 하면 된다.

모두 하나로 묶기

다음은 RSS 단어 세기 프로그램 전체를 구현하는 main 함수다.

CSP/WordCount/src/wordcount/core.clj

```
1  (defn -main [feeds-file]
2    (with-open [rdr (io/reader feeds-file)]
3      (let [feed-urls (line-seq rdr)
4            article-urls (doall (map new-links feed-urls))
5            article-counts (doall (map get-counts article-urls))
6            counts (async/merge article-counts)]
7        (while true
8          (println (<!! counts))))))
```

이 코드는 각 줄마다 뉴스 공급자의 URL을 담고 있는 리스트 파일을 받아들이는 프로그램을 생성한다. 2번 줄에서 파일 리더를 만든다. (클로저의 with-open 함수는 리더가 일정한 범위를 벗어나면 파일이 자동적으로 닫히는 것을 보장한다.) 그 다음에 (3번 줄에서) line-seq를 이용해서 URL의 열로 전환시킨다. (4번 줄에서) new-links를 매핑해서 다시 새로운 기사가 올라오면 그 기사의 링크가 적혀있는 채널의 열로 전환시킨다. 그리고 (5번 줄에서) get-counts를 매핑하면 새로운 기사가 올라올 때마다 기사가 담고 있는 단어의 수가 적혀있는 채널의 열을 얻게 된다.

끝으로 (6번 줄에서) 우리는 이 채널의 열을 소스 채널에 적힌 것을 모두 담고 있는 단일 채널로 합병시키기 위해서 async/merge를 사용한다. 그 다음에 코드는 무한 루프를 돌면서 (7번 줄에서) 이 합병된 채널에 적힌 것을 모두 출력한다. 다음은 코드가 실행된 결과다.

```
$ lein run feeds.txt
[http://www.bbc.co.uk/sport/0/football/25611509 10671]
[http://www.wired.co.uk/news/archive/2014-01/04/time-travel 11188]
[http://news.sky.com/story/1190148 3488]
⋮
```

코드가 실행되는 동안 CPU 사용량에 주목하기 바란다. 이 코드는 매우 간단하여 읽기도 쉽고 매우 효율적이다. CPU 자원을 거의 사용하지 않으면서 수백 개에 달하는 뉴스 공급자를 동시에 관찰할 수 있는 능력을 가졌다.

버퍼 채널을 쓰지 않는 이유는 무엇인가?

우리가 만든 채널을 다시 살펴보기 바란다. 모든 채널이 무버퍼(동기적)다. CSP를 처음 사용하는 사람들은 무버퍼보다 버퍼가 내장된 채널을 사용하는 경우가 훨씬 더 많을 것이라고 생각하겠지만 사실은 그 반대다. 버퍼 채널이 사용되어 좋은 경우도 있긴 하지만 주의가 필요하다. 따라서 버퍼가 반드시 필요한지 확인할 필요가 있다.

6.3.4 2일 차 마무리

2일 차는 이렇게 마무리하고, 3일 차에는 클로저스크립트를 통해 클라이언트 측면에서 core.async를 사용하는 방법을 살펴볼 것이다.

2일 차에서 배운 내용

채널과 고 블록은 콜백 함수를 사용할 때 야기되는 복잡성 없이 자연스럽게 읽히는 효율적인 비동기적 코드를 만드는 것을 가능하게 해준다.

- 이미 존재하는 콜백 기반 API도 단순히 채널에 값을 써넣는 최소한의 콜백 함수를 작성함으로써 비동기적 세계로 전환시킬 수 있다.
- alt! 매크로는 여러 개의 채널에서 값을 읽거나 쓰는 것을 가능하게 한다.
- timeout 함수는 일정 시간이 흐른 뒤에 닫히는 채널을 리턴함으로써 타임아웃을 (구체화되는) 1급 개체로 취급되게 한다.
- 주차하는 호출은 고 블록 내에 직접 포함되어 있어야 한다. 클로저의 매크로는 코드를 인라인하기 위해서 사용될 수 있으며, 커다란 고 블록이 이러한 제한에 갇히지 않으면서 여러 개의 부분으로 나뉠 수 있도록 한다.

2일 차 자율학습

찾아라

- core.async는 alt!만이 아니라 alts!도 제공한다. 그들은 어떻게 다른가? 어느 하나를 다른 하나보다 선호하는 경우는 언제인가?
- core.async는 async/merge 이외에도 여러 개의 채널을 결합하는 다양한 방법을 제공한다. pub, sub, mult, tap, mix, 그리고 admix 등에 대한 문서를 찾아라. 그들이 유용한 경우는 언제인가?

수행하라

- RSS 리더에서 발생하는 일들의 순서를 확인해보라. 우리는 무버퍼 채널을 사용하고 있기 때문에 파이프라인 앞쪽에 있는 고 블록을 실행하면 뒤에 있는 고 블록이 소비할 데이터가 준비되는 식으로, 전체적인 결과가 데이터흐름 프로그램과 매우 비슷하다.

  이때 버퍼 채널을 이용하면 어떻게 될까? 그렇게 하는 것이 이로운 측면이 있는가? 버퍼 채널을 이용함으로써 발생하는 문제로는 어떤 것이 있는가?

- async/merge를 직접 구현해보라. 하나 혹은 그 이상의 소스 채널이 닫힌 경우를 처리해야 한다는 사실을 기억하라(alt!보다 alt!!를 이용해서 구현하는 것이 더 편하다).

- alt!의 매크로 확장을 검사하기 위해서 클로저의 매크로 확장 장치를 사용하라.

  ```
  channels.core=> (macroexpand-1 '(alt! ch1 ([x] (println x)) ch2 ([y] (println y))))
  ```

  우선 코드를 보기 좋게 정렬하고 clojure.core 접두사를 제거하면 이해가 더 쉬울 것이다. alt!가 어떻게 실제로 익명 함수를 호출하지 않으면서 그런 효과를 낳는지 알 수 있는가?

6.4 3일 차: 클라이언트 측면의 CSP

클로저스크립트는 자바 바이트코드로 컴파일되는 대신 자바스크립트로 컴파일되는 클로저 버전이다(http://clojurescript.com을 보라). 이것은 서버와 클라이언트 측이 모두 클로저로 작성된 웹 애플리케이션을 만드는 것이 가능함을 의미한다.

그렇게 하는 강력한 이유는 클로저스크립트가 지금부터 살펴보게 될 많은 이점을 제공하는 core.async를 지원하기 때문이다. 클로저스크립트가 제공하는 이점은 오늘날 많은 자바스크립트 개발자들이 빠져있는 콜백 지옥에서의 구원이다.

6.4.1 동시성이란 마음의 상태다

중요한 클라이언트 측면의 자바스크립트 프로그래밍을 해본 사람이라면 내가 미치지 않았나 하고 생각하는 사람도 있을 것이다. 브라우저 기반의 자바스크립트 엔진은 단일 스레드를 사용한다. 그런데 어떻게 core.async가 관련이 있다는 것인가? 동시성 프로그래밍이 의미를 가지려면 여러 개의 스레드가 있어야 하는 것 아닌가?

go 매크로가 가진 제어의 역전 마술은 클로저스크립트가 실제로는 여러 개의 스레드가 사용되지는 않지만, 겉으로 보기에는 마치 여러 개의 스레드가 사용되고 있는 것처럼 보이게 만드는 것을 의미한다. 이것이 바로 협동적인 멀티태스킹cooperative multitasking을 의미한다. 하나의 작업이 다른 작업의 진행을 중간에 가로채는 경우는 없다. 이제 곧 보겠지만 이렇게 접근하면 코드의 구조와 명확성이 극적으로 개선된다.

웹 워커들은 어떤가?

최근 브라우저들은 웹 워커web worker들을 통해서 제한된 형태로 진짜 멀티스레딩 자바스크립트를 지원한다.[7] 하지만 웹 워커들은 백그라운드 작업만을 위해서 만들어졌고 DOM에 접근하지 못한다.

서번트 라이브러리[8]를 이용하면 클로저스크립트에서도 웹 워커를 사용할 수 있다.

---

7 http://www.whatwg.org/specs/web-apps/current-work/multipage/workers.html
8 https://github.com/MarcoPolo/servant

6.4.2 헬로, 클로저스크립트

클로저스크립트는 클로저와 매우 비슷하지만 몇 가지 차이점이 있다. 그런 차이를 만날 때마다 언급을 할 것이다.

전형적인 클로저스크립트 애플리케이션은 두 단계의 컴파일 과정을 갖는다. 우선 클라이언트 측의 클로저스크립트는 자바스크립트 파일로 컴파일된다. 그 다음 서버 측 코드가 컴파일되고 〈script〉 태그에 포함된 자바스크립트를 포함한 페이지 전체를 서비스하기 위한 서버를 만들어서 실행한다. 우리가 이번에 만드는 예제들은 모두 이러한 빌드 과정을 자동화하기 위해서 lein-cljsbuild 레인인젠Leiningen 플러그인을 사용한다.[9] 서버 측의 코드는 src-clj에 존재하고, 클라이언트 측의 코드는 src-cljs에 존재한다.

단일 페이지와 단일 스크립트로 구성된 간단한 프로젝트의 예를 보자. 페이지의 모습은 다음과 같다.

see CSP/HelloClojureScript/resources/public/index.html

```
1   <html>
2     <head>
3       <title>Hello ClojureScript</title>
4       <script src="/js/main.js" type="text/javascript"></script>
5     </head>
6     <body>
7       <div id="content">
8       </div>
9     </body>
10  </html>
```

생성된 자바스크립트는 4번 줄에 포함되어 있다. 이 스크립트는 7번 줄에 있는 빈 〈div〉의 내용을 채운다. 소스 코드는 다음과 같다.

CSP/HelloClojureScript/src-cljs/hello_clojurescript/core.cljs

```
1   (ns hello-clojurescript.core
-     (:require-macros [cljs.core.async.macros :refer [go]])
-     (:require [goog.dom :as dom]
```

---

9 https://github.com/emezeske/lein-cljsbuild

```
-               [cljs.core.async :refer [<! timeout]]]))
5
-   (defn output [elem message]
-     (dom/append elem message (dom/createDom "br")))
-   (defn start []
-     (let [content (dom/getElement "content")]
10      (go
-         (while true
-           (<! (timeout 1000))
-           (output content "Hello from task 1")))
-       (go
15        (while true
-           (<! (timeout 1500))
-           (output content "Hello from task 2")))))
-
-   (set! (.-onload js/window) start)
```

클로저와 클로저스크립트 사이에 존재하는 차이점은 스크립트에서 사용하는 매크로는 (2번 줄의) :requrie-macros를 통해서 별도로 참조되어야 한다는 점이다. 6번 줄의 output 함수는 메시지를 DOM 요소에 더하기 위해서 구글 클로저 라이브러리[10]를 사용한다(여기에서 클로저는 aj가 아니라 s를 사용하는 클로저, 즉 closure다).

이 함수는 13번과 17번 줄에서 사용되는데, 각각은 저마다의 독립적인 고 블록 내에서 실행된다. 첫 번째는 1초마다 한 번씩 메시지를 출력하고, 두 번째는 1.5초마다 한 번씩 메시지를 출력한다.

끝으로, 19번 줄에서 start 함수가 자바스크립트의 윈도우 객체가 가진 onload 속성과 결부되어 실행할 준비가 되었다. 이 코드는 클로저스크립트의 점 특수형^{dot special form}을 사용하며, 이는 다음과 같이 자바스크립트와의 호환성을 제공하는 기능이다.

```
(set! (.-onload js/window) start)
```

이것은 다음과 같이 해석된다.

```
window.onload = hello_clojurescript.core.start;
```

---

10 https://developers.google.com/closure/library/

서버를 위한 코드는 여기에서 살펴보지 않겠지만 그것도 매우 간단하다(자세한 내용이 궁금하면 부록에 있는 소스 코드를 참고하라).

lein cljsbuild once를 통해서 컴파일하고, lein run을 이용해서 서버를 실행하고, 브라우저로 http://localhost:3000에 접속하면, 다음과 같은 결과가 출력된다.

```
Hello from task 1
Hello from task 2
Hello from task 1
Hello from task 1
Hello from task 2
  ⋮
```

동시성 코드를 만들기 위해서 반드시 여러 개의 스레드가 있어야 한다고 말한 사람이 있는가?

이렇게 동시적인 작업을 서로 독립적으로 실행하는 것은 그 자체로 훌륭하다. 하지만 대부분의 사용자 인터페이스에서는 사용자와의 상호작용이 요구되는데, 그것은 곧 사건 처리^{handling events}가 필요함을 뜻한다.

6.4.3 사건 처리

마우스 클릭과 상호작용하는 간단한 애니메이션을 통해서 클로저스크립트 내에서 사건 처리가 어떤 식으로 이루어지는지 살펴보도록 하자. [그림 6-4]처럼 사용자가 클릭하면 크기가 줄어들다가 결국은 화면에서 사라지게 되는 원을 보여주는 웹페이지를 만들 것이다.

이 페이지를 위한 코드는 매우 간단해서, 화면 전체를 채우는 하나의 〈div〉로 이루어져 있다.

CSP/Animation/resources/public/index.html

```html
<html>
  <head>
    <title>Animation</title>
    <script src="/js/main.js" type="text/javascript"></script>
  </head>
  <body>
    <div id="canvas" width="100%" height="100%"></div>
  </body>
</html>
```

그림 6-4 줄어드는 원

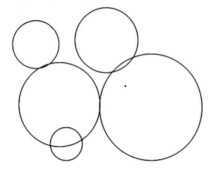

이 페이지에 그림을 그리기 위해서 서로 다른 브라우저마다 갖는 차이를 추상화해서 사라지게 만들어주는 구글 클로저의 그래픽 지원 도구를 사용할 것이다. create-graphics 함수는 DOM 요소를 받아들여서 우리가 그래픽 표면처럼 사용할 수 있는 객체를 리턴한다.

CSP/Animation/src-cljs/animation/core.cljs

```
(defn create-graphics [elem]
  (doto (graphics/createGraphics "100%" "100%")
    (.render elem)))
```

다음은 그래픽 표면과 위치 정보를 받아들여서 그 위치의 중앙에 위치한 원을 애니메이션화하는 고 블록을 만드는 shrinking-circle 코드다.

CSP/Animation/src-cljs/animation/core.cljs

```
1  (def stroke (graphics/Stroke. 1 "#ff0000"))
-
-  (defn shrinking-circle [graphics x y]
-    (go
5      (let [circle (.drawCircle graphics x y 100 stroke nil)]
-        (loop [r 100]
-          (<! (timeout 25))
-          (.setRadius circle r r)
-          (when (> r 0)
10           (recur (dec r))))
-        (.dispose circle)))))
```

우선 (5번 줄에서) 구글 클로저의 drawCircle 함수를 이용해 원을 그린다. 다음 (7번 줄에서) 25밀리초의 타임아웃 값을 사용하는 루프 안으로 들어가 setRadius 함수를 초당 40번씩 호출한다. 끝으로 (11번 줄) 반지름이 0이 되면 dispose 함수를 호출해서 해당 원을 제거한다.

이제 사용자는 페이지를 마우스로 클릭했을 때 일어나야 하는 일을 정의해야 한다. 구글 클로저는 사건 청취자를 등록할 수 있도록 해주는 listen 함수를 제공한다.

앞서 보았던 http/get 함수와 마찬가지로, 이 함수는 사건이 일어날 때마다 호출되어야 하는 콜백 함수를 취한다. 따라서 사건을 채널에 써넣는 콜백을 전달해 줌으로써 이 함수를 core.async로 해석할 것이다.

CSP/Animation/src-cljs/animation/core.cljs

```
(defn get-events [elem event-type]
  (let [ch (chan)]
    (events/listen elem event-type
      #(put! ch %))
    ch))
```

이제 우리의 스크립트를 작성하기 위해 필요한 내용을 모두 갖췄다.

CSP/Animation/src-cljs/animation/core.cljs

```
(defn start []
  (let [canvas (dom/getElement "canvas")
        graphics (create-graphics canvas)
        clicks (get-events canvas "click")]
    (go (while true
          (let [click (<! clicks)
                x (.-offsetX click)
                y (.-offsetY click)]
            (shrinking-circle graphics x y))))))
(set! (.-onload js/window) start)
```

우리는 캔버스처럼 이용할 ⟨div⟩를 찾아본다. 그 위에 그림을 그릴 수 있는 그래픽 객체를 만들고, 마우스 클릭 사건을 위한 채널에 대한 참조를 기억한다. 그 다음에 마우스 클릭을 기다리는 루프에 진입하고, 사건이 일어나면 offsetX와 offsetY로 좌표를 추출하고, 그 위치에 원을 그린다.

이 코드는 매우 간단한 것처럼 보이지만(실제로도 간단하지만) 자바스크립트의 콜백중심의 세계를 core.async의 채널중심의 세계로 옮김으로써 뭔가 심오한 변화를 이뤄냈다. 그 변화는 콜백 지옥에서의 해방이다.

6.4.4 콜백 길들이기

콜백 지옥이라는 말은 자바스크립트의 콜백중심 접근 방법이 초래하는 스파게티 코드를 묘사하기 위한 것이다. 콜백이 콜백을 호출하고, 다시 콜백이 콜백을 호출하는 과정이 중첩된다. 그리고 이러한 콜백들이 다른 콜백과 의사소통을 하기 위해서 다양한 상태 값들이 어딘가에 저장되어 기억된다.

비동기적 프로그래밍 모델로 방향을 전환하면 이러한 지옥에서 탈출하는 길이 열린다.

6.4.5 우리는 마법사를 보러 간다네[11]

마법사^wizard란 어떤 목표를 이루기 위한 일을 단계별로 제공하는, 흔히 사용되는 UI 패턴이다. 우리가 해야 할 일은 콜백이 없는 마법사를 만들기 위해서 우리가 배운 내용을 활용하는 것이다.

그림 6-5 마법사

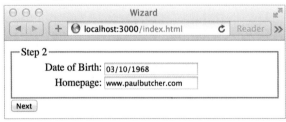

우리의 마법사는 여러 개의 필드셋으로 이루어진 폼^form의 형태를 갖는다.

----

11 역자주_ 오즈의 마법사에 나오는 노래 제목

CSP/Wizard/resources/public/index.html

```html
<form id="wizard" action="/wizard" method="post">
  <fieldset class="step" id="step1">
    <legend>Step 1</legend>
    <label>First Name:</label><input type="text" name="firstname" />
    <label>Last Name:</label><input type="text" name="lastname" />
  </fieldset>

  <fieldset class="step" id="step2">
    <legend>Step 2</legend>
    <label>Date of Birth:</label><input type="date" name="dob" />
    <label>Homepage:</label><input type="url" name="url" />
  </fieldset>

  <fieldset class="step" id="step3">
    <legend>Step 3</legend>
    <label>Password:</label><input type="password" name="pass1" />
    <label>Confirm Password:</label><input type="password" name="pass2" />
  </fieldset>
  <input type="button" id="next" value="Next" />
</form>
```

각각의 〈fieldset〉은 하나의 단계를 나타낸다. 처음에는 모두를 감춘 상태에서 시작한다.

CSP/Wizard/resources/public/styles.css

```css
label { display:block; width:8em; clear:left; float:left;
       text-align:right; margin-right: 3pt; }
input { display:block; }
▶ .step { display:none; }
```

스크립트는 적당한 필드셋을 보이거나 감추기 위해서 다음 유틸리티 함수를 사용한다.

CSP/Wizard/src-cljs/wizard/core.cljs

```clojure
(defn show [elem]
  (set! (.. elem -style -display) "block"))

(defn hide [elem]
  (set! (.. elem -style -display) "none"))
```

```
(defn set-value [elem value]
  (set! (.-value elem) value))
```

이러한 코드는 속성에 대한 접근이 서로 연결될 수 있도록 하기 위해서 다음과 같이 점 특수형을 활용한다.

```
(set! (.. elem -style -display) "block")
```

이것은 다음과 같이 해석된다.

```
elem.style.display = "block";
```

다음은 마법사의 통제 흐름을 구현하는 코드다.

CSP/Wizard/src-cljs/wizard/core.cljs

```
1  (defn start []
-    (go
-      (let [wizard (dom/getElement "wizard")
-            step1 (dom/getElement "step1")
5            step2 (dom/getElement "step2")
-            step3 (dom/getElement "step3")
-            next-button (dom/getElement "next")
-            next-clicks (get-events next-button "click")]
-        (show step1)
10       (<! next-clicks)
-        (hide step1)
-        (show step2)
-        (<! next-clicks)
-        (set-value next-button "Finish")
15       (hide step2)
-        (show step3)
-        (<! next-clicks)
-        (.submit wizard))))
-
20 (set! (.-onload js/window) start)
```

우리는 앞으로 다룰 폼 요소 각각에 대한 참조를 얻음으로써 시작하고, (8번 줄에서) "Next" 버튼 클릭의 채널을 얻기 위해서 앞에서 작성했던 get-events 함수를 사용한다. 그 다음엔 첫 번째 단계를 화면에 나타나게 만들고 (10번 줄) 사용자가 클릭을 할 때까지 기다린다. 사용자가 화면을 클릭하면 이제 단계 1을 감추고 단계 2를 화면에 나타낸다. 그리고 Next에 대한 클릭을 기다린다. 이러한 일은 모든 단계가 완료될 때까지 계속된다. (18번 줄) 마지막에 다다르면 폼을 제출한다.

이 코드가 보여주는 정말 놀라운 측면은 마법사라는 것이 단계마다 간단한 선형구조를 갖는 열에 불과하다는 것을 보여준다는 점이다. 코드 자체도 간단한 단계의 열로 읽힌다. 물론 이것은 go 매크로의 마법 덕분이다. 우리가 실제로 구현한 내용은 하나의 상태기계지, 진짜 선형구조가 아니다. 상태기계는 동작할 수 있을 때 동작하고, 상태의 전이를 위해서 필요한 다음 자극을 기다릴 때는 주차를 한다. 하지만 대부분의 경우에 우리는 배후에서 일어나는 실제 동작을 무시하고, 마치 모든 것이 선형구조의 코드로 실행되는 것처럼 보일 수 있다.

6.4.6 3일 차 마무리

순차 프로세스 통신의 core.async 버전에 대해 알아보았다.

3일 차에서 배운 내용

클로저스크립트는 자바스크립트로 컴파일되는 클로저의 변형이다. core.async의 강력한 기능이 클라이언트 측 개발에서도 활용될 수 있도록 해준다. 이것은 단일 스레드를 사용하는 자바스크립트 환경에 협동적 멀티태스킹 기능을 제공할 뿐만 아니라, 콜백 지옥에서의 탈출구도 제공해준다.

3일 차 자율학습

찾아라

- 클로저스크립트가 core.async를 구현한 코드는 〈!과 〉! 같은 주차 연산은 지원하지만, 블로킹 버전인 〈!! 혹은 〉!!은 지원하지 않는다. 이유가 무엇인가?
- take!의 문서 – 채널중심의 API를 콜백중심의 API로 바꾸기 위해서 이 함수를 어떻게 사용하는가? 이 함수는 언제 유용한가? (이것은 바로 앞의 질문과 연관되어 있다.)

- 스네이크Snake, 퐁Pong, 혹은 브레이크아웃Breakout처럼 간단한 브라우저 기반의 게임을 만들기 위해서 core. async를 사용하라.
- 방금 앞에서 만든 마법사를 순수 자바스크립트 버전으로 만들어보라. 그것을 클로저스크립트 버전과 비교해 보라.

6.5 마치며

겉으로 보기에 액터와 CSP는 매우 비슷하다. 둘 다 독립적이고, 동시에 실행되는 업무를 생성 하여 그들이 서로 메시지를 주고받도록 만든다. 하지만 이 장에서 본 바와 같이 그들은 각자 다 른 부분을 강조하기 때문에 완전히 다른 스타일의 결과를 낳는다.

6.5.1 장점

CSP를 액터에 비교했을 때 가장 큰 장점은 유연성이다. 액터 프로그램에서는 의사소통을 위한 매체가 실행단위 자체와 강하게 결부되어 있다. 그래서 각 액터는 자신만의 메일박스를 갖는 것이다. 하지만 CSP 프로그램에서 채널은 독립적으로 생성될 수 있고, 데이터가 쓰일 수도 읽 힐 수도 있고, 업무 사이에 전달될 수도 있다.

클로저 언어를 만든 리치 히키는 액터 대신 CSP를 선택한 이유를 이렇게 설명했다.[12]

> 나는 액터에 대해서 별로 기대하지 않는다. 그들은 생산자를 소비자와 결합한다. 물론 액터 를 이용해서 특정한 종류의 큐를 구현하는 것도 가능하지만 (실제로 많은 사람들이 그렇게 하고 있지만) 액터 메커니즘은 이미 큐를 내장하고 있기 때문에 특별한 큐가 고안되고 있다 는 사실은 큐라는 것 자체가 상당히 원시적임을 내포한다.

보다 실제적인 관점에서 보면 core.async같이 비동기적인 업무를 제공하기 위해서 제어의 역 전을 사용하는 CSP의 현대적인 구현이야말로 효율성은 물론 전통적으로 콜백을 사용하던 애

---

12 http://clojure.com/blog/2013/06/28/clojure–core–async–channels.html

플리케이션 영역에도 향상된 프로그래밍 모델의 도입을 가능하게 해준다. 우리는 이 중에서 비동기 IO와 UI 프로그래밍 두 개를 보았지만, 더 많은 모델이 존재한다.

6.5.2 단점

이 장의 내용을 액터와 비교하면, 두 주제가 다루어지지 않았다는 사실을 알 수 있다. 바로 분산과 장애 허용이다. CSP 기반의 언어가 이런 주제를 지원하지 말라는 법은 없지만, 전통적으로 이런 주제들은 액터 기반의 언어가 제공하는 수준의 관심과 지원을 받지 못했다. OTP에 필적할 만한 것이 CSP에는 없다.

스레드와 잠금장치 그리고 액터에서와 마찬가지로 CSP 프로그램은 데드락에 걸릴 가능성이 있고, 병렬성에 대한 직접적인 지원도 없다. 병렬적 해법은 동시적인 빌딩 블록에서 직접 구축되어야 하기 때문에, 비결정성이라는 유령을 피할 수 없다.

6.5.3 다른 언어들

액터와 마찬가지로 CSP도 토니 호어가 처음 소개한 1970년부터 논의되었다. 이런 두 개념은 오랜 시간 동안 서로 배워나가면서 함께 진화해왔다.

1980년대에 CSP는 (이 책의 저자가 병렬성을 공부할 때 사용했던) 오캄^{occam} 언어의 기초로 사용되었지만,[13] 의심할 여지없이 CSP가 최근에 대중성을 확보하게 된 계기는 고 언어 때문이다.

core.async와 고 언어가 제공하는 제어의 역전에 기초해서 비동기적 업무를 지원하는 접근 방식은 많은 언어, 즉 F#[14], C#[15], Nemerle[16], 그리고 스칼라[17]같은 언어에 의해 채택되었다.

---

13 http://en.wikipedia.org/wiki/Occam_programming_language

14 http://blogs.msdn.com/b/dsyme/archive/2007/10/11/introducing-f-asynchronous-workflows.aspx

15 http://msdn.microsoft.com/en-us/library/hh191443.aspx

16 https://github.com/rsdn/nemerle/wiki/Computation-Expression-macro#async

17 http://docs.scala-lang.org/sips/pending/async.html

6.5.4 마지막 생각

액터와 CSP가 가지고 있는 대부분의 차이는 그들을 개발한 커뮤니티가 어떤 부분에 초점을 맞추었는가에서 비롯된 결과다. 액터 커뮤니티는 장애 허용과 분산에 초점을 맞추었고, CSP 커뮤니티는 효율성과 표현성에 초점을 맞추었다. 따라서 둘 중에서 어느 것을 선택할 것인가는 주로 두 측면 중에서 어느 것이 더 중요한가에 달려있다.

CSP는 우리가 이 책에서 살펴보는 범용 프로그래밍 모델로는 마지막이다. 다음 장에서 우리는 처음으로 특수한 목적의 모델에 대해서 살펴볼 것이다.

CHAPTER 7

데이터 병렬성

데이터 병렬성은 8차원 고속도로와 같다. 각각의 자동차는 저마다 적당한 속도로 운행을 할지라도 여러 대의 차가 나란히 움직일 수 있기 때문에, 어느 한 지점에서 이동하는 차량의 수는 엄청나다.

우리가 지금까지 이야기한 접근 방법들은 매우 다양한 프로그래밍 문제에 적용될 수 있는 해결책이었다. 그에 비해서 데이터 병렬 프로그래밍은 작은 범위의 문제에 국한해서 적용할 수 있다. 이름에서 알 수 있듯이, 데이터 병렬성은 동시성이 아닌 병렬성 프로그래밍 테크닉과 관련된 것이다(동시성과 병렬성이 관련은 있지만 같지 않음을 이야기했던 1장의 내용을 기억하라).

7.1 노트북 속에 감춰진 슈퍼컴퓨터

이 장에서 우리는 노트북 안에 감춰져 있는 슈퍼컴퓨터인 그래픽 처리 유닛 혹은 GPU를 적극 활용할 것이다. 현대 GPU는 수를 계산하는 작업을 수행할 때는 CPU를 능가하는 강력한 데이터 병렬 프로세서로서, 보통 이를 활용한 기술을 '범용 컴퓨팅' 혹은 'GPGPU 프로그래밍'이라고 불린다.

최근 수년 동안 GPU를 구현한 내부의 자세한 내용을 추상화해서 감추는 기술이 개발되어 왔다. 우리는 GPGPU 코드를 작성하기 위해 오픈 컴퓨팅 언어, 혹은 OpenCL[1]을 사용할 것이다.

----

1 http://www.khronos.org/opencl/

1일 차에는 OpenCL 커널이 가지고 있는 기본 구조물과 그들을 컴파일하고 실행하는 호스트 프로그램에 대해서 살펴볼 것이다. 2일 차에는 커널이 하드웨어에 어떻게 매핑되어 있는지 자세하게 알아볼 것이다. 끝으로 3일 차에는 OpenCL이 어떻게 오픈 그래픽스 라이브러리 혹은 OpenGL[2]로 작성된 그래픽 코드와 상호작용을 하는지에 대해서 살펴볼 것이다.

7.2 1일 차: GPGPU 프로그래밍

두 개의 배열을 병렬로 곱하는 간단한 GPGPU 프로그램을 만드는 방법을 살펴보고, 그 코드를 벤치마킹함으로써 GPU가 CPU보다 얼마나 빠른지 알아볼 것이다. 먼저 수치 연산을 수행할 때 GPU가 왜 빠르고 강력한지 알아보도록 하자.

7.2.1 그래픽 처리와 데이터 병렬성

컴퓨터 그래픽스는 전적으로 데이터를, 그것도 엄청난 양의 데이터를 처리하는 업무와 관련이 깊다. 이런 업무는 빠르게 처리되는 것이 생명이다. 3D 게임의 한 장면은 엄청나게 많은 작은 삼각형으로 이루어져 있다. 각각의 삼각형은 스크린에서 원근법, 크기, 밝기, 텍스처 등을 고려해 초당 25회 혹은 그 이상의 횟수로 빠르게 계산되는 고유한 위치를 갖는다.

이런 계산은 처리해야 할 데이터의 양이 엄청나지만, 실제로 수행하는 연산은 상대적으로 간단한 벡터 연산 혹은 행렬 연산 같은 것이다. 이러한 특징 때문에, 이런 종류의 연산은 데이터 병렬성에 적합하다. 여기에서 말하는 데이터 병렬성이란 서로 다른 데이터 조각을 대상으로 여러 개의 컴퓨팅 단위가 똑같은 연산을 병렬로 수행하는 것을 의미한다.

현대 GPU는 화면에 10억 개의 삼각형을 1초 만에 그릴 수 있을 정도로 정교하고 강력한 병렬 프로세서다. GPU라는 것이 처음에는 그래픽 자체만 염두에 두고 설계된 프로세서였지만, 최근에는 이런 장점 덕분에 넓은 범위의 다양한 업무에 적용되고 있다.

---

2 http://www.opengl.org

데이터 병렬성은 여러 방법으로 구현할 수 있는데, 우리는 그중 두 가지, 파이프라이닝과 여러 개의 ALU 정도를 살펴볼 것이다.

파이프라이닝pipelining

칩 위에 있는 단자처럼 미세한 수준에서 보았을 때, 두 개의 수를 곱하는 것은 보통 하나의 원자적인 연산처럼 보인다. 하지만 사실 그런 연산조차도 여러 단계가 필요하다. 그런 단계들은 일반적으로 파이프라인을 구성하는 방식으로 배치된다.

그림 7-1 5단계의 파이프라인

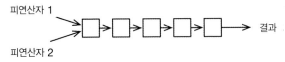

5단계로 이루어진 파이프라인을 생각해보자. 각각의 단계가 완료되기 위해서 하나의 CPU 사이클clock cycle이 걸린다고 한다면, 두 수를 곱하는 데는 다섯 사이클이 걸릴 것이다. 별로 도움이 안되는 것처럼 보인다. 하지만 곱해야 하는 수가 엄청나게 많은 경우라면 이런 방법이 (메모리 하위 시스템이 데이터를 충분히 빠르게 제공한다고 가정했을 때) 파이프라인을 꽉 채운 상태에서 작업을 수행하기 때문에 훨씬 효율적이다.

그림 7-2 파이프라인을 꽉 채운 상태로 작업을 수행하는 모습

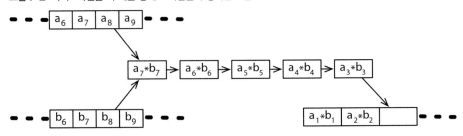

두 수로 이루어진 쌍이 1,000개 있을 때, 그들을 모두 곱하는 연산을 수행하는 것은 하나의 쌍을 곱하는 데 걸리는 시간이 다섯 사이클이라고 해서 5,000사이클이 필요한 것은 아니다. 1,000번 정도의 사이클만 있으면 충분하다.

여러 개의 ALU들

CPU 내부에서 곱하기와 같은 연산을 수행하는 단위는 보통 '산술 논리 유닛arithmetic logic unit' 혹은 ALU라고 알려져 있다.

그림 7-3 ALU

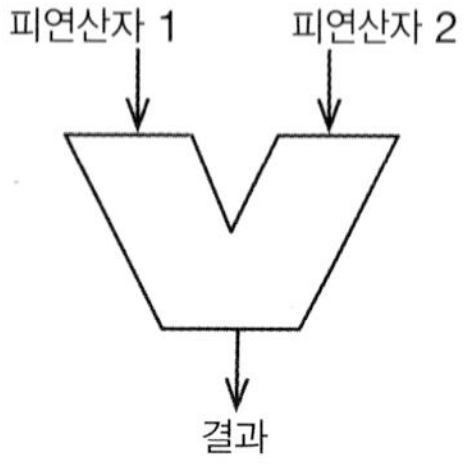

여러 개의 ALU를 넓은 메모리 버스와 연결하면 여러 개의 피연산자가 동시에 읽힐 수 있으므로, 거대한 용량의 데이터에 가하는 연산이 [그림 7-4]에서 보는 것처럼 병렬화될 수 있다.

GPU는 보통 256비트 혹은 그 이상의 넓이를 갖는 메모리 버스를 사용한다. 그렇기 때문에 예를 들어 8개 혹은 그 이상의 32비트 부동소수점 수를 한 번에 읽을 수 있도록 해준다.

혼란스러운 그림

실세계에서 사용되는 GPU는 성능을 향상시키기 위해서 파이프라이닝과 여러 개의 ALU 이외에도 이 책에서 언급하지 않는 다양한 테크닉을 활용한다. 이러한 내용을 모두 이해하려고 하면 GPU를 이해하는 과정이 지나치게 복잡하게 느껴질 것이다. 불행하게도 GPU 사이에는 (동일한 업체에서 만든 것일 때조차) 공통점이 별로 없다. 특정한 아키텍처를 고를 때마다 전과 다른 코드를 작성해야 한다면 GPGPU는 진지한 고려대상이 되기 어렵다.

OpenCL은 이러한 병렬 알고리즘을 추상적인 방식으로 접근해서 여러 개의 아키텍처를 동시에 다룰 수 있도록 해주는, 일종의 C와 비슷한 언어를 제공한다. 서로 다른 GPU 업체들은 이러한 코드가 자신의 하드웨어에서 동작을 수행할 수 있도록 해주는 컴파일러와 드라이버 등을 제공한다.

그림 7-4 여러 개의 ALU를 활용해 거대한 크기의 데이터 병렬화

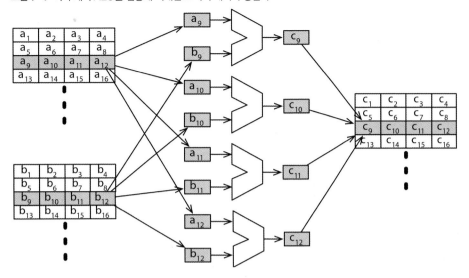

그림 7-4 여러 개의 ALU를 활용해 거대한 크기의 데이터 병렬화

7.2.2 첫 번째 OpenCL 프로그램

OpenCL을 이용해서 배열을 곱하는 업무를 병렬화하려면, 우선 그 업무를 여러 개의 작업항목으로 나눠서 각각의 작업이 병렬로 실행되도록 만들어야 한다.

작업항목

병렬적 코드를 작성하는 것이 이미 익숙한 사람이라면 각각의 병렬 업무가 갖는 세분성^{granularity}에 대한 고민도 익숙할 것이다. 각각의 업무가 너무 적은 일을 수행하면 오히려 스레드를 만들고, 그들이 서로 의사소통을 수행하는 데 시간을 많이 들이기 때문에 실제 코드의 성능은 저하된다.

그렇지만 OpenCL의 작업항목$^{work\ item}$은 일반적으로 매우 작은 크기를 갖는다. 예를 들어 1,024개의 요소를 담은 배열 두 개를 서로 곱할 때, 1,024개의 작업항목을 생성할 수도 있다(그림 7-5).

프로그래머인 우리가 수행해야 할 일은 문제를 최대한 작은 작업항목으로 나누는 것이다. 그렇게 하면 OpenCL 컴파일러와 런타임은 그런 작업항목들이 하드웨어를 가능한 한 효율적으로

활용하도록 최적의 스케줄을 만드는 데 집중한다.

그림 7-5 두 배열의 곱셈을 위한 작업항목

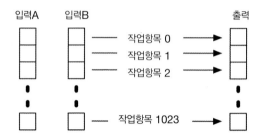

OpenCL 최적화하기

실세계의 상황이 그렇게 단순하지 않아도 놀라운 일은 아니다. OpenCL 애플리케이션을 최적화하기 위해서는 종종 사용할 수 있는 자원을 신중하게 고려하는 일, 컴파일러와 런타임이 작업항목을 스케줄링하도록 힌트를 제공하는 일 등을 포함한다. 때로는 효율성을 확보하기 위해서 병렬성을 일부 희생하는 것도 포함된다.

하지만 언제나 그렇듯이 성급한 최적화는 모든 프로그래밍의 적이다. 대부분의 경우에는 병렬성 자체는 극대화하고, 작업항목은 최대한 작게 만드는 일에 집중하는 것으로 충분하다. 최적화는 나중에 생각해도 늦지 않다.

커널

OpenCL 커널을 작성함으로써 각 작업항목이 어떻게 처리되어야 하는지를 정한다. 다음은 앞의 내용을 구현하기 위해서 사용할 수 있는 커널이다.

DataParallelism/MultiplyArrays/multiply_arrays.cl

```
__kernel void multiply_arrays(__global const float* inputA,
                              __global const float* inputB,
                              __global float* output) {
  int i = get_global_id(0);
  output[i] = inputA[i] * inputB[i];
}
```

이 커널은 inputA와 inputB라는 두 개의 입력 배열에 대한 포인터를 받아 output이라는 배열을 출력한다. 이 코드는 자기가 처리하는 작업항목이 무엇인지를 결정하기 위해서 get_global_id()를 호출한 다음, inputA와 inputB의 요소들을 서로 곱한 결과를 output의 적절한 자리에 집어넣는다.

프로그램 전체를 완성하기 위해, 이 커널을 다음과 같은 단계를 밟는 호스트 프로그램에 집어넣을 필요가 있다.

1 커널이 명령어 큐와 함께 실행되는 문맥을 생성한다.

2 커널을 컴파일한다.

3 입력과 출력 데이터를 위한 버퍼를 생성한다.

4 각 작업항목을 위해서 커널을 한 번씩 실행하는 명령어를 큐에 넣는다.

5 결과를 읽어들인다.

OpenCL 표준은 C와 C++ 바인딩을 정의한다. 하지만 다른 언어들을 위한 비공식적인 바인딩이 대부분 존재하기 때문에 호스트 프로그램 언어는 어느 것을 선택해도 상관없다. OpenCL 표준이 사용하는 언어가 C이고 또한 내부에서 일어나는 일을 가장 잘 설명해주기 때문에 우리는 C 언어를 이용하는 것으로 하겠다. 3일 차에서 우리는 자바로 작성하는 호스트 프로그램도 살펴볼 것이다.

다음에 이어지는 몇 개의 절 내용을 합쳐서 전체적으로 OpenCL 호스트 프로그램을 완성할 것이다. 내부에서 사용되는 구조를 최대한 명확하게 만들기 위해서 약간 빠르게 진행하며, 에러 처리와 같은 실전적인 부분은 나중에 살펴보기로 한다. 함수에 전달되는 인수들 중에 NULL 값이 많다는 사실도 지금은 걱정할 필요가 없다. 전체적인 그림에 대해 어느 정도 이해한 다음 API의 자세한 내용을 다루게 될 것이다.

문맥 생성

OpenCL 문맥은 OpenCL 커널이 실행될 수 있는 환경을 나타낸다. 문맥을 만들려면 우리가 사용하고자 하는 플랫폼, 해당 플랫폼 내에서 커널을 실행하고자 하는 장치 등을 먼저 정해야 한다. 플랫폼과 장치에 대해서는 뒤에서 자세하게 살펴볼 것이다.

DataParallelism/MultiplyArrays/multiply_arrays.c

```
cl_platform_id platform;
clGetPlatformIDs(1, &platform, NULL);

cl_device_id device;
clGetDeviceIDs(platform, CL_DEVICE_TYPE_GPU, 1, &device, NULL);

cl_context context = clCreateContext(NULL, 1, &device, NULL, NULL, NULL);
```

우리는 하나의 GPU만을 포함하는 단순한 문맥을 원한다. 따라서 clGetPlatformIDs()을 이용해 플랫폼을 식별한 다음, GPU의 ID를 얻기 위해서 clGetDeviceIDs()에 CL_DEVICE_TYPE_GPU를 전달해준다.

명령어 큐 만들기

문맥이 갖추어졌으니, 이제 그것을 이용해서 명령어 큐를 생성할 수 있다.

DataParallelism/MultiplyArrays/multiply_arrays.c

```
cl_command_queue queue = clCreateCommandQueue(context, device, 0, NULL);
```

clCreateCommandQueue() 메서드는 문맥과 장치를 인수로 취한 다음 해당 장치에 명령이 전달되도록 만드는 큐를 리턴한다.

커널 컴파일하기

이제 장치에서 실행될 코드를 컴파일해야 한다.

DataParallelism/MultiplyArrays/multiply_arrays.c

```
char* source = read_source("multiply_arrays.cl");
cl_program program = clCreateProgramWithSource(context, 1,
  (const char**)&source, NULL, NULL);
free(source);
clBuildProgram(program, 0, NULL, NULL, NULL, NULL);
cl_kernel kernel = clCreateKernel(program, "multiply_arrays", NULL);
```

우선 커널을 위한 소스 코드를 mulitply_arrays.cl에서 하나의 문자열로 읽는다(read_source()의 소스 코드는 부록에 있다). 문자열은 clCreateProgramWithSource()에 전달되고, 전달된 문자열은 clBuildProgram()과 함께 빌드되어 clCreateKernel()에 의해 커널로 전환된다.

버퍼 만들기

커널은 버퍼에 저장된 데이터를 대상으로 동작한다.

DataParallelism/MultiplyArrays/multiply_arrays.c

```
#define NUM_ELEMENTS 1024

cl_float a[NUM_ELEMENTS], b[NUM_ELEMENTS];
random_fill(a, NUM_ELEMENTS);
random_fill(b, NUM_ELEMENTS);
cl_mem inputA = clCreateBuffer(context, CL_MEM_READ_ONLY | CL_MEM_COPY_HOST_PTR,
  sizeof(cl_float) * NUM_ELEMENTS, a, NULL);
cl_mem inputB = clCreateBuffer(context, CL_MEM_READ_ONLY | CL_MEM_COPY_HOST_PTR,
  sizeof(cl_float) * NUM_ELEMENTS, b, NULL);
cl_mem output = clCreateBuffer(context, CL_MEM_WRITE_ONLY,
  sizeof(cl_float) * NUM_ELEMENTS, NULL, NULL);
```

일단 a와 b, 두 개의 배열을 만든다. 둘 다 random_fill()을 이용해서 임의의 값으로 채워진다.

DataParallelism/MultiplyArrays/multiply_arrays.c

```
void random_fill(cl_float array[], size_t size) {
  for (int i = 0; i < size; ++i)
    array[i] = (cl_float)rand() / RAND_MAX;
}
```

두 개의 입력 버퍼인 inputA와 inputB는 커널의 입장에서 보았을 때 읽기전용(CL_MEM_READ_ONLY)이고, 각자의 소스 배열(CL_MEM_COPY_HOST_PTR)에서 값을 복사함으로써 초기화된다. 출력 버퍼인 output은 쓰기전용(CL_MEM_WRITE_ONLY)이다.

작업항목 실행하기

이제 배열을 곱하는 업무를 수행하는 작업항목을 실행시킬 준비가 되었다.

DataParallelism/MultiplyArrays/multiply_arrays.c

```
clSetKernelArg(kernel, 0, sizeof(cl_mem), &inputA);
clSetKernelArg(kernel, 1, sizeof(cl_mem), &inputB);
clSetKernelArg(kernel, 2, sizeof(cl_mem), &output);

size_t work_units = NUM_ELEMENTS;
clEnqueueNDRangeKernel(queue, kernel, 1, NULL, &work_units, NULL, 0, NULL, NULL);
```

clSetKernelArg()를 이용해서 커널에 전달되는 인수를 설정한 다음, clEnqueueND
RangeKernel()을 호출한다. 이 함수는 작업항목의 N-차원 범위(NDRange)를 큐에 집어
넣는다. 이 경우에는 N이 1(1은 clEnqueueNDRangeKernel()에 전달되는 세 번째 인수다.
N > 1 경우의 예는 나중에 보게 될 것이다)이고, 작업항목의 수는 1,024다.

결과 읽기

커널이 동작을 완료하면 결과를 읽어야 한다.

DataParallelism/MultiplyArrays/multiply_arrays.c

```
cl_float results[NUM_ELEMENTS];
clEnqueueReadBuffer(queue, output, CL_TRUE, 0, sizeof(cl_float) * NUM_ELEMENTS,
  results, 0, NULL, NULL);
```

results 배열을 만들고 clEnqueueReadBuffer() 함수를 이용해서 output 버퍼의 내용을 복
사한다.

정리하기

호스트 프로그램의 마지막 작업은 자원을 정리하는 일이다.

DataParallelism/MultiplyArrays/multiply_arrays.c

```
    clReleaseMemObject(inputA);
    clReleaseMemObject(inputB);
    clReleaseMemObject(output);
    clReleaseKernel(kernel);
    clReleaseProgram(program);
    clReleaseCommandQueue(queue);
    clReleaseContext(context);
```

7.2.3 프로파일링하기

이제 제대로 동작하는 커널이 있으니, 그것이 어느 정도의 성능을 보이는지 확인하도록 하자.
이 질문에 대답하기 위해서 OpenCL의 프로파일링 API를 사용할 수 있다.

DataParallelism/MultiplyArraysProfiled/multiply_arrays.c

```
1  cl_event timing_event;
-  size_t work_units = NUM_ELEMENTS;
-  clEnqueueNDRangeKernel(queue, kernel, 1, NULL, &work_units,
-    NULL, 0, NULL, &timing_event);
5
-  cl_float results[NUM_ELEMENTS];
-  clEnqueueReadBuffer(queue, output, CL_TRUE, 0, sizeof(cl_float) * NUM_ELEMENTS,
-    results, 0, NULL, NULL);
-  cl_ulong starttime;
10 clGetEventProfilingInfo(timing_event, CL_PROFILING_COMMAND_START,
-    sizeof(cl_ulong), &starttime, NULL);
-  cl_ulong endtime;
-  clGetEventProfilingInfo(timing_event, CL_PROFILING_COMMAND_END,
-    sizeof(cl_ulong), &endtime, NULL);
15 printf("Elapsed (GPU): %lu ns\n\n", (unsigned long)(endtime - starttime));
-  clReleaseEvent(timing_event);
```

우선 3번 줄에서 clEnqueueNDRangeKernel()에 timing_event 사건을 전달한다. 이 명령
이 완료되면 (10번과 13번 줄에서) clGetEventProfilingInfo()를 호출해 성능과 관련된 정
보를 질의할 수 있다.

NUM_ELEMENTS를 100,000으로 설정하면 이 GPU 코드는 내 맥북프로에서 대략 43,000 나노초 동안 동작한다. 비교를 하기 위해 CPU에서 루프가 같은 코드를 실행해보자.

DataParallelism/MultiplyArraysProfiled/multiply_arrays.c

```
for (int i = 0; i < NUM_ELEMENTS; ++i)
  results[i] = a[i] * b[i];
```

이 코드는 동일한 100,000개의 요소를 곱하는 동작을 400,000나노초 동안 실행한다. 따라서 이 업무의 경우에는 GPU가 CPU보다 9배 정도 더 빠른 것을 알 수 있다.

경고의 말

두 배열을 곱하는 명령을 프로파일링하는 것은 다소 잘못된 정보를 제공한다. 이 코드를 실행하기 전에 우리는 입력된 데이터를 inputA와 inputB 버퍼로 복사했다. 동작이 완료된 다음에 우리는 결과를 output 버퍼에서 복사했다.

이러한 복사는 두 수를 곱하는 곱셈 같은 단순한 작업과 비교하면 상대적으로 값비싼 동작이다. 아마 너무나 비싸서 GPU를 사용하는 것이 별로 이점을 주지 않을 수도 있다. 실세계에서 사용하는 OpenCL 애플리케이션은 이것보다 더 실제적인 연산을 수행하거나 이미 GPU 내에 존재하는 데이터를 대상으로 동작을 수행한다.

여기에서 사용한 배열 곱셈의 예는 OpenCL API의 몇 가지 측면에서 별로 신중하게 사용하지 않았다. 따라서 몇 개를 수정해보도록 하자.

7.2.4 여러 개의 리턴 값

많은 OpenCL 함수들이 여러 개의 값을 동시에 리턴할 수 있다. 예를 들어 하나의 플랫폼이 여러 개의 장치를 지원할 수도 있기 때문에 clGetDeviceIDs()는 둘 이상의 장치를 리턴할 수 있다. 다음은 프로토타입이다.

```
cl_int clGetDeviceIDs(cl_platform_id platform,
                      cl_device_type device_type,
                      cl_uint        num_entries,
                      cl_device_id*  devices,
                      cl_uint*       num_devices);
```

devices 인수는 길이가 num_entires인 배열을 가리키는 포인터고, num_devices는 하나의
정수값을 가리키는 포인터다. clGetDeviceIDs()를 호출하는 한 가지 방법은 고정된 길이의
배열을 전달하는 것이다.

```
cl_device_id devices[8];
cl_uint num_devices;
clGetDeviceIDs(platform, CL_DEVICE_TYPE_ALL, 8, devices, &num_devices);
```

clGetDeviceIDs()가 리턴되면 num_devices 내에서 사용할 수 있는 장치의 수가 설정될
것이고, devices 배열에 있는 첫 번째 num_devices 항목이 채워져 있게 될 것이다.

이 코드는 제대로 동작하지만, 사용할 수 있는 장치가 8개 이상인 경우에는 어떻게 하는가? 더
"커다란" 배열을 인수로 전달할 수도 있지만, 이렇게 고정된 길이의 구조를 사용하면 언제가 될
지는 몰라도 길이가 부족하게 되는 상황이 생기게 마련이다. 다행히 배열을 리턴하는 OpenCL
함수들은 해당 함수를 두 번 호출함으로써 리턴되는 배열이 얼마나 커야 하는지 알 수 있는 방
법을 제공한다.

```
cl_uint num_devices;
clGetDeviceIDs(platform, CL_DEVICE_TYPE_ALL, 0, NULL, &num_devices);

cl_device_id* devices = (cl_device_id*)malloc(sizeof(cl_device_id) * num_
                             devices);
clGetDeviceIDs(platform, CL_DEVICE_TYPE_ALL, num_devices, devices, NULL);
```

clGetDeviceIDs()를 처음 호출할 때는 devices 인수에 NULL을 전달한다. 이 호출을 리턴
하면 num_devices에는 사용할 수 있는 장치의 수가 설정된다. 이제 이 값을 이용해 적절한
크기의 배열을 동적으로 만들어서 clGetDeviceIDs()를 두 번째로 호출한다.

7.2.5 에러 처리

OpenCL 함수들은 에러 코드를 이용해서 에러를 보고한다. CL_SUCCESS는 함수 호출이 성
공적으로 리턴했음을 알린다. 다른 값은 모두 에러를 보고한다. 다음은 에러 처리 기능과 함께
clGetDeviceIDs()를 호출하는 모습이다.

```
cl_int status;

cl_uint num_devices;
status = clGetDeviceIDs(platform, CL_DEVICE_TYPE_ALL, 0, NULL, &num_devices);
if (status != CL_SUCCESS) {
  fprintf(stderr, "Error: unable to determine num_devices (%d)\n", status);
  exit(1);
}

cl_device_id* devices = (cl_device_id*)malloc(sizeof(cl_device_id) * num_
                        devices);
status = clGetDeviceIDs(platform, CL_DEVICE_TYPE_ALL, num_devices, devices,
        NULL);
if (status != CL_SUCCESS) {
  fprintf(stderr, "Error: unable to retrieve devices (%d)\n", status);
  exit(1);
}
```

대부분의 OpenCL 프로그램이 이러한 잡다한 코드를 제거하기 위해서 다음과 같이 유틸리티
함수나 매크로를 사용하는 것은 놀라운 일이 아니다.

DataParallelism/MultiplyArraysWithErrorHandling/multiply_arrays.c

```
#define CHECK_STATUS(s) do { \
    cl_int ss = (s); \
    if (ss != CL_SUCCESS) { \
      fprintf(stderr, "Error %d at line %d\n", ss, __LINE__); \
      exit(1); \
    } \
} while (0)
```

이것은 다음과 같은 코드를 작성하게 해준다.

DataParallelism/MultiplyArraysWithErrorHandling/multiply_arrays.c

```
CHECK_STATUS(clSetKernelArg(kernel, 0, sizeof(cl_mem), &inputA));
```

어떤 OpenCL 함수들은 에러 코드를 리턴하는 대신 error_ret 인수를 받아들인다. 예를 들어 clCreateContext()는 다음과 같은 프로토타입을 가지고 있다.

```
cl_context clCreateContext(const cl_context_properties* properties,
                    cl_uint num_devices,
                    const cl_device_id* devices,
                    void (CL_CALLBACK* pfn_notify)(const char* errinfo,
                                    const void* private_info,
                                    size_t cb,
                                    void* user_data),
                    void* user_data,
                    cl_int* errcode_ret);
```

다음은 에러 처리를 염두에 두고 이 함수를 호출하는 방법이다.

DataParallelism/MultiplyArraysWithErrorHandling/multiply_arrays.c

```
cl_int status;
cl_context context = clCreateContext(NULL, 1, &device, NULL, NULL, &status);
CHECK_STATUS(status);
```

OpenCL 코드에서는 이 밖에도 다양한 에러 처리 스타일이 존재한다. 자신의 스타일에 가장 잘 맞는 것으로 골라서 사용하면 된다.

7.2.6 1일 차 마무리

1일 차는 이렇게 마무리하고, 2일 차에서는 OpenCL 플랫폼, 실행, 그리고 메모리 모델을 더 자세히 알아보기로 한다.

1일 차에서 배운 내용

OpenCL은 범용 프로그래밍을 위해 GPU의 데이터 병렬 기능을 활용하도록 해준다. GPU를 사용하면 성능이 극적으로 향상되기도 한다.

- OpenCL은 업무를 작은 작업항목으로 분할함으로써 병렬화한다.
- 커널을 작성함으로써 각 작업항목이 어떻게 처리되어야 하는지 정의한다.
- 커널을 실행하기 위해서 호스트 프로그램은 다음과 같은 일을 수행한다.
  1 명령어 큐와 함께 커널이 실행될 문맥을 생성한다.
  2 커널을 컴파일한다.
  3 입력과 출력 데이터를 위한 버퍼를 생성한다.
  4 각 작업항목을 위해서 커널을 실행하는 명령을 큐에 넣는다.
  5 결과를 검색한다.

1일 차 자율학습

찾아라

- OpenCL 요구사항
- OpenCL API 참조 카드
- OpenCL 커널을 정의하는 언어는 C와 비슷하다. 이 언어가 C와 어떻게 다른가?

수행하라

- 다른 데이터 타입을 저장하는 배열을 다룰 수 있도록 앞에서 작성한 배열 곱셈 커널을 수정하고, 성능을 프로파일링하라. 데이터 타입에 따라 성능이 어떻게 달라지는가? (바이트로 측정되는) 데이터 타입의 크기가 절대적인 측정값이나 CPU와의 비교 측면에서 성능에 어떤 영향을 주는가?

- CL_MEM_COPY_HOST_PTR을 clCreateBuffer()에 전달함으로써 버퍼를 만들고 초기화했다. 호스트를 다시 작성해서 CL_MEM_USE_HOST_PTR 혹은 CL_MEM_ALLOC_HOST_PTR를 사용하도록 하고(이렇게 하려면 단순히 플래그의 값을 바꾸는 것 이상이 필요할 것이다), 그에 따른 성능을 측정하라. 서로 다른 버퍼 전략을 사용하면 어떤 장단점이 있는가?

- 호스트 프로그램을 수정해서 clCreateBuffer() 대신 clEnqueueMapBuffer()를 이용하도록 만들고, 성능을 프로파일링하라. 이렇게 하는 것이 언제 적당하고, 언제 적당하지 않은가?

- OpenCL 언어는 표준 C가 제공하는 데이터 타입을 넘어서 여러 타입을 제공한다. 특히 float4 혹은 ulong3과 같은 벡터 타입을 포함한다. 앞의 커널을 수정해서 두 개의 벡터 버퍼를 곱할 수 있도록 만들어라. 이러한 벡터 타입이 호스트 프로그램 내부에서는 어떻게 표현되는가?

7.3 2일 차: 다차원과 작업그룹

우리는 1차원 배열을 처리하는 작업항목의 집합을 실행하기 위해 clEnqueueNDRangeKernel()을 사용하는 방법을 보았다. 이제 다차원 배열을 처리하기 위해 그 코드를 어떻게 확장할 수 있는지, 그리고 우리가 해결할 수 있는 문제의 크기를 늘리기 위해 OpenCL의 작업그룹을 어떻게 활용할 수 있는지에 대해 알아보도록 한다.

7.3.1 다차원 작업항목 범위

호스트가 커널을 실행하기 위해 clEnqueueNDRangeKernel()을 호출할 때, 인덱스 공간을 정의한다. 이 인덱스 공간에 있는 각 점은 하나의 작업항목을 가리키는 고유한 광역 ID에 의해서 식별된다.

커널은 get_global_id()를 호출함으로써 실행 중인 작업항목의 광역 ID를 찾을 수 있다. 우리가 1일 차 과정에서 보았던 예에서는 인덱스 공간이 1차원이었기 때문에 커널이 get_global_id()를 한 번만 호출하면 충분했다. 이제 2차원 행렬을 곱하는 커널을 만들 것이므로 get_global_id()를 두 번 호출하도록 한다.

행렬 곱셈

우선 예전에 학교에서 배웠던 선형대수를 잠시 복습하면서 행렬 곱셈이 어떻게 수행되는지 살펴보자.

행렬은 수를 담고 있는 2차원 배열로 이루어진다. 우리는 w×n 행렬과 m×w 행렬을 곱해서 m×n 행렬을 얻을 수 있다. (첫째 행렬의 넓이와 둘째 행렬의 높이가 반드시 같아야 한다는 사실에 유의하기 바란다.) 예를 들어 2×4 행렬에 3×2 행렬을 곱하면 3×4 행렬을 얻게 된다.

출력된 행렬에서 (i, j) 위치에 있는 값을 계산하려면, 첫 번째 행렬의 j번째 행에 있는 모든 수와 두 번째 행렬의 i번째 열에 있는 수를 각각 곱한 다음 각 곱셈의 결과를 더하면 된다.

$$\begin{pmatrix} a & b \\ c & d \end{pmatrix} \begin{pmatrix} w & x \\ y & z \end{pmatrix} = \begin{pmatrix} aw + by & ax + bz \\ cw + dy & cx + dz \end{pmatrix}$$

이러한 과정을 순차적인 방식으로 구현한 코드다.

```
#define WIDTH_OUTPUT WIDTH_B
#define HEIGHT_OUTPUT HEIGHT_A

float a[HEIGHT_A][WIDTH_A] = ≪initialize a≫;
float b[HEIGHT_B][WIDTH_B] = ≪initialize b≫;
float r[HEIGHT_OUTPUT][WIDTH_OUTPUT];

for (int j = 0; j < HEIGHT_OUTPUT; ++j) {
  for (int i = 0; i < WIDTH_OUTPUT; ++i) {
    float sum = 0.0;
    for (int k = 0; k < WIDTH_A; ++k) {
      sum += a[j][k] * b[k][i];
    }
    r[j][i] = sum;
  }
}
```

보는 바와 같이, 배열에 있는 요소의 수가 늘어남에 따라 그들을 서로 곱하기 위해 필요한 작업의 양은 급속도로 늘어난다. 그래서 커다란 행렬을 곱하는 작업은 CPU를 상당히 많이 사용하게 된다.

병렬 행렬 곱셈

다음은 2차원 행렬을 곱할 때 사용할 수 있는 커널이다.

DataParallelism/MatrixMultiplication/matrix_multiplication.cl

```
1  __kernel void matrix_multiplication(uint widthA,
-                                       __global const float* inputA,
-                                       __global const float* inputB,
-                                       __global float* output) {
5
-    int i = get_global_id(0);
-    int j = get_global_id(1);
-
-    int outputWidth = get_global_size(0);
10   int outputHeight = get_global_size(1);
-    int widthB = outputWidth;
```

```
   float total = 0.0;
   for (int k = 0; k < widthA; ++k) {
15    total += inputA[j * widthA + k] * inputB[k * widthB + i];
   }
   output[j * outputWidth + i] = total;
 }
```

커널은 2차원 인덱스 공간 내에서 실행된다. 이 공간에 존재하는 각 점은 출력 배열 내에서의 위치를 나타낸다. (6번과 7번 줄에서) get_global_id()를 두 번 호출함으로써 이 점을 읽는다.

이 코드는 get_global_size()를 호출함으로써 인덱스 공간의 범위를 파악할 수 있다. 그런 범위를 이용하면 (9번과 10번 줄에서) 출력 행렬의 차원을 알아낼 수 있다. 또한 우리에게 outputWidth와 동일한 widthB를 제공하지만 우리는 인수로 widthA를 전달해주어야 한다.

14번 줄에 있는 루프는 앞의 순차적 버전에서 보았던 내부 루프에 불과하다. 유일한 차이점은 OpenCL의 버퍼가 1차원이기 때문에 다음과 같은 코드를 작성할 수 없다는 사실이다.

```
output[j][i] = total;
```

대신 정확한 오프셋을 정하기 위해 약간의 계산을 해야 한다.

```
output[j * outputWidth + i] = total;
```

이 커널을 실행하기 위해서 요구되는 호스트 프로그램은 2일 차 과정에서 보았던 것과 매우 흡사하다. 가장 큰 차이는 clEnqueueNDRangeKernel()에 전달되는 인수다.

DataParallelism/MatrixMultiplication/matrix_multiplication.c

```
size_t work_units[] = {WIDTH_OUTPUT, HEIGHT_OUTPUT};
CHECK_STATUS(clEnqueueNDRangeKernel(queue, kernel, 2, NULL, work_units,
  NULL, 0, NULL, NULL));
```

이 코드는 work_dim을 (세 번째 인수인) 2로 설정함으로써 2차원 인덱스 공간을 생성한다. 그리고 global_work_size를 (다섯 번째 인수인) 2개의 요소를 가진 배열로 설정함으로써 각 차원의 확장을 명시한다.

이 커널은 우리가 앞서 보았던 것보다 훨씬 놀랄만한 성능 향상을 보여준다. 내 맥북프로에서는 200×400 행렬과 300×200 행렬을 곱하는 계산은 3밀리초 정도 걸린다. CPU에서 걸리는 66밀리초에 비하면 속도가 거의 20배 빨라졌다.

이 커널은 데이터 요소당 훨씬 많은 작업을 수행하기 때문에, 심지어 CPU와 GPU 사이에서 데이터가 복사되는 데 따르는 오버헤드를 감안하더라도 상당한 수준의 성능 향상을 확인할 수 있다. 내 맥북프로에서 그러한 복사는 전체 시간이 5밀리초 정도 걸릴 때 2밀리초 정도의 시간을 차지한다. 그래도 여전히 13배 정도 빨라진 속도다.

우리가 지금까지 실행한 코드는 OpenCL과 호환되는 GPU가 존재한다고 가정한다. 물론 이런 일이 언제나 사실일 것이라는 보장은 없다. 그래서 다음은 특정한 호스트 내에서는 어떤 OpenCL 플랫폼과 장치가 사용될 수 있는지를 알아내는 방법을 살펴보기로 한다.

7.3.2 장치 정보 질의하기

OpenCL은 우리가 플랫폼, 장치, 그리고 많은 API 객체와 관련된 인수를 질의할 수 있는 함수를 제공한다. 예를 들어 다음은 문자열 타입의 값을 갖는 장치 인수를 질의하고 출력하기 위해 clGetDeviceInfo()를 사용한 함수다.

DataParallelism/FindDevices/find_devices.c

```
void print_device_param_string(cl_device_id device,
                               cl_device_info param_id,
                               const char* param_name) {
    char value[1024];
    CHECK_STATUS(clGetDeviceInfo(device, param_id, sizeof(value), value, NULL));
    printf("%s: %s\n", param_name, value);
}
```

인수들은 (문자열, 정수, size_t의 배열 등) 서로 다른 타입을 갖는다. 앞에서 본 것 같은 일련의 함수가 주어졌다고 했을 때, 우리는 다음과 같은 방법으로 특정한 장치의 인수를 질의할 수 있다.

```
void print_device_info(cl_device_id device) {
  print_device_param_string(device, CL_DEVICE_NAME, "Name");
  print_device_param_string(device, CL_DEVICE_VENDOR, "Vendor");
  print_device_param_uint(device, CL_DEVICE_MAX_COMPUTE_UNITS, "Compute
                          Units");
  print_device_param_ulong(device, CL_DEVICE_GLOBAL_MEM_SIZE, "Global Memory");
  print_device_param_ulong(device, CL_DEVICE_LOCAL_MEM_SIZE, "Local Memory");
  print_device_param_sizet(device, CL_DEVICE_MAX_WORK_GROUP_SIZE, "Workgroup
                          size");
}
```

부록에 있는 코드는 사용 가능한 플랫폼과 장치를 질의하기 위해서 이런 종류의 코드를 이용하는 find_devices라는 프로그램을 포함하고 있다. 이것을 맥북프로에서 실행하면 다음과 같은 결과가 출력된다.

```
Found 1 OpenCL platform(s)

Platform 0
Name: Apple
Vendor: Apple

Found 2 device(s)

Device 0
Name: Intel(R) Core(TM) i7-3720QM CPU @ 2.60GHz
Vendor: Intel
Compute Units: 8
Global Memory: 17179869184
Local Memory: 32768
Workgroup size: 1024
Device 1
Name: GeForce GT 650M
Vendor: NVIDIA
Compute Units: 2
Global Memory: 1073741824
Local Memory: 49152
Workgroup size: 1024
```

따라서 이 경우에는 기본 애플 OpenCL 구현이라는 단일 플랫폼이 사용 가능하다. 그 플랫폼 내에 CPU와 GPU라는 두 개의 장치가 존재한다.

이러한 결과에서 알 수 있는 재밌는 사실이 몇 가지가 있다.

- OpenCL은 GPU 이상의 것을 목표로 할 수 있다(CPU는 물론이고, 특별한 OpenCL 가속기도 목표로 할 수 있다).
- 내 맥북프로에 있는 GPU는 두 개의 계산 유닛을 제공한다.
- GPU는 1GB에 달하는 전역 메모리를 가지고 있다.
- 각 계산 유닛은 48KB의 지역 메모리를 가지고 있으며, 최대 작업그룹의 크기는 1024다.

다음 절에서 우리는 OpenCL의 플랫폼과 메모리 모델, 그리고 그들이 우리의 코드에 의미하는 바 등을 살펴보게 될 것이다.

OpenCL이 왜 CPU를 목표로 하는가?

많은 사람들이 다소 의외라고 생각하겠지만, 현대 CPU는 오랫동안 데이터 병렬 명령어를 지원해왔다. 예를 들어 인텔 프로세서는 스트리밍 SIMD 확장SSE, Streaming SIMD Extensions을 지원하고, 더 최근에는 고급 벡터 확장AVX, Advanced Vector eXtensions도 지원한다. OpenCL은 이러한 명령어 집합은 물론, 대부분의 CPU가 제공하는 여러 개의 코어에서 이득을 취할 수 있는 탁월한 방법을 제공한다.

7.3.3 플랫폼 모델

OpenCL 플랫폼은 하나 혹은 그 이상의 장치에 연결되는 호스트로 구성된다. 각 장치는 하나 혹은 그 이상의 계산 단위를 갖는다. 각 계산 단위는 [그림 7-6]처럼 여러 개의 프로세싱 요소를 제공한다.

작업항목은 프로세싱 요소에서 실행된다. 하나의 계산 단위에서 실행되는 작업항목의 컬렉션이 작업그룹working-group이다. 작업그룹 내에 있는 작업항목들은 지역 메모리를 공유하며, 그런 사실은 OpenCL의 메모리 모델을 구성한다.

그림 7-6 OpenCL 플랫폼 모델

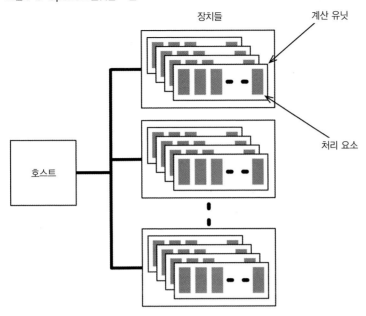

7.3.4 메모리 모델

커널을 실행하는 작업항목은 4개의 서로 다른 메모리 영역에 접근한다.

- **전역 메모리**: 해당 장치 위에서 동작하는 모든 작업항목이 접근할 수 있는 메모리
- **상수 메모리**: 전역 메모리 중에서 커널을 실행하는 동안 일정하게 남아있는 부분
- **지역 메모리**: 작업그룹에 할당한 메모리(해당 작업그룹 내에서 동작하는 작업항목들이 서로 의사소통을 하는 데 사용)
- **사적 메모리**: 하나의 작업항목만 접근할 수 있는 메모리

앞 장에서 보았던 것처럼 컬렉션에서 수행하는 축소^{reduction} 연산은 다양한 범위의 문제를 해결하는 데 매우 효과적인 접근이 될 수 있다.

다음 절에서는 데이터 병렬 축소를 구현하는 방법을 살펴보자.

7.3.5 데이터 병렬 축소

이번 절에서는 min() 연산을 통해서 컬렉션을 축소하는 과정을 병렬로 수행함으로써 컬렉션에 담긴 요소 중에서 최소값을 찾는 커널을 만들 것이다.

OpenCL 장치가 실제로 동작하는 방식이 이런 것인가?

OpenCL 플랫폼과 메모리 모델은 실제 하드웨어가 동작하는 방식을 설명해주지는 않지만, 대신 그런 하드웨어를 추상화하는 역할을 담당한다. 서로 다른 OpenCL 장치들은 상당히 다양한 물리적 아키텍처를 가질 수 있다.

예를 들어, 어떤 OpenCL 장치는 계산 유닛에 실제로 붙어있는 메모리를 지역 메모리로 가질 수 있고, 다른 어떤 장치는 전역 메모리의 일정 부분에 매핑된 메모리를 지역 메모리로 사용할 수 있다. 혹은 어떤 장치는 자기 자신만의 전역 메모리를 가질 수 있고, 다른 어떤 장치는 호스트의 메모리를 전역 메모리처럼 직접 접근할 수 있다.

이러한 아키텍처의 차이는 OpenCL 코드를 최적화할 때 상당히 중요한 의미를 갖는다. 이에 대한 내용은 이 장의 범위를 넘어선다.

이것을 순차적으로 구현하는 것은 쉽다.

DataParallelism/FindMinimumOneWorkGroup/find_minimum.c

```
cl_float acc = FLT_MAX;
for (int i = 0; i < NUM_VALUES; ++i)
  acc = fmin(acc, values[i]);
```

이것을 어떻게 병렬화할지에 대해서 두 단계로 알아본다. 처음에는 작업그룹을 한 개, 그 다음에는 작업그룹을 여러 개 사용한다.

단일 작업그룹 축소

설명을 간단하게 하기 위해서 배열에 담긴 요소의 수가 2의 배수라고 가정하고, 전체적인 크기는 단일 작업그룹으로 처리될 수 있을 만큼 작다고 생각하자(이렇게 하는 이유는 곧 알게 될 것이다). 그러한 조건이라고 했을 때, 다음은 우리가 필요한 축소 연산을 수행하는 커널이다.

DataParallelism/FindMinimumOneWorkGroup/find_minimum.cl

```
1   __kernel void find_minimum(__global const float* values,
                               __global float* result,
                               __local float* scratch) {
     int i = get_global_id(0);
5    int n = get_global_size(0);
     scratch[i] = values[i];
     barrier(CLK_LOCAL_MEM_FENCE);
     for (int j = n / 2; j > 0; j /= 2) {
       if (i < j)
10       scratch[i] = min(scratch[i], scratch[i + j]);
       barrier(CLK_LOCAL_MEM_FENCE);
     }
     if (i == 0)
       *result = scratch[0];
15  }
```

이 알고리즘은 3단계를 거친다.

1 배열을 전역 메모리에서 지역(임시) 메모리로 옮긴다(6번 줄).

2 축소를 실행한다(8~12번 줄).

3 결과를 다시 전역 메모리로 옮긴다(14번 줄).

이 축소 연산은 앞에서 클로저의 축소자(3.3.5절 참조)를 공부할 때 보았던 것과 매우 비슷한 축소 트리를 만들면서 진행된다.

그림 7-7 축소 트리

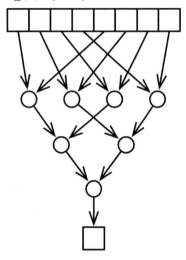

루프가 한 번 돌 때마다 작업항목의 절반이 비활성화된다. 이는 i ⟨ j 조건이 참인 작업항목에 한해서 동작을 수행하기 때문이다(배열에 담긴 요소의 수가 2의 배수라고 가정한 이유가 여기에 있다 – 한 번 돌 때마다 배열을 절반으로 줄일 수 있다). 활성화된 작업항목이 한 개만 남게 되면 루프를 빠져나간다. 활성화된 작업항목은 자신의 값과 배열의 절반에 남아있는 값 사이에서 min()을 수행한다. 루프가 종료하는 시점에 임시 배열에 있는 첫 번째 항목은 축소 연산의 최종 값이 될 것이다. 그리고 작업그룹에 있는 첫 번째 작업항목은 이 값을 result에 복사한다.

이 커널이 가진 또 다른 흥미로운 사실은 (7번과 11번 줄에서) 지역 메모리에 대한 접근을 동기화하기 위해 장벽barrier을 사용하고 있다는 점이다.

장벽

장벽은 작업항목들이 지역 메모리를 사용하는 것을 조절하는 데 사용되는 동기화 메커니즘이다. 작업그룹 안에 있는 작업항목 하나가 barrier()를 실행하면 그 작업그룹 내부에 있는 모든 작업항목이 그 지점을 통과하기 전에 반드시 똑같은 barrier()를 호출해야만 한다(이러한 동기화를 보통 '랑데부'라고 한다). 우리의 축소 커널에서는 두 가지를 목표로 한다.

- 모든 작업항목이 값을 전역 메모리에서 지역 메모리로 복사할 때까지 어느 작업항목도 축소를 시작하지 않도록, 그리고 모든 작업항목이 n번째 루프를 완료하기 전에 어느 작업항목도 n+1 루프로 진행되지 않도록 보장한다.

- OpenCL은 느슨한 메모리 일관성을 제공한다. 이것은 2.2.4절에서 보았던 자바 메모리 모델과 매우 비슷하다. 한 작업항목이 지역 메모리에 가한 변경이 장벽과 같은 특정한 동기화 지점에 도착하기 전에는 다른 작업항목에 보인다는 보장이 없다. 따라서 각 루프의 마지막 지점에서 장벽을 실행하는 것은 n번째 루프의 결과가 n+1번째 루프를 실행하는 작업항목에는 보이도록 보장한다는 것이다.

커널 실행하기

커널을 실행하는 것은 앞에서 본 것과 매우 흡사하다. 실질적으로 고려해야 할 부분은 지역 버퍼를 어떻게 만들까 하는 것뿐이다.

DataParallelism/FindMinimumOneWorkGroup/find_minimum.c

```
CHECK_STATUS(clSetKernelArg(kernel, 2, sizeof(cl_float) * NUM_VALUES, NULL));
```

arg_size는 우리가 만들기 원하는 버퍼 크기로 하고, arg_value는 NULL로 설정해 clSetKernelArg()를 호출함으로써 지역 버퍼를 할당한다.

단일 작업그룹 내에서 실행되는 축소도 훌륭하지만, 이미 아는 바와 같이 작업그룹은 제한된 크기를 갖는다(예를 들어 내 맥북프로에 있는 GPU는 1,024요소 이상을 갖지 못한다). 다음으로 우리는 여러 개의 작업그룹을 어떻게 병렬화하는지 알아볼 것이다.

여러 개의 작업그룹 축소

축소를 여러 개의 작업그룹으로 확장하는 것은 [그림 7-8]처럼 단순히 입력 배열을 여러 개로 나눈 다음 각각 독립적으로 축소하는 것으로 귀결된다.

예를 들어 각 작업그룹이 한 번에 64개의 값을 계산한다면, N 항목을 담은 배열을 N/64개의 항목으로 축소할 것이다. 이렇게 작아진 배열은 최종적으로 하나의 항목이 남을 때까지 계속 축소될 수 있다.

이렇게 하기 위해서는 커널을 수정해 커다란 문제의 한 부분을 나타내는 작업그룹에 대한 연산을 수행하도록 만들어야 한다. OpenCL은 지역 ID를 갖는 작업항목을 지원하는데, 여기서의 지역 ID는 [그림 7-9]처럼 해당 작업그룹 내에서 사용되는 ID다.

그림 7-8 여러 개의 작업그룹을 이용한 축소의 확장

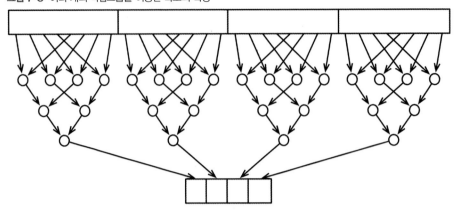

그림 7-9 작업그룹과 지역 ID

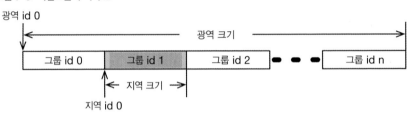

다음은 지역 ID를 사용하는 커널이다.

DataParallelism/FindMinimumMultipleWorkGroups/find_minimum.cl

```
__kernel void find_minimum(__global const float* values,
                           __global float* results,
                           __local float* scratch) {
    int i = get_local_id(0);
    int n = get_local_size(0);
    scratch[i] = values[get_global_id(0)];
    barrier(CLK_LOCAL_MEM_FENCE);
    for (int j = n / 2; j > 0; j /= 2) {
      if (i < j)
        scratch[i] = min(scratch[i], scratch[i + j]);
      barrier(CLK_LOCAL_MEM_FENCE);
    }
    if (i == 0)
      results[get_group_id(0)] = scratch[0];
}
```

get_global_id()와 get_global_size() 대신 이제 작업그룹의 시작과 작업그룹의 크기에 상대적인 ID를 리턴하는 get_local_id()와 get_local_size()를 사용한다. 전역 메모리에서 지역 메모리로 올바른 값을 복사하기 위해서는 여전히 get_global_id()를 호출해야 하며, results는 이제 get_group_id()에 의해서 인덱스되는 배열이다. 마지막 퍼즐 조각은 적당한 크기의 작업그룹을 만들기 위해서 호스트 프로그램을 변경하는 일이다.

DataParallelism/FindMinimumMultipleWorkGroups/find_minimum.c

```
size_t work_units[] = {NUM_VALUES};
size_t workgroup_size[] = {WORKGROUP_SIZE};
CHECK_STATUS(clEnqueueNDRangeKernel(queue, kernel, 1, NULL, work_units,
  workgroup_size, 0, NULL, NULL));
```

우리가 지금까지 해왔던 것처럼 local_work_size를 NULL로 설정하면 OpenCL 플랫폼은 작업그룹의 크기를 임의의 값으로 설정한다. local_work_size에 명시적인 값을 줌으로써 해당 작업그룹의 크기가 커널이 요구하는 값을 갖도록 보장할 수 있다(물론 장치가 지원하는 최대값을 넘지 않는 한도 내에서다. 이러한 값을 어떻게 찾는지 보려면 7.3.2절을 보라).

7.3.6 2일 차 마무리

2일 차는 이렇게 마무리하고, 3일 차에는 OpenCL을 사용해서 물리적인 시뮬레이션을 구현하는 애플리케이션의 예를 살펴볼 것이다. 또한 결과를 나타내기 위해 OpenGL과 통합할 것이다.

2일 차에서 배운 내용

OpenCL은 플랫폼, 실행, 그리고 배후에 존재하는 하드웨어의 자세한 내용을 추상화해주는 메모리 모델을 정의한다.

- 작업항목은 처리 요소에서 실행된다.
- 처리 요소는 계산 단위로 그룹화한다.
- 단일한 계산 단위로 실행되는 작업항목의 그룹은 하나의 작업그룹이다.
- 작업그룹 내의 작업항목들은 동기화를 수행하고 일관성을 보장하기 위해 장벽을 사용해서 지역 메모리와 의사소통을 한다.

2일 차 자율학습

찾아라

- 기본적으로 명령 큐는 주어지는 명령을 순서대로 처리한다. 순서가 어긋나 있는 동작은 어떻게 활성화하는가?
- 사건 대기 리스트event wait list는 무엇인가? 순서가 어긋난 명령 큐에 보내진 명령들이 실행되는 것에 일정한 제한을 가하기 위해서 사건 대기 리스트를 어떻게 활용하는가?
- clEnqueueBarrier()는 무엇을 하는가? 언제 장벽을 이용하고, 언제 대기 리스트를 사용하는가?

수행하라

- 2의 배수만이 아니라 임의의 수를 담은 배열을 처리하기 위해 축소 예제를 확장하라.
- 여러 장치를 목표로 삼기 위해 축소 예제를 수정하라. OpenCL과 호환되는 장치를 한 개 가지고 있다면 CPU를 목표로 삼는 것이 가능하다. 혹은 clCreateSubDevices()를 이용해 GPU를 분할하는 것도 가능하다. 각 장치를 위해서 명령 큐를 만들고, 어떤 작업항목들은 특정한 장치에서 실행되고 다른 작업항목들은 또 다른 장치에서 실행될 수 있도록 문제 자체를 적당한 크기로 나누고, 명령 큐들 사이에서 적절한 동기화를 구현해주어야 한다.
- 우리가 살펴본 축소 알고리즘은 매우 간단하다. 인터넷을 검색해보면 더 효율적인 축소를 구현할 수 있는 다양한 방법을 보여준다. 그러한 알고리즘을 자신이 사용하는 장치에서 얼마나 빠르게 실행할 수 있는가? GPU를 대상으로 수행되는 최적화 기법이 CPU를 대상으로도 적용될 수 있는가?

7.4 3일 차: OpenCL과 OpenGL-데이터를 GPU에 놓기

이제부터 간단한 물리적 시뮬레이션을 실행하고 시각화하는 완전한 OpenCL 애플리케이션을 작성할 것이다. 그렇게 하는 과정에서 그 시뮬레이션을 병렬적으로 수행하는 커널을 작성하는 방법뿐만 아니라 OpenCL과 OpenGL을 통합하는 방법, 그리고 모든 데이터를 GPU에 놓음으로써 버퍼 복사에 따르는 오버헤드를 줄이는 방법까지 알아볼 것이다.

7.4.1 물결

우리가 수행할 시뮬레이션은 물결을 만드는 것이다. 아주 정밀한 물리적 시뮬레이션이 되지는 않을 것이다. 하지만 그래픽 게임에서, 예를 들어 비 오는 날의 연못처럼 그럴듯하게 보이는 수준은 될 것이다.

7.4.2 LWJGL

이 예에서 우리는 C 대신 플랫폼에 독립적인 GUI를 더 쉽게 만들 수 있는 자바와 경량 자바 그래픽스 라이브러리(LWJGL)[3]를 사용할 것이다.

LWJGL은 자바 프로그램이 OpenGL과 OpenCL의 C API에 접근할 수 있도록 해주는 OpenCL과 OpenGL을 위한 보자기^wrapper API를 제공한다. OpenGL은 OpenCL과 매우 밀접한 연관이 있다. 나중에 보겠지만 GPU에서 동작하는 OpenCL 커널이 OpenGL 버퍼에 직접 연산을 수행하는 것도 가능하다.

LWJGL로 작성한 OpenCL 코드는 우리가 보았던 C 코드와 매우 비슷하다. 예를 들어 다음은 OpenCL 문맥, 큐, 커널을 초기화하는 코드다.

DataParallelism/Zoom/src/main/java/com/paulbutcher/Zoom.java

```
CL.create();
CLPlatform platform = CLPlatform.getPlatforms().get(0);
List<CLDevice> devices = platform.getDevices(CL_DEVICE_TYPE_GPU);
CLContext context = CLContext.create(platform, devices, null, drawable, null);
CLCommandQueue queue = clCreateCommandQueue(context, devices.get(0), 0, null);

CLProgram program =
  clCreateProgramWithSource(context, loadSource("zoom.cl"), null);
Util.checkCLError(clBuildProgram(program, devices.get(0), "", null));
CLKernel kernel = clCreateKernel(program, "zoom", null);
```

위에서 보는 바와 같이, 메서드 이름과 인수가 C 코드에서 본 것과 거의 동일하다. 자바에는 포인터가 없다든지 하는 것처럼 두 언어 사이에 존재하는 차이 때문에 약간의 수정은 필요하다. 하지만 넓은 의미로 보았을 때 C로 작성한 OpenGL 호스트 프로그램을 LWJGL을 사용하는 자바로 옮기는 것이 가능하다.

7.4.3 OpenGL 내부의 망 나타내기

이 예에서 사용하는 OpenGL 요소에 대해서는 자세히 설명하지 않겠지만, 우리의 OpenCL

---

[3] http://www.lwjgl.org

코드를 사용하는 업무가 무엇인지 파악하기 위해 이 예제가 물의 표면을 나타내는 망^{mesh}을 어떻게 표현하는지 알아볼 필요는 있다.

OpenGL 3D 장면은 삼각형을 통해서 구성된다. 우리의 경우에는 삼각형을 다음과 같이 배치함으로써 망을 구성한다.

그림 7-10 삼각형 배치

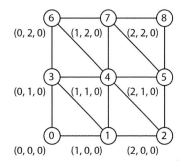

각 삼각형의 위치는 두 단계로 정해진다. (3D 공간의 점을 의미하는) 꼭짓점의 집합을 정의하는 꼭짓점 버퍼^{vertex buffer}와 각 삼각형을 그리기 위해서 어떤 꼭짓점이 사용되는지 정의하는 인덱스 버퍼가 그들이다.

[그림 7-10]에서는 꼭짓점 0은 (0,0,0)이고, 꼭짓점 1은 (1,0,0)이고, 꼭짓점 2는 (2,0,0), … 등이다. 따라서 꼭짓점 버퍼는 [0, 0, 0, 1, 0, 0, 2, 0, 0, 0, 1, 0, 1, 1, 0, …]를 포함한다.

인덱스 버퍼에서는 첫 번째 삼각형이 꼭짓점 0, 1, 3을 이용한다. 두 번째는 1, 3, 4를 이용한다. 세 번째는 1, 2, 4를 이용한다. 이런 식이다. 우리가 만드는 인덱스 버퍼는 일단 첫 번째 삼각형을 정의하고 나면, 다음 삼각형을 연결하기 위해서 꼭짓점이 하나만 필요하게 만드는 삼각형 줄무늬^{triangle strip}를 이용한다.

그림 7-11 삼각형 줄무늬

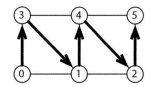

따라서 우리의 인덱스 버퍼는 [0, 3, 1, 4, 2, 5, …]를 포함한다.

이 책에 포함된 부록 코드는 꼭짓점을 위한 초깃값과 인덱스 버퍼를 생성하는 Mesh 클래스를 포함하고 있다. 여기에서 예제는 이 클래스를 이용해서 x축과 y축의 값이 −1.0에서 1.0 사이에 놓이는 64×64 망을 생성한다.

DataParallelism/Zoom/src/main/java/com/paulbutcher/Zoom.java

```
Mesh mesh = new Mesh(2.0f, 2.0f, 64, 64);
```

z축은 초깃값이 0으로 설정된다. 이 값은 물결을 나타내기 위한 애니메이션이 진행되는 동안 수정될 것이다.

이제 데이터가 다음과 같이 OpenGL 버퍼로 복사된다.

DataParallelism/Zoom/src/main/java/com/paulbutcher/Zoom.java

```
int vertexBuffer = glGenBuffers();
glBindBuffer(GL_ARRAY_BUFFER, vertexBuffer);
glBufferData(GL_ARRAY_BUFFER, mesh.vertices, GL_DYNAMIC_DRAW);

int indexBuffer = glGenBuffers();
glBindBuffer(GL_ELEMENT_ARRAY_BUFFER, indexBuffer);
glBufferData(GL_ELEMENT_ARRAY_BUFFER, mesh.indices, GL_STATIC_DRAW);
```

각 버퍼는 glGenBuffers()에 의해 할당되는 ID를 얻고, glBindBuffer()에 의해 목표물에 바인딩되고, glBufferData()에 의해 초깃값을 할당받는다. 인덱스 버퍼는 GL_STATIC_DRAW라는 사용법 힌트를 사용하는데, 이것은 (정적이라서) 값이 변하지 않음을 나타낸다. 이에 비해서 꼭짓점 버퍼는 애니메이션 프레임 사이에서 값이 변하기 때문에 GL_DYNAMIC_DRAW라는 힌트를 사용한다.

물결 코드를 작성하기 전에 먼저 더 쉬운 것부터, 즉 시간의 흐름에 따라 망의 크기를 증가시키는 간단한 커널 코드부터 작성해보자.

7.4.4 OpenCL 커널에서 OpenGL 버퍼에 접근하기

줌^{zoom} 애니메이션을 구현하는 커널이다.

DataParallelism/Zoom/src/main/resources/zoom.cl

```
__kernel void zoom( __global float* vertices) {

    unsigned int id = get_global_id(0);
    vertices[id] *= 1.01;
}
```

이 함수는 호출될 때마다 인수로 전달된 꼭짓점 버퍼 안에 담긴 요소에 1.01을 곱해서 크기를 1% 만큼 증가시킨다.

꼭짓점 버퍼를 커널에 전달하기 전에 그것을 참조하는 OpenCL 버퍼를 우선 만들어야 한다.

DataParallelism/Zoom/src/main/java/com/paulbutcher/Zoom.java

```
CLMem vertexBufferCL =
    clCreateFromGLBuffer(context, CL_MEM_READ_WRITE, vertexBuffer, null);
```

이 버퍼 객체는 이제 우리의 렌더링 루프에서 이렇게 사용될 수 있다.

DataParallelism/Zoom/src/main/java/com/paulbutcher/Zoom.java

```
  while (!Display.isCloseRequested()) {
    glClear(GL_COLOR_BUFFER_BIT | GL_DEPTH_BUFFER_BIT);
    glLoadIdentity();
    glTranslatef(0.0f, 0.0f, planeDistance);
    glDrawElements(GL_TRIANGLE_STRIP, mesh.indexCount, GL_UNSIGNED_SHORT, 0);

    Display.update();

▶   Util.checkCLError(clEnqueueAcquireGLObjects(queue, vertexBufferCL, null, null));
▶   kernel.setArg(0, vertexBufferCL);
▶   clEnqueueNDRangeKernel(queue, kernel, 1, null, workSize, null, null, null);
▶   Util.checkCLError(clEnqueueReleaseGLObjects(queue, vertexBufferCL, null, null));
▶   clFinish(queue);
  }
```

OpenCL 커널은 OpenGL 버퍼를 사용하기 전에, clEnqueueAcquireGLObjects()를 이용해 그에 대한 참조를 먼저 손에 넣어야 한다. 그 다음에 그것을 커널에 전달하는 인수로 사용하고 clEnqueueNDRangeKernel()을 호출한다. 끝으로 clEnqueueRelease-GLObjects()를 호출해서 버퍼를 릴리스하고, clFinish()를 호출해서 우리가 내보낸 명령이 끝나기를 기다린다.

이 코드를 실행하면 망이 아주 작은 상태로 시작해서 삼각형 하나가 화면을 다 덮을 때까지 커지는 것을 볼 수 있을 것이다.

이제 OpenGL과 OpenCL을 통합한 애니메이션을 작성했으니, 물결을 구현하는 복잡한 커널에 도전해 보자.

7.4.5 물결 시뮬레이션

우리는 물결의 동심원이 커지는 모습을 시뮬레이션할 것이다. 각 확장원은 망 위에서 (동심원이 확장되기 시작하는) 시간과 함께 (확장원의 중심을 나타내는) 2D 점으로 정의된다. 우리의 커널은 OpenGL 꼭짓점 버퍼에 대한 포인터만이 아니라 (밀리초로 표현되는) 시간을 담은 배열과 물결의 중심을 담은 배열을 받아들인다.

DataParallelism/Ripple/src/main/resources/ripple.cl

```
1  #define AMPLITUDE 0.1
-  #define FREQUENCY 10.0
-  #define SPEED 0.5
-  #define WAVE_PACKET 50.0
5  #define DECAY_RATE 2.0
-  __kernel void ripple(__global float* vertices,
-                       __global float* centers,
-                       __global long* times,
-                       int num_centers,
10                      long now) {
-      unsigned int id = get_global_id(0);
-      unsigned int offset = id * 3;
-      float x = vertices[offset];
-      float y = vertices[offset + 1];
15     float z = 0.0;
-
```

```
-     for (int i = 0; i < num_centers; ++i) {
-       if (times[i] != 0) {
-         float dx = x - centers[i * 2];
20        float dy = y - centers[i * 2 + 1];
-         float d = sqrt(dx * dx + dy * dy);
-         float elapsed = (now - times[i]) / 1000.0;
-         float r = elapsed * SPEED;
-         float delta = r - d;
25        z += AMPLITUDE *
-           exp(-DECAY_RATE * r * r) *
-           exp(-WAVE_PACKET * delta * delta) *
-           cos(FREQUENCY * M_PI_F * delta);
-       }
30    }
-     vertices[offset + 2] = z;
- }
```

현재의 작업항목에 의해서 처리되는 꼭짓점의 x축과 y축을 정한다(13번과 14번 줄). 루프 내 (17~30번 줄)에서 z축의 새로운 값을 계산하고 31번 줄에서 꼭짓점 버퍼에 값을 입력한다.

루프를 돌면서 0이 아닌 시작 시간과 물결의 중앙을 차례로 검사한다. 각각의 경우에 우리가 계산하는 점과 동심원의 중앙 사이에 존재하는 거리 d를 우선적으로 측정한다(21번 줄). 그 다음에 확대되는 동심원 중심의 반지름 r(23번 줄)과 δ, 그리고 우리의 점과 이 동심원과의 거리를 계산한다(24번 줄).

끝으로 우리는 δ과 r를 결합해서 z를 구한다.

$$z = Ae^{-Dr^2}e^{-W\delta^2}\cos(F\pi\delta)$$

그림 7-12 동심원

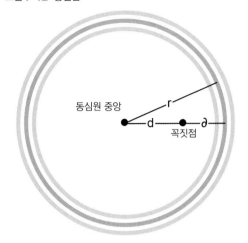

여기에서 A, D, W, F는 각각 웨이브 패킷의 진폭[amplitude], 넓어지면서 조금씩 사라지는 비율, 웨이브 패킷의 넓이[width], 그리고 진동수[frequency]를 나타내는 상수 값이다.

이제 마지막으로 남은 퍼즐 조각은 물결의 중심을 생성하기 위해서 호스트 애플리케이션을 수정하는 일이다.

DataParallelism/Ripple/src/main/java/com/paulbutcher/Ripple.java

```java
int numCenters = 16;
int currentCenter = 0;
FloatBuffer centers = BufferUtils.createFloatBuffer(numCenters * 2);
centers.put(new float[numCenters * 2]);
centers.flip();
LongBuffer times = BufferUtils.createLongBuffer(numCenters);
times.put(new long[numCenters]);
times.flip();

CLMem centersBuffer =
  clCreateBuffer(context, CL_MEM_READ_ONLY | CL_MEM_COPY_HOST_PTR,centers, null);
CLMem timesBuffer =
  clCreateBuffer(context, CL_MEM_READ_ONLY | CL_MEM_COPY_HOST_PTR, times, null);
```

이제 마우스를 클릭할 때마다 그곳에서 물결이 일어난다.

```java
  while (Mouse.next()) {
    if (Mouse.getEventButtonState()) {
      float x = ((float)Mouse.getEventX() / Display.getWidth()) * 2 - 1;
      float y = ((float)Mouse.getEventY() / Display.getHeight()) * 2 - 1;

      FloatBuffer center = BufferUtils.createFloatBuffer(2);
      center.put(new float[] {x, y});
      center.flip();
      clEnqueueWriteBuffer(queue, centersBuffer, 0,
        currentCenter * 2 * FLOAT_SIZE, center, null, null);
      LongBuffer time = BufferUtils.createLongBuffer(1);
      time.put(System.currentTimeMillis());
      time.flip();

      clEnqueueWriteBuffer(queue, timesBuffer, 0,
        currentCenter * LONG_SIZE, time, null, null);
      currentCenter = (currentCenter + 1) % numCenters;
    }
  }
```

이 코드를 컴파일하고 망 위를 몇 번 클릭해보라. 그러면 [그림 7-13]과 같은 모습을 볼 수 있을 것이다.

그림 7-13 물결

시뮬레이션을 수행하는 동작과 결과를 3D로 시각화하는 동작이 모두 GPU에서 병렬적으로 발생하도록 물리적인 시뮬레이션을 만들어 보았다. 계산과 시각화에 필요한 데이터는 복사할 필요 없이 영원히 GPU에 존재한다.

7.4.6 3일 차 마무리

OpenCL을 이용한 GPU에서의 데이터 병렬화에 대한 논의를 마쳤다.

3일 차에서 배운 내용

GPU에서 동작하는 OpenCL 커널은 동일한 GPU에서 동작하는 OpenGL 애플리케이션이 사용하는 버퍼에 직접 접근할 수 있다. 이러한 방법을 정리하면 다음과 같다.

- clCreateFromGLBuffer()를 이용해서 OpenGL 버퍼의 OpenCL 뷰를 만든다.
- clEnqueueAcquireGLObjects()를 이용해서 OpenGL 버퍼를 얻은 다음 커널에 전달한다.
- 커널의 동작이 완료되면 clEnqueueReleaseGLObjects()를 이용해서 커널을 릴리스한다.

3일 차 자율학습

찾아라

- 이미지 객체image object는 무엇인가? 그것은 보통의 OpenCL 버퍼와 어떻게 다른가? 이미지 객체는 커널에서 OpenGL과 호환되지 않는 방식으로 사용되는가?
- 샘플러 객체sampler object는 무엇인가? 어떤 문제를 해결하려고 할 때 도움이 되는가?
- 원자 함수atomic function는 무엇인가? 장벽 대신 원자 함수를 사용해야 하는 경우는 언제인가?

수행하라

- 원자 함수를 사용하지 않고, 0 ~ 32까지의 정수를 담은 버퍼를 받아들여 그 버퍼 안에 각각의 정수 값이 몇 개씩 들어있는 막대그래프를 구현하는 커널을 만들어라. 자신의 코드를 확장해서 0 ~ 1024까지의 정수를 담은 버퍼를 대상으로도 똑같은 일을 수행하게 만들 수 있는가?
- 앞에서와 동일한 동작을 수행하는 코드를 작성하되, 이번에는 원자 함수를 사용하라. 두 해법을 비교하면 어떤가?

7.5 마치며

어떤 이유에서인지 병렬성을 이야기하는 다양한 주류 논의에서 데이터 병렬성은 종종 무시되는 것처럼 보인다. 하지만 지금까지 살펴본 것처럼 데이터 병렬성은 코드의 성능을 높이는 데 엄청나게 강력한 방법을 제공하기 때문에 모든 프로그래머가 반드시 자신의 도구상자에 담고 있어야 할 도구다.

7.5.1 장점

데이터 병렬성은 커다란 용량의 데이터를 대상으로 수치 계산을 할 필요가 있을 때 매우 이상적이다. 시뮬레이션을 위한 과학적 혹은 엔지니어링 계산에 특히 적당하다. 유체역학, 유산요소 분석, n-body 시뮬레이션, 어닐링^{annealing} 시뮬레이션, 개미-식민지 최적화, 신경망 네트워크 등이 그런 예에 속한다.

GPU는 강력한 데이터 병렬 프로세서에 머물지 않는다. 전력 사용량에 있어서도 매우 효율적이다. 전통적인 CPU와 비교하면 훨씬 더 좋은 전력 효율(GFLOPS/watt)을 제공한다. 그렇기 때문에 전 세계적으로 많은 고성능 슈퍼컴퓨터가 GPU 혹은 전용 데이터-병렬 프로세서를 적극적으로 활용한다.[4]

7.5.2 단점

데이터 병렬 프로세싱이라는 자신의 틈새시장 안에서 GPGPU 프로그래밍은 매우 강력하다. 하지만 이러한 강력함이 모든 문제를 해결하는 데 동원되는 것은 아니다. (예를 들어 신경망 네트워크처럼) 수치가 아닌 문제를 해결하는 데 적용하는 것도 가능은 하지만 그렇게 하는 것이 쉽지 않기 때문에, 현재의 단계에서는 주로 숫자를 계산하는 데 국한해서 활용되고 있다.

OpenCL 커널을 최적화하는 것은 매우 어렵고, 효과적인 최적화를 위해서는 종종 배후에서 사용되는 하드웨어 아키텍처에 대한 깊은 이해가 필요하다. 여러 플랫폼에서 고성능을 제공하는 코드를 작성하고자 할 때 이러한 제약은 문제가 된다. 어떤 경우에는 호스트 프로그램과 장

---

4 http://www.top500.org/lists/2013/06/

치 사이에서 데이터를 복사해야 하는데, 그런 복사가 시간의 대부분을 잡아먹음으로써 병렬적인 계산에서 얻는 이득을 모두 상쇄시키기도 한다.

7.5.3 다른 언어들

GPGPU 프레임워크로는 CUDA[5], DirectCompute[6], 그리고 RenderScript 계산[7] 등이 있다.

7.5.4 마지막 생각

GPGPU 프로그래밍은 하나의 컴퓨터에서 실행되는 작은 규모의 데이터 병렬성을 나타내는 예다. 다음 장에서는 여러 대의 컴퓨터 위에서 병렬 데이터 처리를 수행하는 람다 아키텍처를 살펴볼 것이다.

---

5 http://www.nvidia.com/object/cuda_home_new.html

6 http://msdn.com/directx

7 http://developer.android.com/guide/topics/renderscript/compute.html

CHAPTER **8**

람다 아키텍처

미국의 한쪽 끝에서 다른 쪽 끝으로 화물을 운반하려면 18톤 트럭 군단보다 더 좋은 게 없지만, 패키지를 하나만 보낼 때는 좋은 방법이 아니다. 그래서 운송업체들은 동네에서 작은 화물을 모으거나 배달할 때 사용할 작은 규모의 트럭도 보유한다.

이와 비슷하게 람다 아키텍처는 빅데이터 문제를 해결하고자 할 때 맵리듀스가 갖는 커다란 규모의 배치 처리의 장점과 스트리밍 처리의 실시간 응답속도가 갖는 장점을 결합해서 확장 가능성, 반응성, 장애 허용성을 갖는 해법을 제공한다.

8.1 병렬성이 빅데이터를 가능하게 만든다

빅데이터의 출현은 최근 몇 년 동안 데이터 처리와 관련된 분야에 엄청난 변화를 몰고 왔다. 빅데이터는 병렬성을 적극 활용한다는 점에서 기존의 전통적인 데이터 처리와 구별된다. 여러 개의 컴퓨팅 자원을 동시에 활용할 수 있어야만 테라바이트 수준의 데이터를 처리할 수 있기 때문이다. 람다 아키텍처는 백타입BackType에서 비롯되어 나중에 트위터에서 근무한 나탄 마츠Nathan Marz에 의해서 대중화된 빅데이터에 대한 특별한 접근 방법이다.

앞 장에서 보았던 GPGPU 프로그래밍과 마찬가지로, 람다 아키텍처는 데이터 병렬성을 활용한다. 차이점은 람다 아키텍처가 그러한 처리를 엄청난 규모, 즉 수십, 수백 대의 컴퓨터가 구성하는 클러스터에서 데이터와 연산 자체를 분산시키면서 수행한다는 점이다. 이러한 방법은 과거에는 다룰 수 없었던 문제를 다룰 수 있게 만들어주는 강력한 파워를 제공할 뿐만 아니라, 하드웨어 실패나 사람의 실수로 야기되는 장애를 견딜 수 있는 시스템을 만들어주기도 한다.

람다 아키텍처는 여러 측면에서 살펴볼 수 있지만, 이 장에서는 병렬성과 분산처리 측면에서만 살펴볼 것이다(더 자세한 논의를 보고 싶은 사람은 나탄의 책, 『빅데이터』[1]를 읽기 바란다). 특히, [그림 8-1]과 같이 람다 아키텍처의 두 핵심 빌딩 블록인 배치 계층과 속도 계층에 대해서 알아볼 것이다.

그림 8-1 배치 계층과 속도 계층

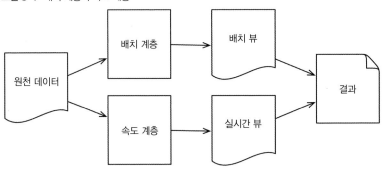

배치 계층은 과거의 데이터를 이용해서 배치 뷰를 미리 계산하기 위해 맵리듀스 같은 배치중심의 테크놀로지를 이용한다. 이런 방법은 효과적이지만 지연 속도가 크다. 그래서 지금 막 도착하는 데이터를 이용해서 실시간 뷰를 생성하기 위해 스트리밍 처리 같은 저지연$^{low-latency}$ 테크닉을 활용하는 스피드 뷰를 추가한다. 최종적인 질의 결과를 만들어내기 위해서 이러한 두 개의 뷰 타입은 하나로 결합된다.

람다 아키텍처는 우리가 이 책에서 다루는 내용 중에서 가장 복잡하다. 그것은 맵리듀스를 비롯한 여러 테크놀로지를 기반으로 해서 만들어진다. 1일 차에는 그것이 전체적인 그림 위에서 어느 부분에 위치하는지 생각하지 않고 순수하게 맵리듀스에 대해서만 알아볼 것이다. 2일 차에는 전통적인 데이터 시스템이 가진 문제점을 알아보고 맵리듀스가 람다 아키텍처의 배치 계층에 놓였을 때 이와 같은 문제를 어떻게 해결하는지 살펴볼 것이다. 끝으로 3일 차에는 스트림 처리를 도입함으로써 람다 아키텍처의 전체 그림을 완성하고 그것이 어떻게 속도 계층을 구축하는 데 사용되는지 알아볼 것이다.

....

1 Nathan Marz and James Warren. 『Big Data: Principles and best practices of scalable realtime data systems』. Manning Publications Co., Greenwich, CT, 2014.

8.2 1일 차: 맵리듀스

맵리듀스는 광의의 용어다. 때로는 알고리즘을 나누는 것, 즉 자료구조에 맵^{map}을 적용하고 다시 축소^{reduce}를 적용하는 두 단계로 나누는 것을 의미한다. 앞에서 보았던 함수형 단어 세기 예제는(frequencies가 reduce를 이용해서 구현되었음을 기억하라) 정확히 이에 해당하는 내용이었다. 3.3절 '함수 병렬화'에서 보았던 것처럼 알고리즘을 이렇게 잘게 나누는 것은 그 자체로 병렬적인 처리를 가능하게 만들어준다.

하지만 맵리듀스는 때로는 이보다 더 특정한 의미의 알고리즘을 뜻하기도 한다. 데이터에 맵을 적용한 다음 축소 함수를 적용하고, 그것을 여러 대의 컴퓨터로 이루어진 클러스터로 분산시킨다. 이런 시스템은 클러스터에 포함된 여러 대의 컴퓨터 사이에서 데이터와 연산 자체를 자동적으로 분할^{partition}하기도 하고, 어느 한 대의 컴퓨터에 장애가 일어났을 때 다른 컴퓨터를 이용해서 계속 계산을 수행하는 기능을 제공하기도 한다.

이름이 왜 람다 아키텍처인가?

이러한 이름의 기원에 대해서 많은 추측이 존재한다. 이러한 설명은 람다 아키텍처의 아버지인 나탄 마츠가 가장 잘 해줄 수 있다.[2]

> 아키텍처와 함수 프로그래밍의 깊은 유사성 때문에 이러한 이름이 만들어졌다. 가장 근본적인 수준에서 보았을 때 람다 아키텍처는 데이터 위에 함수를 한꺼번에 적용시키기 위한 일반적인 방법이다.

이렇게 특정한 의미를 갖는 맵리듀스는 구글에 의해서 최초로 연구되었다.[3] 구글 이외에 가장 유명한 맵리듀스 프레임워크로는 하둡이 있다.[4]

우리는 앞에서 보았던 위키피디아 단어 세기 프로그램을 병렬적인 맵리듀스 버전으로 만들기 위해 하둡을 사용할 것이다. 하둡은 여러 언어를 지원하는데, 여기에서는 자바를 사용하기로 한다.

---

2 http://www.manning-sandbox.com/message.jspa?messageID=126599

3 http://research.google.com/archive/mapreduce.html

4 http://hadoop.apache.org

8.2.1 실전

하둡을 지역적으로 실행하는 것은 매우 간단하기 때문에 맵리듀스 업무를 개발하거나 디버깅하는 것부터 시작해본다. 하지만 맵리듀스를 한 대의 컴퓨터를 넘어 클러스터에서 실행하는 것은 쉽지 않다. 클러스터에서 활용되기를 기다리고 있는 여유분의 컴퓨터를 가지고 있는 사람은 그리 많지 않기 때문이다. 설령 그렇다고 해도 하둡 클러스터를 설치하고, 구성하고, 관리하는 것은 시간이 오래 걸리는 것으로 악명이 높고 해야 할 일도 너무 많다.

다행히 클라우드 컴퓨팅은 가상서버에 대한 접근, 시간당 비용 정산 등의 방법을 통해서 이러한 상황을 극적으로 개선했다. 많은 클라우드 제공업체가 하둡 클러스터를 지원하기 때문에 구성과 관리는 더욱 편리해졌다.

이 장에서 우리는 예제를 실행하기 위해서 아마존의 일래스틱 맵리듀스[EMR, Elastic MapReduce]를 사용할 것이다. 데이터를 이리저리 옮기고 클러스터를 시작하거나 멈추기 위한 방법이 EMR에는 특정한 내용이 되겠지만, 일반적인 원리는 어떤 하둡 클러스터에도 적용될 수 있다.

예제를 실행하기 위해서는 아마존 AWS 계정과 AWS와 EMR 명령줄 도구가 설치되어 있어야 한다.

하둡 버전은 어떤 것들이 있는가?

하둡은 짜증날 정도로 혼란스러운 버전 체계를 가지고 있다. 이 글을 쓰는 시점에서는 0.20.x, 1.x, 0.22.x, 0.23.x, 2.0.x, 2.1.x, 그리고 2.2.x 버전이 모두 활발히 사용되고 있다. 이러한 버전은 두 개의 서로 다른 API를 제공한다. 경우에 따라서 다르긴 하지만, 하나는 보통 "낡은" API (org.apache.hadoop.mapred 패키지에 있는)라고 알려져 있고, 다른 하나는 "새로운" API (org.apache.hadoop.mapreduce에 있는)로 알려져 있다.

또한 다양한 하둡 배포 번들은 임의로 선택한 제 3의 컴포넌트들을 특정한 하둡 버전과 섞어서 배포한다.[5, 6, 7]

---

5 http://aws.amazon.com/elasticmapreduce/

6 http://aws.amazon.com/cli/, http://docs.aws.amazon.com/ElasticMapReduce/latest/DeveloperGuide/emr-cli-reference.html

7 http://hortonworks.com, http://www.cloudera.com, http://www.mapr.com

이 장에서 사용하는 예제들은 모두 새로운 API를 사용하며, 하둡 $2.2.0$[8]을 사용하는 아마존의 3.0.2 AMI를 대상으로 테스트되었다.

8.2.2 하둡의 기본

하둡은 거대한 용량의 데이터를 처리하는 것에 관한 것이다. 처리할 데이터의 용량이 기가바이트 수준에 이르지 않으면 하둡을 사용하는 것은 적당하지 않다. 하둡의 탁월한 능력은 데이터를 나누어 섹션으로 분리하는 것에서 나온다. 이렇게 분리된 데이터는 별도의 컴퓨터에서 독립적으로 수행된다.

그림 8-2 하둡의 개괄적인 데이터흐름

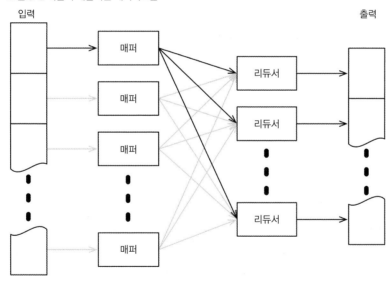

맵리듀스 업무는 매퍼mapper와 리듀서reducer라는 두 개의 특정한 컴포넌트로 구성된다. 매퍼는 (기본적으로 텍스트의 각 줄에 해당하는) 입력 포맷을 받아들여서 여러 개의 키/값 쌍으로 변환시킨다. 리듀서는 이러한 키/값 쌍을 받아들여서 (일반적으로는 역시 키/값의 형태를 갖는) 최종적인 출력 포맷으로 전환시킨다.

---

8 http://docs.aws.amazon.com/ElasticMapReduce/latest/DeveloperGuide/emr-plan-hadoop-version.html

이러한 매퍼와 리듀서는 [그림 8-2]와 같이 여러 대의 물리적인 컴퓨터에 분산된다. 이러한 매퍼와 리듀서가 동일한 숫자이어야 한다는 요구사항은 없다.

입력은 보통 하나 혹은 여러 개의 커다란 텍스트 파일로 이루어진다. 하둡은 이러한 파일을 여러 개로 나누고(이때 파일 크기는 구성에 따라 달라질 수 있는데, 보통의 경우에는 64MB 정도다) 쪼개진 파일 각각을 하나의 매퍼에 전달한다.

하나의 매퍼가 만들어내는 키/값 쌍들은 다시 여러 개의 리듀서에 전달된다. 어떤 리듀서가 어떤 키/값 쌍을 전달받는지는 키에 의해서 결정된다. 하둡은 동일한 키를 사용하는 쌍들은 그것을 어떤 매퍼가 만들었는지와는 상관없이 언제나 동일한 리듀서에 의해서 처리되는 것을 보장한다. 이러한 이유에서 이 과정은 보통 '섞기shuffle' 단계라고 불린다.

하둡은 각 키에 대해서 그것과 관련된 값들을 모두 담은 리스트와 함께 리듀서를 호출한다. 리듀서는 이러한 값들을 결합해서 최종 출력 결과(이런 결과는 꼭 그럴 필요는 없지만 대개 여전히 키/값의 형태를 가지고 있다)를 만들어낸다.

이제 앞에서 보았던 위키피디아 단어 세기 예제를 하둡을 이용한 버전으로 만들어 보고 실제 동작하는 모습을 살펴보기로 하자.

8.2.3 하둡을 이용한 단어 세기

우선 조금 단순화시킨 문제에서 출발해보자. 간단한 파일이 여러 개 있을 때 그 안에서 단어의 수를 세어보는 것이다. 이것을 확장해서 위키피디아 XML 데이터 안에 있는 단어를 세는 방법은 곧 보게 될 것이다.

우리의 매퍼는 텍스트를 한 번에 한 줄씩 처리한다. 각 줄을 여러 개의 단어로 나누고, 각 단어에 대해서 키/값 쌍을 출력한다. 여기에서의 키는 단어 자체고, 값은 1이라는 정수가 될 것이다. 리듀서는 어떤 단어에 대해서 만들어진 키/값 쌍을 모두 받아들여서 값을 더한다. 따라서 리듀서가 만드는 키/값에서 값은 키에 해당하는 단어가 출현한 총 횟수를 의미하게 된다.

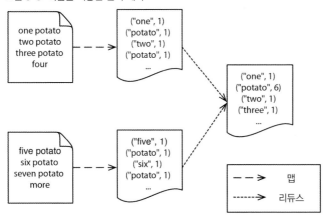

그림 8-3 하둡을 이용한 단어 세기

매퍼

매퍼인 Map은 입력 키 타입, 입력 값 타입, 출력 키 타입, 출력 값 타입, 이렇게 4개의 타입 파라미터를 사용하는 하둡의 Mapper 클래스를 상속한다.

LambdaArchitecture/WordCount/src/main/java/com/paulbutcher/WordCount.java

```java
1  public static class Map extends Mapper<Object, Text, Text, IntWritable> {
-    private final static IntWritable one = new IntWritable(1);
-
-    public void map(Object key, Text value, Context context)
5      throws IOException, InterruptedException {
-
-      String line = value.toString();
-      Iterable<String> words = new Words(line);
-      for (String word: words)
10        context.write(new Text(word), one);
-    }
-  }
```

하둡은 입력과 출력 데이터를 표현하기 위해서 자신만의 타입을 사용한다(단순히 String이나 Integer를 사용할 수 없다). 우리의 매퍼는 키/값 쌍이 아니라 평범한 텍스트 데이터를 사용하므로, 입력 키 타입은 특별한 것이 없고(따라서 Object를 전달하고) 입력 값 타입은 Text를 사용한다. 출력 키 타입은 Text고, 값 타입은 IntWritable이다.

map( ) 메서드는 나뉘어서 입력되는 각 줄에 대해서 한 번씩 호출된다. 우선 (7번 줄에서) 들어오는 줄을 평범한 자바 String으로 전환하고, (8번 줄에서) String을 여러 개의 단어로 나눈다. 끝으로 단어들을 차례로 방문하면서 각각에 대해 키/값 쌍을 만든다. (10번 줄에서) 키는 단어 자체고, 값은 정수 값 1이다.

리듀서

리듀서는 하둡의 Reducer 클래스를 확장한다. Mapper와 마찬가지로, 입력과 출력의 키와 타입을 위한 4개의 타입 파라미터를 받아들인다. (여기에서는 입출력 모두를 위해서 Text가 키 타입이고, IntWritable이 값 타입이다.)

LambdaArchitecture/WordCount/src/main/java/com/paulbutcher/WordCount.java

```java
public static class Reduce extends Reducer<Text, IntWritable, Text, IntWritable> {
  public void reduce(Text key, Iterable<IntWritable> values, Context context)
    throws IOException, InterruptedException {
    int sum = 0;
    for (IntWritable val: values)
      sum += val.get();
    context.write(key, new IntWritable(sum));
  }
}
```

reduce( ) 메서드는 각 키에 대해서 한 번 호출된다. 이때 values는 해당 키와 관련된 값을 모두 담고 있는 컬렉션이다. 매퍼는 단순히 이 값들을 더해서 하나의 키/값 쌍을 만들어 단어와 단어가 출현한 총 횟수를 담는 것이다.

이제 매퍼와 리듀서를 모두 얻게 되었으므로, 이제 남은 작업은 하둡에 동작하는 방식을 알려주는 역할을 수행하는 드라이버를 작성하는 것이다.

드라이버

드라이버는 run( ) 메서드를 구현하는 하둡의 Tool이다.

```
1  public class WordCount extends Configured implements Tool {

-    public int run(String[] args) throws Exception {
       Configuration conf = getConf();
5      Job job = Job.getInstance(conf, "wordcount");
       job.setJarByClass(WordCount.class);
       job.setMapperClass(Map.class);
       job.setReducerClass(Reduce.class);
       job.setOutputKeyClass(Text.class);
10     job.setOutputValueClass(IntWritable.class);
       FileInputFormat.addInputPath(job, new Path(args[0]));
       FileOutputFormat.setOutputPath(job, new Path(args[1]));
       boolean success = job.waitForCompletion(true);
       return success ? 0 : 1;
15   }

-    public static void main(String[] args) throws Exception {
       int res = ToolRunner.run(new Configuration(), new WordCount(), args);
       System.exit(res);
20   }
-  }
```

이것은 대부분 하둡에 우리가 하는 일을 설명해주는 행사코드에 불과하다. 7번과 8번 줄에서 매퍼와 리듀서 클래스를 설정하고, 9번과 10번 줄에서 출력 키와 값의 타입을 정해준다. 하둡은 기본적으로 우리가 텍스트 파일을 처리한다고 가정하기 때문에 입력을 위한 키와 값의 타입은 별도로 정해주지 않아도 상관없다. 그리고 하둡 역시 기본적으로 그들이 출력의 키/값 타입과 동일할 것이라고 가정하기 때문에, 매퍼의 출력 혹은 리듀서의 입력을 위한 키/값 타입을 별도로 지정해주지 않아도 상관없다.

다음으로 11번과 12번 줄에서 하둡에 입력 데이터를 어디에서 읽고 출력을 어디로 할지 알려준다. 끝으로 13번 줄에서 작업을 시작하고 모든 것이 종료될 때까지 기다린다.

이제 완벽한 하둡 업무를 갖게 되었으므로, 그것을 어떤 데이터에서 실행하는 일만 남았다.

지역적으로 실행하기

우선 컴퓨터 한 대에서 실행해보자. 이렇게 하는 것은 병렬처리 혹은 장애 허용이라는 기능이 주는 장점을 하나도 누리지 못하겠지만, 전체 클러스터에서 코드를 실행하는 수고를 들이기 전에 우리가 작성한 코드가 정확한지 확인할 수 있게 해준다.

우선 처리할 텍스트가 필요하다. input 디렉터리는 우리가 분석할 문장을 비교하기 위한 두 개의 텍스트 파일을 가지고 있다.

LambdaArchitecture/WordCount/input/file1.txt

```
one potato two potato three potato four
```

LambdaArchitecture/WordCount/input/file2.txt

```
five potato six potato seven potato more
```

물론 기가바이트에 달하는 데이터는 아니지만 코드의 동작을 확인하기에는 충분하다. 우선 mvn 패키지를 만든 다음 지역적인 하둡 인스턴스를 다음과 같이 만들어서 실행하면 이 파일에 담긴 텍스트를 셀 수 있다.

```
$ hadoop jar target/wordcount-1.0-jar-with-dependencies.jar input output
```

하둡의 동작이 완료되면 output이라는 새로운 디렉터리가 생긴 것을 확인할 수 있을 것이다. 이 안에는 _SUCCESS와 part-r-00000이라는 두 개의 파일이 있다. 첫 번째 파일은 작업이 성공적으로 수행되었음을 알리는 파일로, 속에는 아무 것도 없다. 두 번째 파일은 다음과 같은 내용을 담고 있다.

```
five 1
four 1
more 1
one 1
potato 6
seven 1
six 1
three 1
two 1
```

한 대의 컴퓨터에서 지역적으로 작은 규모로 코드를 실행했을 때 정확한 결과를 낳는 것을 확인했으므로, 이제 클러스터에서 훨씬 더 큰 규모의 데이터를 대상으로 실행할 준비가 되었다.

> ### 결과는 항상 정렬되어 있는가?
>
> 결과가 (알파벳 순서로) 정렬되어 있는 것을 눈치챘을 것이다. 하둡은 키가 리듀서에 전달되기 전에 반드시 정렬된 순서로 전달되는 것을 보장한다. 이러한 사실은 어떤 작업을 위해서는 매우 유용하다.
>
> 하지만 주의가 필요하다. 키들이 각각의 리듀서에 전달되기 전에 정렬되긴 하지만, 리듀서 사이에서는 기본적으로 순서가 보장되어 있지 않다. 분할자[partitioner]의 구성을 통해서 이런 동작을 변경할 수 있는데, 여기에서는 더 이상 자세하게 다루지 않을 것이다.

8.2.4 아마존 EMR에서 실행하기

하둡 작업을 아마존 일래스틱 맵리듀스에서 실행하는 것은 몇 단계의 과정이 필요하다. EMR에 대해서는 자세하게 설명하지 않고, 이 책의 내용을 따라갈 수 있는 정도로만 설명하겠다.

입력과 출력

EMR은 기본적으로 아마존 S3[9]에서 입력받아 그곳에 출력한다. 코드를 담고 있는 JAR 파일이 있는 곳, 그리고 로그 파일이 저장되는 있는 장소도 S3이다.

따라서 시작을 위해 우선 평범한 텍스트 파일을 담고 있는 S3 버킷[bucket]이 필요하다. 위키피디아 파일 덤프는 평범한 텍스트가 아니라 XML을 담고 있으므로 도움이 되지 않는다. 이 장에 포함된 예제 코드는 위키피디아 데이터에서 텍스트를 추출하는 ExtractWikiText 프로젝트를 포함하고 있어서 텍스트가 추출되면 그것을 자신의 S3 버킷에 올릴 수 있다. 그런 다음 코드를 담은 JAR 파일을 또 다른 S3 버킷에 저장한다.

---

9 http://aws.amazon.com/s3/

클러스터 만들기

EMR 클러스터는 여러 방법으로 만들 수 있다. 우리는 명령줄 도구에서 elastic-mapreduce 를 사용할 것이다.

```
$ elastic-mapreduce --create --name wordcount --num-instances 11 \
--master-instance-type m1.large --slave-instance-type m1.large \
--ami-version 3.0.2 --jar s3://pb7con-lambda/wordcount.jar \
--arg s3://pb7con-wikipedia/text --arg s3://pb7con-wikipedia/counts
Created job flow j-2LSRGPBSR79ZV
```

이것은 "wordcount"라는 이름의 인스턴스 11개로 이루어진 클러스터를 생성한다. 1개의 마스터와 10개의 슬레이브가 생기며, 각각은 3.0.2 머신 이미지(AMI)에서 동작하는 m1.large 타입을 갖는다.[10] 마지막 인수는 EMR에 우리가 올려놓은 JAR의 장소와 입력 데이터를 읽거나 출력할 S3의 장소를 알려준다.

진행상황 모니터하기

우리는 클러스터를 만들 때 사용한 명령에서 리턴된 작업 흐름 식별자job flow identifier를 이용해서 마스터 노드에 SSH 연결을 설정할 수 있다.

```
$ elastic-mapreduce --jobflow j-2LSRGPBSR79ZV --ssh
```

---

10 http://aws.amazon.com/ec2/instance-types/

마스터 노드에서 명령줄을 볼 수 있게 되었으므로, 로그 파일을 통해서 작업의 진행상황을 모니터할 수 있다.

```
$ tail -f /mnt/var/log/hadoop/steps/1/syslog
INFO org.apache.hadoop.mapreduce.Job (main): map 0% reduce 0%
INFO org.apache.hadoop.mapreduce.Job (main): map 1% reduce 0%
INFO org.apache.hadoop.mapreduce.Job (main): map 2% reduce 0%
INFO org.apache.hadoop.mapreduce.Job (main): map 3% reduce 0%
INFO org.apache.hadoop.mapreduce.Job (main): map 4% reduce 0%
```

결과 검사하기

내가 수행한 테스트에서는 이러한 환경 구성에서 위키피디아에 존재하는 단어를 모두 세는 데 한 시간 정도의 시간이 걸렸다. 작업이 완료되면 S3 버킷에 여러 개의 파일을 발견할 수 있을 것이다.

```
part-r-00000
part-r-00001
part-r-00002
  ⋮
part-r-00028
```

이러한 파일들을 합치면 결과 전체를 포함한다. 각각의 결과는 정렬되어 있지만, 파일 사이에서는 정렬되어 있지 않다(8.2.3절 "결과는 항상 정렬되어 있는가?"를 보라).

이제 평범한 텍스트 파일에 담긴 단어는 셀 수 있게 되었다. 이제 위키피디아 데이터를 직접 처리하는 방법을 살펴보자.

8.2.5 XML 처리하기

XML 파일은 사실 약간의 구조가 추가된 텍스트에 불과하다. 따라서 XML 파일을 처리하는 과정은 방금 앞에서 보았던 내용과 별로 다르지 않다고 생각하겠지만, 그런 식으로 접근하면 하둡이 제공하는 기본적인 파일 분할자가 파일을 줄 단위로 구분하기 때문에 원하는 결과를 얻을 수 없다. XML의 어떤 태그가 중간에서 잘려나갈 수도 있다.

비록 하둡이 XML을 의식하는 분할자를 표준으로 제공하지는 않지만, 또 다른 아파치 프로젝트인 머하웃Mahout[11]이 XmlInputFormat[12]이라는 분할자를 제공하는 것으로 확인된다. 그것을 사용하려면 드라이버 코드를 약간 수정할 필요가 있다.

LambdaArchitecture/WordCountXml/src/main/java/com/paulbutcher/WordCount.java

```java
 1  public int run(String[] args) throws Exception {
 -    Configuration conf = getConf();
 -    conf.set("xmlinput.start", "<text");
 -    conf.set("xmlinput.end", "</text>");
 5
 -    Job job = Job.getInstance(conf, "wordcount");
 -    job.setJarByClass(WordCount.class);
 -    job.setInputFormatClass(XmlInputFormat.class);
 -    job.setMapperClass(Map.class);
10    job.setCombinerClass(Reduce.class);
 -    job.setReducerClass(Reduce.class);
 -    job.setOutputKeyClass(Text.class);
 -    job.setOutputValueClass(IntWritable.class);
 -    FileInputFormat.addInputPath(job, new Path(args[0]));
15    FileOutputFormat.setOutputPath(job, new Path(args[1]));
 -
 -    boolean success = job.waitForCompletion(true);
 -    return success ? 0 : 1;
 -  }
```

우리는(8번 줄에서) setInputFormatClass()를 이용해 하둡에 기본적인 분할자 대신 XmlInputFormat을 사용하고, (3번과 4번 줄에서) 분할자에 우리가 어떤 태그에 관심이 있는지 알게 하기 위해 xmlinput.start와 xmlinput.end를 설정한다.

그런데 xmlinput.start를 위해서 사용하는 값을 유심히 들여다보면 뭔가 이상하다는 생각이 들 것이다. 그것은 제대로 구성된 XML이 아닌 〈text라는 값을 설정하고 있기 때문이다. XmlInputFormat은 완벽한 XML 해석을 수행하지 않는 대신 단순히 시작과 끝을 알리는 패턴을 감지할 뿐이다. 〈text〉 태그가 다른 속성을 취하기 때문에 〈text〉 대신 안전하게 〈text를 찾는다.

....

11 http://mahout.apache.org
12 https://github.com/apache/mahout/blob/trunk/integration/src/main/java/org/apache/mahout/text/wikipedia/XmlInputFormat.java

매퍼도 약간 수정할 필요가 있다.

LambdaArchitecture/WordCountXml/src/main/java/com/paulbutcher/WordCount.java

```
private final static Pattern textPattern =
  Pattern.compile("^<text.*>(.*)</text>$", Pattern.DOTALL);

public void map(Object key, Text value, Context context)
  throws IOException, InterruptedException {

  String text = value.toString();
  Matcher matcher = textPattern.matcher(text);
  if (matcher.find()) {
    Iterable<String> words = new Words(matcher.group(1));
    for (String word: words)
      context.write(new Text(word), one);
  }
}
```

각 분할은 xmlinput.start와 xmlinput.end 패턴 사이에 있는 텍스트로 구성되어 있어서, 매치에 사용된 패턴 자체를 포함한다. 따라서 우리는 약간의 정규표현 마법을 동원해서 (text라는 단어를 필요 이상으로 세는 일을 피하기 위해서) <text>와 </text>로 이루어지는 태그의 시작과 끝을 제거해야 한다.

드라이버가 담고 있는 또 다른 내용도 눈에 들어올 것이다. (10번 줄에서는) setCombiner-Class()를 이용해 결합자combiner를 설정하고 있다. 결합자는 키/값 쌍들이 리듀서에 전달되기 전에 서로 결합되도록 만드는 일종의 최적화 기능을 수행한다(그림 8-4). 내가 수행한 테스트에서는 결합자가 1시간이 조금 넘게 걸리는 실행시간을 45분 정도로 줄여주었다.

그림 8-4 결합자 사용하기

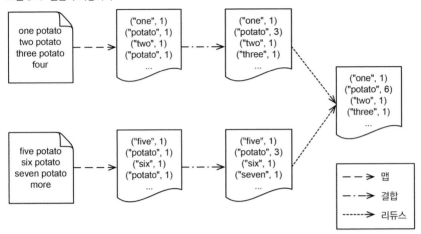

우리의 경우에는 리듀서가 거의 결합자만큼 제대로 동작을 하지만, 어떤 알고리즘은 별도의 결합자가 필요하기도 하다. 하둡은 결합자가 제공된다고 해도 반드시 그것이 사용되는 것을 보장하는 것은 아니다. 따라서 우리가 작성하는 알고리즘은 결합자가 사용되는지 혹은 얼마나 많이 사용되는지에 결과가 종속되지 않아야 한다.

8.2.6 1일 차 마무리

1일 차는 이렇게 마무리하고, 2일 차에는 람다 아키텍처의 배치 계층을 구성하기 위해서 하둡을 어떻게 사용하는지에 대해서 알아본다.

1일 차에서 배운 내용

문제를 자료구조에 맵 함수를 적용하고 다시 축소 연산을 수행하는 식으로 나누는 것은 병렬적인 처리를 더 쉽게 해준다. 이 장에서 사용하고 있는 의미에서의 맵리듀스는 이러한 맵과 리듀스를 통해서 만든 구조를 여러 대의 컴퓨터에 효율적으로 분산시키고 장애 허용 기능을 추가하는 것을 의미한다. 하둡은 다음과 같은 기능을 제공하는 맵리듀스 시스템이다.

- 입력을 키/값 쌍을 생성하는 여러 개의 매퍼로 나눈다.
- 이러한 쌍들은 (보통 키/값 쌍의 집합으로 이루어지는) 최종적인 출력을 만들어내는 리듀서에 전송된다.
- 키들은 똑같은 키가 항상 똑같은 리듀서에 처리되도록 분할되어 전송된다.

이렇게 하는 것은 전적으로 속도 때문인가?

하둡이 우리에게 제공하는 것이 속도라고 생각하기가 쉽다. 커다란 용량의 데이터를 한 대의 컴퓨터에서 처리하는 것보다 더 빠르게 처리할 수 있도록 만들어주는 것이다. 이것은 물론 매우 중요한 장점이긴 하지만, 하둡이 제공하는 것은 그 이상이다.

- 수백 대의 컴퓨터로 이루어진 클러스터를 생각해보면 장애가 발생해서 동작을 멈추는 상황이 실제 위협으로 다가오며, 또 그런 일이 발생할 가능성도 높아진다. 한 대의 컴퓨터가 동작을 멈춘다고 해서 클러스터 전체가 멈추게 된다면 아마도 그런 시스템은 쓸모가 없을 것이다. 이런 이유 때문에 하둡은 처음부터 장애를 처리하고 그로부터 회복될 수 있도록 만들어졌다.

- 이와 비슷한 맥락에서, 우리는 장애가 발생한 노드에서 처리되던 작업을 재시도하는 방법만이 아니라, 하나 혹은 여러 개의 디스크가 고장 났을 때 데이터를 손실하지 않는 방법도 고민할 필요가 있다. 하둡은 하둡 분산 파일 시스템(HDFS)을 사용하며, 이것은 데이터를 여러 노드에 중복해서 저장하는 장애 허용 분산 파일 시스템이다.

- 데이터의 크기가 기가바이트를 넘어서면 모든 데이터를 컴퓨터 한 대의 메모리에 올려서 사용할 이유가 없다. 하둡은 훨씬 커다란 크기의 데이터를 처리하는 작업을 만들기 위해서 메모리에 데이터를 모두 올리는 대신 처리하는 동안 HDFS 내에 키/값 쌍들을 저장한다.

이러한 기능을 모두 합치면 큰 변화가 가능하다. 위키피디아 데이터 전체를 대상으로 작업을 수행하는 내용이 이 장에만 국한된 것은 아니다. 그 정도 크기의 데이터를 처리할 수 있는 기술로 우리가 이 책에서 살펴볼 테크놀로지는 맵리듀스가 유일하다.

1일 차 자율학습

찾아라

- 루비, 파이썬, 펄 등의 언어를 이용해 맵리듀스 작업을 만들 수 있도록 해주는 하둡 스트리밍 API를 위한 문서

- C++를 이용해서 맵리듀스 작업을 만들 수 있도록 해주는 하둡 파이프 API

- 더 복잡한 맵리듀스 작업을 구축하는 것을 쉽게 만들어 주는, 하둡 자바 API를 이용해서 만들어진 라이브러리 예를 들어 캐스캐이딩Cascading, 캐스카로그Cascalog, 혹은 스캘딩Scalding 등을 찾아보면 좋다.

수행하라

- 단어 세기 작업이 실행되는 동안 클러스터에 있는 컴퓨터 하나를 꺼보라(단, 마스터 노드를 끄면 안 된다. 마스터가 문제를 일으키면 하둡은 자동적으로 회복하지 못한다). 하둡이 그 노드에 할당되었던 작업을 다시 시도하는 것을 확인하기 위해서 로그 파일을 읽어보라. 최종결과가 아무 문제가 없었을 경우와 동일하다는 점을 확인하라.

- 우리가 작성한 단어 세기 프로그램은 우리가 정해준 일은 잘 수행하지만, "위키피디아에서 가장 많이 사용된 단어 상위 100개는 무엇인가"와 같은 내용에는 별로 도움이 되지 않는다. 우리의 단어 세기 작업이 전체적으로 정렬된 결과를 출력하도록 2차 정렬(이렇게 하는 방법은 인터넷에 많이 올라와 있다)을 구현하라.
- "위키피디아에서 가장 많이 사용된 단어"를 찾는 방법은 "탑텐 패턴"이다. 이 패턴을 이용해서 단어 세기 프로그램의 새로운 버전을 만들어보라.
- 맵리듀스 작업 하나만 이용해서 모든 문제를 풀 수 있는 것은 아니다. 때로는 여러 개의 작업을 서로 연결해서 한 작업의 출력이 다른 작업의 입력이 되도록 만들어야 한다. 페이지랭크^{PageRank} 알고리즘이 그 예에 해당된다. 위키피디아 페이지 각각의 페이지랭크를 계산하는 하둡 프로그램을 만들어보라. 안정적인 결과를 얻기 위해서 몇 차례의 순차적 반복이 필요한가?

8.3 2일 차: 배치 계층

앞서 여러 대의 컴퓨터로 이루어진 클러스터에서 하둡을 어떻게 병렬화하는지 살펴보았다. 맵리듀스는 매우 넓은 범위의 문제를 해결하기 위해서 사용될 수 있지만, 이번에는 그것이 람다 아키텍처에 어떻게 적용되는지 알아보는 데 집중할 것이다.

그 전에 우선 람다 아키텍처가 존재하는 이유에 대해서 잠시 생각해보자. 전통적인 데이터 시스템은 어떤 문제가 있는 것일까?

8.3.1 전통적인 데이터 시스템의 문제

데이터 시스템 자체는 새로운 것이 아니다. 우리는 컴퓨터가 생긴 이래로 언제나 저장되어 있는 데이터를 이용해 어떤 해답을 얻기 위해서 데이터베이스를 사용해왔다. 전통적인 데이터베이스는 오늘날까지 동작을 잘 수행해왔는데, 최근에 우리가 다루어야 하는 데이터 크기가 너무 커지는 바람에 더 이상 전과 같은 방식으로 동작하는 것이 어렵게 되었다.

규모

(복제^{replication}, 샤딩^{sharding} 등과 같은) 몇몇 테크닉을 활용하면 전통적인 데이터베이스를 한 대 이상의 컴퓨터 규모를 넘어서도록 만들 수 있다. 하지만 컴퓨터의 대수가 많아지고 질의의 양도 커지면 이렇게 하는 것이 너무 어려워진다. 어느 수준에 도달하면 컴퓨터를 추가하는 것이

더 이상 도움이 되지 않는다.

유지보수 오버헤드

여러 대의 컴퓨터에 퍼져있는 데이터베이스를 관리하는 것은 어렵다. 아무런 다운타임 없이 그렇게 하는 것은 더욱 어렵다. 예를 들어 데이터베이스를 재샤딩하는[reshard] 경우를 생각해보라. 장애 허용, 백업, 데이터 무결성의 보장, 데이터와 질의의 규모가 커짐에 따라 이런 모든 일들을 지원하는 것은 점점 어려워진다.

복잡성

복제와 샤딩은 대개 애플리케이션 계층에서의 지원이 필요하다. 애플리케이션이 어떤 복제를 질의해야 하는지, 그리고 어떤 샤드를 업데이트해야 하는지도 알아야 한다. (구체적으로 알아야 할 내용은 질의에 따라 복잡한 방식으로 달라진다.) 데이터베이스가 샤딩을 사용하는 순간 트랜잭션 지원과 같이 개발자들이 전통적으로 익숙했던 많은 기능들이 자취를 감추게 된다. 즉, 실패와 재시도 등을 프로그래머가 직접 명시적으로 다뤄야 한다. 이런 모든 것들이 실수를 유발할 가능성을 증가시킨다.

사람의 잘못

장애 허용과 관련해서 종종 잊혀지는 측면은 사람이 저지르는 잘못을 처리하는 것이다. 데이터가 오염되는 이유는 디스크가 잘못되서가 아니라, 대개 관리자나 개발자가 저지르는 실수 때문이다. 운이 좋으면 이런 잘못을 곧바로 인지해서 백업 데이터 등을 활용해서 복구를 할 수 있지만, 모든 잘못이 이렇게 금방 눈치챌 수 있는 것은 아니다. 데이터 오염이 광범하게 일어났지만 일주일 동안 아무도 알아채지 못한 채 시간이 흘러가면 어떻게 하는가? 그런 데이터베이스를 어떻게 복구할 수 있는가?

때로는 버그가 초래하는 효과를 이해함으로써 피해를 최소화하거나 1회용 스크립트를 작성해서 데이터베이스를 보수할 수도 있고, 때로는 (로그 파일이 필요한 내용을 모두 저장하고 있다면) 로그 파일의 내용을 다시 실행함으로써 복구할 수도 있다. 그러나 간혹은 행운이 따르지 않을 수도 있다. 이렇게 상황을 운에 맡기는 것은 장기적으로 좋은 전략이라고 볼 수 없다.

분석과 보고서

전통적인 데이터베이스들은 일상적인 비즈니스 업무를 수행하기 위한 동작들을 잘 지원한다. 하지만 과거의 정보에 대한 접근이 필요한 분석과 보고서라는 측면에 대해서는 덜 효과적이다.

이런 한계에 대한 전통적인 해법은 방대한 분량의 과거 데이터를 다른 구조에 담아서 저장하는 별도의 데이터 웨어하우스를 관리하는 것이다. 추출, 변형, 로드(ETL)라는 절차를 거쳐서 업무용 데이터베이스에 있는 데이터를 웨어하우스로 자리를 옮긴다. 이러한 절차는 번거롭고 복잡할 뿐만 아니라, 미래에 어떤 정보가 필요하게 될지를 정확하게 예측해야 한다는 어려움이 있다. 이는 어떤 분석과 보고서를 만들고자 할 때 필요한 데이터가 분실되었거나 잘못된 구조로 저장되어 있어서 작업을 수행할 수 없는 경우가 그리 드물지 않기 때문이다.

다음 절에서 우리는 람다 아키텍처가 이런 문제들에 대한 해법을 제시하는 것을 살펴볼 것이다. 이러한 해법은 현대 애플리케이션이 요구하는 방대한 분량의 데이터를 다루는 것을 가능하게 만들어줄 뿐만 아니라, 기술적인 장애와 사람의 실수에서 벗어나 데이터를 간편하게 복구하도록 해주고, 또한 미래에 필요하게 될지도 모르는 분석과 보고를 수행할 수 있도록 과거 정보를 완벽하게 관리할 수 있게 해준다.

8.3.2 불멸의 진리

정보는 두 개의 범주로 나눌 수 있다. 하나는 원천raw 데이터고, 다른 하나는 도출된derived 데이터다.

위키피디아의 페이지를 생각해보라. 페이지들이 지속적으로 수정되고 개선된다. 따라서 어떤 페이지를 오늘 열어보면 어제 보았던 것과 다른 내용이 담겨있을 수 있다. 하지만 이러한 페이지들이 위키피디아를 구성하는 원천 데이터인 것은 아니다. 하나의 페이지는 많은 사람들이 가하는 여러 차례의 수정이 결합된 결과다. 이러한 하나하나의 수정이 원천 데이터에 해당하고, 페이지는 도출된 데이터다.

또한 페이지는 매일 수정되지만, 수정 그 자체는 수정되지 않는다. 어떤 사람이 페이지에 수정을 가하고 나면 그 수정이라는 행위 자체는 영원히 변하지 않는다. 추가적으로 이루어지는 다른 수정이 앞선 수정이 낳은 결과를 바꾸거나 없앨 수는 있지만 수정 자체를 바꾸는 것은 아니다. 따라서 페이지는 도출되고 수정 자체는 불변이다.

어떤 데이터 시스템에 대해서도 이와 비슷한 구별을 적용할 수 있다. 은행계좌의 잔액은 원천 데이터에 해당하는 입금과 출금의 열에서 도출된다. 페이스북의 친구 그래프는 원천 데이터에 해당하는 친구 맺기/해제의 열에서 도출된다. 위키피디아의 수정과 마찬가지로 입금과 출금, 친구 맺기/해제는 불변이다.

'원천 데이터는 영원히 사실이다'라는 통찰은 람다 아키텍처를 구성하는 근본적인 핵심이다. 다음 절에서는 이러한 통찰을 활용해서 전통적인 데이터 시스템의 문제를 해결하는 데 동원할 것이다.

8.3.3 원천 데이터가 좋은 것이다

이제 귀가 아플 정도가 되어야 옳다. 앞 장에서 계속 보았던 내용처럼, 불변이라는 속성과 병렬성은 천국에서 맺은 백년가약처럼 천생연분이다.

모든 원천 데이터가 불변인가?

처음에는 어떤 종류의 원천 데이터가 영원히 참인지를 판별하는 것이 쉽지 않다. 예를 들어 사용자의 주소 같은 정보는 어떤가? 그 사람이 다른 집으로 이사를 가면 어떻게 되는가?

이것도 여전히 불변이다. 타임스탬프만 추가하면 된다. 그냥 "샬롯테가 아카시아 길 22번지에 산다"고 말하는 대신 "1982년 3월 1일 현재 샬롯테가 아카시아 길 22번지에 산다"고 말하는 것이다. 이 말은 미래에 어떤 일이 일어나는 것과 상관없이 항상 참이다.

그럴듯한 판타지

판타지 세계를 잠시 생각해보자. 테라바이트 수준의 데이터를 순식간에 처리할 수 있는 무한한 속도를 가진 컴퓨터가 있다고 생각하자. 그렇다면 우리는 원천 데이터만 보관하려고 할 것이다. 왜냐하면 도출 데이터는 필요할 때 원천 데이터를 이용해서 만들어낼 수 있으므로 굳이 따로 보관할 필요가 없기 때문이다.

이 판타지 세계에서 우리는 마술봉을 한 번 휘두르는 것만으로 전통적인 데이터베이스가 안고 있는 복잡성의 대부분을 제거했다. 데이터가 불변이면 그것을 저장하는 것이 매우 쉬운 일이기 때문이다. 우리가 할 일은 새로운 데이터가 발생할 때마다 그것을 스토리지 매체에 추가해주기만 하면 된다. 잠금장치를 둘러싼 메커니즘 혹은 트랜잭션 같은 것이 필요 없게 된다. 왜냐하면

한 번 저장된 것은 변하지 않기 때문이다.

더 좋은 일은 데이터가 불변이면 여러 개의 스레드가 서로를 방해할 걱정 없이 동일한 데이터에 마음껏 병렬적으로 접근할 수 있다. 데이터를 복사해서 그 내용이 원본과 달라지는 것을 걱정하지 않은 채 마음껏 사용할 수도 있다. 따라서 그런 데이터를 클러스터 전체에 분산시키는 것은 바로 쉬운 일이 된다.

물론 우리는 그런 판타지 세계에 살지 않는다. 하지만 맵리듀스가 제공하는 파워를 잘 활용하면 우리가 그런 세계에 얼마나 가까운지 깨닫고 놀라게 될 것이다.

판타지는 (거의) 현실이 되고 있다

우리가 원천 데이터를 대상으로 어떤 질의를 할지 미리 알 수 있다면, 우리는 그런 질의에 의해서 리턴되거나 혹은 최종결과를 만들어내기 위해서 쉽게 결합될 수 있는 도출 데이터를 보관하는 배치 뷰를 미리 계산해 놓을 수 있다. 이러한 배치 뷰를 계산하는 작업이 바로 람다 아키텍처의 배치 계층에서 하는 일이다.

데이터를 삭제하는 것은 어떤가?

때로는 원천 데이터를 삭제할 필요가 있는데, 더 이상 효용가치가 없게 되었거나, 법적규제의 문제거나, 혹은 보안상의 이유 때문일 수도 있다. 예를 들어 데이터-보호법은 특정한 데이터를 일정한 기간 이상 보관하는 것을 금지하기도 한다.

이러한 요구사항이 우리가 지금까지 논의한 사실을 의미 없게 만드는 것은 아니다. 우리가 삭제하는 데이터조차 영원히 진실이다. 우리는 다만 그것을 기억에서 지워낼 뿐이다.

배치 뷰에 대한 첫 번째 종류의 예로, 일련의 수정으로 이루어진 위키피디아 페이지를 생각해보자. 이 배치 뷰는 단순히 해당 페이지를 구성하기 위한 모든 수정을 하나로 결합한 결과로 만들어지는 텍스트로 구성된다.

배치 뷰의 두 번째 종류는 약간 더 복잡하다. 우리가 남은 시간 동안 초점을 맞출 부분은 바로 이 내용이다. 우리는 하둡을 이용해서 위키피디아 참여자가 하루 동안 얼마나 많은 수정을 가했는지에 대한 질의를 가능하게 만들어주는 배치 뷰를 만들 것이다.

8.3.4 위키피디아 기여자들

우리가 만들고 싶은 질의는 "프레드 블로그가 2012년 6월 5일 화요일 오후 3시 15분과 2012년 6월 7일 목요일 오전 10시 45분 사이에 얼마나 많은 기여를 했는가?"와 같은 것이다. 하지만 그렇게 하려면 모든 기여가 이루어진 정확한 시간을 기록해서 인덱스를 관리해야만 한다. 이러한 종류의 질의를 해야 할 필요가 있다면 그에 상응하는 값을 지불해야 한다. 하지만 실제로 이렇게 자세한 수준의 질의를 하는 경우는 거의 없다. 하루를 단위로 하는 질의 정도면 충분하기 때문이다.

따라서 우리의 배치 뷰는 하루 단위로 구성할 수 있다.

표 8-1 일자별 기여 횟수

우리가 최근 며칠 정도의 기간에 대한 관심이라면 이런 식으로 준비하는 것이 충분하지만, 몇 달 사이에 일어난 일들을 질의하려면 여전히 수많은 값을 결합해야만 한다. (예를 들어 어느 사용자가 1년 동안 얼마나 여러 번 기여를 했는지 알아보기 위해서 365개에 달하는 값을 결합해야 할지도 모른다.) 이러한 질의에는 필요한 데이터의 양을 줄이기 위해서 월별, 일별로 데이터를 구성할 수도 있다.

표 8-2 월별, 일별 기여 횟수

프레드의 기여	프레드의 횟수
2012-02-26 15:04:16	
2012-02-26 16:23:43	2012-02-26: 3
2012-02-26 18:59:03	2012-02-27: 1
2012-02-27 12:56:32	2012-02-28: 2
2012-02-28 17:09:12 →	2012-02: 6
2012-02-28 18:54:28	2012-03-02: 1
2012-03-02 12:00:36	2012-03-05: 1
2012-03-05 10:34:19	2012-03: 2

이렇게 하면 사용자가 1년 동안 기여한 횟수를 세는 데 필요한 작업의 양을 365개의 값을 더하는 것에서 12개의 값을 더하는 것으로 줄여준다. 그리고 월별 값을 더한 다음 일별 값을 더하거나 뺌으로써 한 달이 시작되는 시점에서 시작도 끝도 아닌 기간을 처리할 수 있다.

그림 8-5 기간 설정

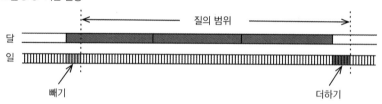

기여자 로깅

불행하게도 우리는 위키피디아 기여자들의 라이브 데이터에 접근할 수 없다. 하지만 그럴 수 있다면 이런 모습일 것이다.

```
2012-09-01T14:18:13Z 123456789 1234 Fred Bloggs
2012-09-01T14:18:15Z 123456790 54321 John Doe
2012-09-01T14:18:16Z 123456791 6789 Paul Butcher
  ⋮
```

첫 번째 칼럼은 타임스탬프고, 두 번째는 기여 자체를 나타내는 식별자고, 세 번째는 기여를 한 사용자를 나타내는 식별자이며, 나머지는 사용자의 이름이다.

위키피디아가 이러한 피드를 제공하지는 않지만, 전체 히스토리(enwiki-latest-stub-meta-history를 찾아보면 된다)를 담고 있는 XML 데이터를 주기적으로 제공한다.[13]

이 장에서 사용하는 샘플 코드는 그런 데이터를 받아서 방금 본 것과 같은 형태로 다듬어주는 ExtractWikiContributors 프로젝트를 포함하고 있다.

다음 절에서는 이러한 로그 파일을 받아들여 우리의 배치 뷰에 알맞은 데이터를 생성하는 하둡 작업을 만들 것이다.

기여 세기

언제나처럼 여기에서 만드는 하둡 작업도 매퍼와 리듀서로 이루어진다. 매퍼는 기여자 로그를 한 줄 해석한 다음, 키가 기여자의 ID고, 값은 기여의 타임스탬프를 나타내도록 키/값 쌍을 생성하면 된다.

LambdaArchitecture/WikiContributorsBatch/src/main/java/com/paulbutcher/
WikipediaContributors.java

```
public static class Map extends Mapper<Object, Text, IntWritable, LongWritable> {

  public void map(Object key, Text value, Context context)
    throws IOException, InterruptedException {

    Contribution contribution = new Contribution(value.toString());
    context.write(new IntWritable(contribution.contributorId),
      new LongWritable(contribution.timestamp));
  }
}
```

대부분의 일은 Constribution 클래스 내에서 이루어진다.

LambdaArchitecture/WikiContributorsBatch/src/main/java/com/paulbutcher/Contribution.java

```
1 class Contribution {
-   static final Pattern pattern = Pattern.compile("^([^\\s]*) (\\d*) (\\d*)
                                                  (.*)$");
```

---

13 http://dumps.wikimedia.org/enwiki

```
 -     static final DateTimeFormatter isoFormat = ISODateTimeFormat.dateTimeNoMillis();
 -
 5     public long timestamp;
 -     public int id;
 -     public int contributorId;
 -     public String username;
 -
10     public Contribution(String line) {
 -       Matcher matcher = pattern.matcher(line);
 -       if(matcher.find()) {
 -         timestamp = isoFormat.parseDateTime(matcher.group(1)).getMillis();
 -         id = Integer.parseInt(matcher.group(2));
15         contributorId = Integer.parseInt(matcher.group(3));
 -         username = matcher.group(4);
 -       }
 -     }
 -   }
```

로그 파일의 줄을 여러 방식으로 해석할 수 있는데, 이 경우에는 (2번 줄에서) 정규 표현을 이용하고 있다. 매치가 이루어지면 조다타임Joda-Time 라이브러리에 들어있는 ISODateTimeFormat 클래스를 이용해 타임스탬프를 해석해서 (13번 줄에서) 1970년 1월 1일 이래로 지금까지의 시간을 밀리초 단위로 기록한 long 값으로 변환한다.[14] 기여 자체의 ID와 기여자의 ID는 간단한 정수며, (16번 줄이)기여자의 사용자 이름이다.

리듀서가 하는 일은 조금 더 있다.

LambdaArchitecture/WikiContributorsBatch/src/main/java/com/paulbutcher/
WikipediaContributors.java

```
 1   public static class Reduce
 -     extends Reducer<IntWritable, LongWritable, IntWritable, Text> {
 -     static DateTimeFormatter dayFormat = ISODateTimeFormat.yearMonthDay();
 -     static DateTimeFormatter monthFormat = ISODateTimeFormat.yearMonth();
 5
 -     public void reduce(IntWritable key, Iterable<LongWritable> values,
 -                        Context context) throws IOException, InterruptedException {
 -       HashMap<DateTime, Integer> days = new HashMap<DateTime, Integer>();
 -       HashMap<DateTime, Integer> months = new HashMap<DateTime, Integer>();
10       for (LongWritable value: values) {
```

---

14 http://www.joda.org/joda-time/

```
-      DateTime timestamp = new DateTime(value.get());
-      DateTime day = timestamp.withTimeAtStartOfDay();
-      DateTime month = day.withDayOfMonth(1);
-      incrementCount(days, day);
15       incrementCount(months, month);
-    }
-    for (Entry<DateTime, Integer> entry: days.entrySet())
-      context.write(key, formatEntry(entry, dayFormat));
-    for (Entry<DateTime, Integer> entry: months.entrySet())
20     context.write(key, formatEntry(entry, monthFormat));
-  }
- }
```

각 기여자를 위해서 (8번 줄의) days와 (9번 줄의) months라는 두 개의 HashMap을 만들었다. 조다타임 유틸리티 메서드인 withTimeAtStartOfDay()와 withDayOfMonth()를 이용해서 타임스탬프(values가 타임스탬프를 담는 리스트임을 기억하라) 값들을 하나씩 방문하며 (12번 줄에서) 기여가 이루어진 날의 자정으로, (13번 줄에서) 달의 첫 날로 전환한다. 그 다음에는 days와 months에 있는 연관된 값들을 간단한 유틸리티 메서드를 이용해서 증가시킨다.

LambdaArchitecture/WikiContributorsBatch/src/main/java/com/paulbutcher/
WikipediaContributors.java

```
private void incrementCount(HashMap<DateTime, Integer> counts, DateTime key) {
  Integer currentCount = counts.get(key);
  if (currentCount == null)
    counts.put(key, 1);
  else
    counts.put(key, currentCount + 1);
}
```

끝으로, 맵을 만드는 작업이 완료되면 (17 ~ 20번 줄에서) 각 맵을 순차적으로 방문하면서 최소한 한 번 이상의 기여가 이루어진 일과 월을 위한 출력을 생성한다.

하둡 작업의 출력 결과는 언제나 키/값 쌍으로 이루어져 있기 때문에 필요 이상으로 하는 일이 많은 측면도 있다. 사실 우리가 원하는 출력은 기여자 ID, (일이나 월인) 날짜, 그리고 횟수 이렇게 3개의 값으로 이루어져 있다. 복합적인 값을 이용하면 이것도 가능하다. 그렇게 하면

키는 기여자의 ID고, 값은 날짜와 횟수를 포함하는 복합적인 값이 된다. 하지만 우리의 예는 너무 간단하기 때문에 문자열로 값을 표현하고 formatEntry()를 이용해서 적절하게 포맷하는 것이 가능하다.

LambdaArchitecture/WikiContributorsBatch/src/main/java/com/paulbutcher/
WikipediaContributors.java

```java
private Text formatEntry(Entry<DateTime, Integer> entry,
                         DateTimeFormatter formatter) {
  return new Text(formatter.print(entry.getKey()) + "\t" + entry.getValue())
}
```

다음은 이 작업이 출력한 결과의 일부다.

```
463 2001-11-24 1
463 2002-02-14 1
463 2001-11-26 6
463 2001-10-01 1
463 2002-02 1
463 2001-10 1
463 2001-11 7
```

이것은 정확하게 우리가 원하는 데이터를 포함하고는 있지만, 텍스트 파일의 집합이 그렇게 편리하지는 않다. 다음 절에서 우리는 배치 계층에서 출력한 내용을 묶어서 인덱스를 만드는 서비스 계층에 대해서 살펴볼 것이다.

배치 뷰를 점진적으로 만들 수 있을까?

우리가 지금까지 설명한 배치 계층은 실행할 때마다 배치 뷰 전체를 처음부터 다시 계산했다. 그렇게 해도 동작은 하지만 필요 이상으로 작업을 수행하는 셈이다. 배치 뷰를 현재의 배치 뷰가 생성된 다음에 도착하는 데이터를 이용해서 점진적으로 업데이트하는 것이 낫지 않을까?

대답부터 하자면 그렇게 하는 것을 막을 이유는 없다. 그리고 그렇게 하는 것이 유용한 최적화가 될 가능성이 높다. 하지만 그와 같은 점진적인 업데이트에 전적으로 의존하는 것은 바람직하지 않다. 람다 아키텍처가 가진 힘의 대부분은 필요하면 배치 뷰를 언제든지 아예 처음부터 만들 수 있다는 것에서부터 나오기 때문이다. 따라서 최적화가 꼭 필요한 경우라면 점진적인 방식을 활

용하는 것도 나쁘지 않지만 그렇게 하는 것이 재계산 동작을 대체하는 게 아니라는 사실은 기억
해 두어야 한다.

8.3.5 그림 완성하기

완전히 끝에서 끝으로 이어지는 애플리케이션을 만들기 위해서는 배치 계층 그 자체로는 충분
하지 않고 람다 아키텍처의 다음 요소인 서비스 계층이 필요하다.

서비스 계층

우리가 방금 만든 배치 뷰는 우리가 그것을 대상으로 질의할 수 있도록 인덱스로 만들어져야 한
다. 그리고 어떤 특정한 질의를 만족하는 배치 뷰의 요소를 어떻게 결합할지 결정하는 애플리케
이션 논리를 집어넣을 장소도 필요하다. 그런 역할을 담당하는 것이 바로 서비스 계층이다.

그림 8-6 전통적인 데이터 시스템

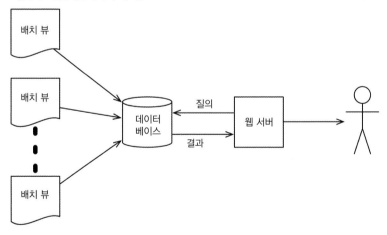

서비스 계층을 만드는 것은 이 책의 주제와는 다소 동떨어져 있기 때문에 독자들을 위한 연습
문제로 남겨놓겠다. 하지만 그것이 가지고 있는 한 측면인 데이터베이스에 대해서는 언급할 필
요가 있다.

서비스 계층을 전통적인 데이터베이스의 최상위에 구축하는 것이 가능하긴 하지만, 실제로 데이터에 접근하는 방식은 전통적인 애플리케이션과는 조금 다르다. 특히 무작위 쓰기(random writes)에 대한 요구사항이 없다. 데이터베이스에 쓰기가 이루어지는 유일한 시간은 배치 뷰가 업데이트 될 때뿐인데, 그때 배치 업데이트가 필요하다.

따라서 이와 같은 사용 패턴을 위해서 최적화된 서비스 계층의 데이터베이스가 하나의 범주로 등장하게 되었다. 그런 데이터베이스로 잘 알려진 것으로는 엘리펀트DB[15]와 볼드모트[16]가 있다.

거의 열반

배치 계층과 서비스 계층을 합치면 앞의 시작부분에서 언급한 문제들을 모두 해결할 수 있는 데이터 시스템을 갖게 된다.

그림 8-7 배치 계층과 서비스 계층

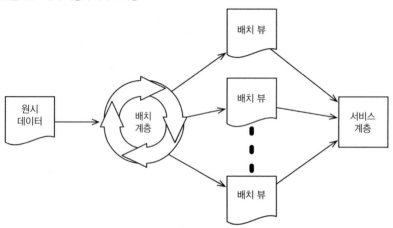

배치 계층은 무한 루프를 돌면서 원시 데이터를 이용해 배치 뷰를 만들어낸다. 배치 작업이 하나 끝날 때마다 서비스 계층은 전달된 내용으로 데이터베이스를 업데이트한다.

이것은 불변의 원시 데이터를 대상으로 작업을 수행하기 때문에 배치 계층은 쉽게 병렬성을 활용할 수 있다. 원시 데이터는 여러 대의 컴퓨터로 이루어진 클러스터로 분산될 수 있고, 그렇기

---

15 https://github.com/nathanmarz/elephantdb
16 http://www.project-voldemort.com/voldemort/

때문에 심지어 테라바이트에 달하는 입력을 다룰 때에도 배치 뷰들이 적당한 시간 내에 다시 계산될 수 있도록 만들어준다.

또한 원시 데이터의 불변성은 시스템이 본질적으로 기술적인 장애나 사람의 실수에서 보호되어 있음을 의미한다. 원시 데이터를 백업하는 것이 쉬울 뿐만 아니라, 버그가 있다고 해도 발생할 수 있는 최악의 사태란 배치 뷰가 잠시 오염되는 것뿐이다. 버그를 수정하고 배치 뷰를 다시 계산하면 깔끔하게 고칠 수 있다.

끝으로, 모든 원시 데이터를 유지하고 있기 때문에 미래의 어느 시점에서 요구되는 보고서나 분석 내용을 언제나 만들 수 있다는 장점도 있다.

그렇지만 지연^{latency}이라는 문제도 확실히 존재한다. 배치 계층이 동작하는 데 한 시간이 걸린다면 우리의 배치 뷰는 언제나 최소한 1시간 정도의 낡은 정보를 가지고 있게 된다. 바로 그렇기 때문에 서비스 계층이 필요한 것이다.

8.3.6 2일 차 마무리

2일 차는 이렇게 마무리하고, 3일 차에는 속도 계층을 살펴봄으로써 람다 아키텍처의 전체 그림을 완성할 것이다.

2일 차에서 배운 내용

정보는 원시 데이터와 도출된 정보로 나뉠 수 있다. 원시 데이터는 영원히 진실이며, 따라서 불변이다. 람다 아키텍처의 배치 계층은 이러한 사실을 이용해서 다음과 같은 속성을 지닌 시스템을 구축한다.

- 테라바이트에 달하는 데이터를 처리할 수 있는 고도의 병렬성
- 만들기도 쉽고 장애도 잘 일어나지 않는 단순함
- 기술적 고장이나 사람의 실수를 허용하는 능력
- 매일의 업무는 물론 과거의 데이터를 대상으로 하는 보고서나 분석도 가능하게 만드는 능력

이러한 배치 계층이 가진 주요한 단점은 지연^{latency}이다. 람다 아키텍처는 이 부분을 보강하기 위해서 속도 계층을 옆에 붙인다.

2일 차 자율학습

찾아라

- 우리가 여기에서 논의한 하둡을 이용해서 데이터 시스템을 구축하는 방법이 유일한 방법은 아니다. 에이치베이스HBase, 피그Pig, 그리고 하이브Hive를 포함하는 다른 방법도 있다. 이러한 세 방법은 모두 우리가 살펴본 것에 비해 전통적인 데이터베이스와 더 많은 공통점을 갖는다. 그 중 하나를 선택해서 람다 아키텍처의 배치 뷰와 비교해보라. 언제 그것을 사용하고, 언제 다른 것을 사용하는가?

수행하라

- 배치 계층에서 출력을 받아 데이터베이스에 저장하고, 특정 기간 동안 특정한 사용자가 만든 수정edit의 수를 질의할 수 있도록 허락하는 서비스 계층을 만듦으로써 오늘 구축한 시스템을 완성하라. 전통적인 데이터베이스를 이용해도 좋고, 엘리펀트DB를 이용해도 좋다.
- 앞의 시스템을 확장해서 배치 뷰를 점진적으로 만들어보라. 그렇게 하려면 하둡 클러스터에 서비스 계층의 데이터베이스에 대한 접근을 제공해야 할 것이다. 이렇게 하는 것이 얼마나 더 효율적인가? 그렇게 하는 것이 큰 의미가 있는가? 배치 뷰를 점진적으로 만드는 방식이 어떤 종류의 애플리케이션에 의미가 있고, 어떤 종류의 애플리케이션에 의미가 없는가?

8.4 3일 차: 속도 계층

람다 아키텍처의 배치 계층은 우리가 전통적인 데이터 시스템에서 발견한 문제를 모두 해결해 주었지만 속도의 지연이라는 문제점을 안게 했다. 그 부분을 해결하기 위해서 속도 계층이 존재한다. [그림 8-8]은 배치 계층과 속도 계층이 어떻게 서로 작업을 수행하는지 보여준다.

새로운 데이터가 도착하면 배치 계층에서 작업을 수행하는 원시 데이터에 추가한 다음 동시에 속도 계층에도 보낸다. 속도 계층은 실시간 뷰를 만든다. 나중에 질의가 전달되면 실시간 뷰를 배치 뷰와 결합해서 가장 최신의 정보를 제공한다.

실시간 뷰는 배치 뷰가 가장 최근에 도착한 데이터에서 도출된 정보만 담고, 배치 계층에 의해서 새로운 배치 뷰가 만들어지면 실시간 뷰는 버려진다.

이제 스톰Storm이 속도 계층을 어떻게 만드는지 볼 것이다.[17]

----

17 http://storm.incubator.apache.org

그림 8-8 람다 아키텍처

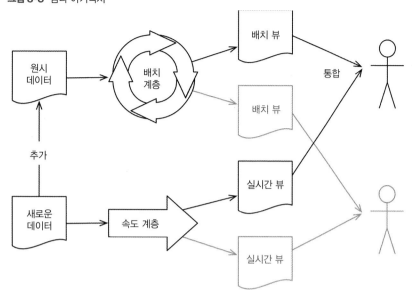

8.4.1 속도 계층 설계하기

애플리케이션은 실시간에 대해서 저마다의 관점을 가진다. 어떤 것은 새로운 데이터를 몇 초 안에 사용할 수 있어야 하고, 어떤 것은 밀리초 안에 사용할 수 있어야 한다. 하지만 특정한 애플리케이션이 가진 요구사항이 어떤 것인지와 상관없이 그러한 요구사항이 배치중심의 접근 방식으로 해결될 수 없다는 점은 분명하다.

속도 계층은 배치 계층과 달리 반드시 점진적인 접근 방식을 사용해야 하므로 만드는 것이 더 어렵다. 이것은 또 속도 계층이 원시 데이터를 처리하는 데에만 국한할 수도 없고, 우리가 앞서 보았던 불변이라는 원시 데이터의 장점을 활용할 수도 없음을 의미한다. 그래서 우리는 무작위 쓰기를 허용하는 전통적인 데이터베이스를 사용할 것인데, 그에 수반되는 (잠금, 트랜잭션 등) 여러 복잡성도 함께 받아들여야 한다.

그나마 다행인 것은 속도 계층은 배치 계층이 (보통 몇 시간 정도의 분량인) 이미 처리하지 않은 데이터만 대상으로 작업을 수행하면 된다는 점이다. 배치 계층이 따라잡으면 속도 계층에서 보관하고 있던 낡은 데이터는 수명이 완료되어 사라져도 무방하다.

동기성 혹은 비동기성?

속도 계층을 구축하기 위한 한 가지 확실한 방법은 전통적인 동기 데이터베이스 애플리케이션처럼 하는 것이다. 사실 전통적인 데이터베이스를 사용하는 애플리케이션은 배치 계층이 실행되지 않는 람다 아키텍처라고 봐도 무방하다.

그림 8-9 동기적 접근 방법

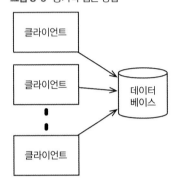

이러한 접근 방법에서는 클라이언트가 직접 데이터베이스와 의사소통을 하고 데이터를 업데이트하는 동안에는 블로킹이 된다. 이것도 충분히 일리 있는 방법이고, 어떤 애플리케이션에는 이렇게 하는 것이 사실상 유일한 방법이기도 하다. 하지만 많은 경우에 비동기적인 접근 방법이 더 낫다.

그림 8-10 비동기적 접근 방법

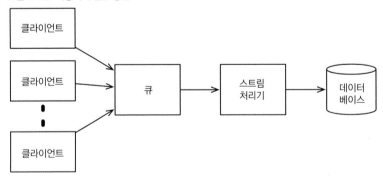

이러한 접근에서 클라이언트는 데이터가 전달되는 대로 블로킹되지 않으면서 (예를 들어 카프카[18]나 케스트렐[19]로 구현된) 큐에 집어넣는다. 스트림 처리기는 이러한 데이터를 전달받아 다시 데이터베이스 업데이트를 수행한다.

큐를 사용하는 것은 클라이언트를 데이터베이스 업데이트에서 분리하는 것이므로, 그러한 업데이트 동작을 다른 동작들과 조율하는 것이 더 복잡하다. 그런 복잡성이 허용되는 애플리케이션이라면 이런 접근을 통해서 얻게 되는 장점은 엄청나다.

- 클라이언트가 블로킹되지 않기 때문에 더 적은 수의 클라이언트로 더 많은 양의 데이터를 처리할 수 있고, 따라서 높은 생산성을 제공한다.
- 요청이 폭증하면 동기적인 시스템은 클라이언트나 데이터베이스에 과부하가 걸리기 때문에 타임아웃에 걸리거나 업데이트가 실패한다. 이에 비해서 비동기적인 시스템에서는 작업이 단순히 순서를 기다려야 하는 상황이 될 뿐이다. 처리되지 않은 업무는 큐에 저장되고 부하가 정상적으로 돌아오면 하나씩 처리된다.
- 스트림 처리기는 병렬성을 활용하기 위해서 작업처리를 여러 대의 컴퓨터에 분산시킴으로써 장애 허용과 향상된 성능을 제공할 수 있다.

이러한 이유로, 그리고 동기적인 속도 계층 구현은 병렬성과 동시성이라는 측면에서 별 도움이 되지 않기 때문에, 이 책에서는 더 이상 자세하게 다루지 않을 것이다. 하지만 비동기적인 구현을 다루기에 앞서 데이터의 만료시키는 것에 대해서는 살펴볼 필요가 있다.

데이터의 만료

배치 계층이 예를 들어 두 시간 정도 걸린다면 속도 계층도 두 시간 정도에 해당하는 데이터를 처리해야 한다고 생각하는 것이 자연스럽다. 하지만 [그림 8-11]처럼 그의 두 배에 해당하는 데이터를 처리해주어야 한다.

18 http://kafka.apache.org
19 http://robey.github.io/kestrel/

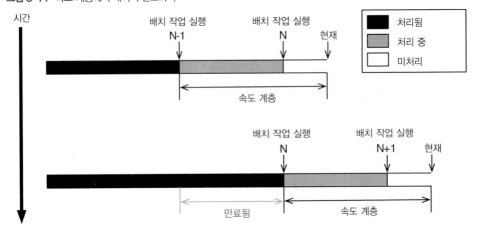

그림 8-11 속도 계층에서 데이터 만료하기

N-1번째 배치 작업이 방금 완료되었고, 이제 N번째 배치 작업이 시작하려고 하는 순간이라고 생각해보자. 각각 2시간씩 걸리는 작업이라면 배치 뷰가 2시간 전의 데이터를 담고 있다고 생각할 수 있다. 따라서 속도 계층은 그러한 2시간 동안 발생하는 데이터에 대한 질의도 서비스하고, N번째 배치 작업이 완료되기 전에 도착하는 데이터들에 대한 질의도 서비스해야 한다. 따라서 모두 4시간에 걸친 데이터를 저장해야 하는 것이다.

N번째 질의가 완료되면, 처음 2시간 동안의 데이터는 기간이 만료되었으니까 버리고 N번째 질의가 처리한 나중 2시간에 해당하는 데이터를 보관해야 한다. 이런 동작을 수행하는 방법을 고안하는 것은 어렵지 않지만, 가장 간단한 해법은 [그림 8-12]처럼 서로 한 번씩 번갈아서 동작을 수행하는 두 개의 속도 계층을 병렬적으로 돌리는 것이다.

배치 작업이 완료되고 배치 뷰에 새로운 데이터가 저장될 때마다 우리는 현재 질의를 처리하는 속도 계층을 중단하고 더 새로운 데이터를 보관하는 식으로 넘어간다. 이제 할 일이 없게 된 속도 계층은 데이터베이스를 비우고 새로운 뷰를 다른 속도 계층이 시작한 지점에서부터 출발해서 처음부터 계산하기 시작한다.

이런 식으로 접근하면 속도 계층의 데이터베이스에서 어떤 데이터를 삭제해야 하는지 일일이 확인할 필요가 없을 뿐만 아니라, 속도 계층의 새로운 작업이 깨끗한 데이터베이스에서 출발하도록 하기 때문에 성능과 안전성도 향상시킬 수 있다. 물론 두 벌의 속도 계층을 관리해야 하고 컴퓨팅 자원도 두 배로 들어가지만, 속도 계층은 일반적으로 전체 데이터에 비해서 매우 작은 부분을 처리하기 때문에 이러한 비용은 상대적으로 큰 의미가 없다고 볼 수 있다.

그림 8-12 핑퐁 속도 계층

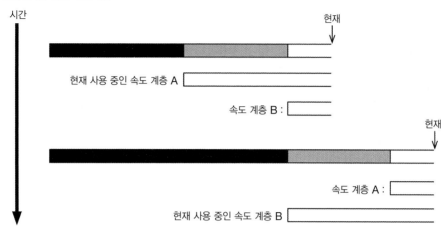

8.4.2 스톰

이제부터는 스톰을 이용해서 비동기적 속도 계층을 구현하는 대략적인 모습을 살펴볼 것이다. 스톰은 커다란 주제이기 때문에 약간 맛을 보는 수준으로만 설명할 것이다. 더 자세한 내용이 필요하면 스톰의 문서를 보기 바란다.[20]

하둡이 배치 처리를 염두에 두고 있다면 스톰은 실시간 처리를 목적으로 한다고 말할 수 있다. 성능과 장애 허용 기능을 향상시키기 위해서 여러 대의 컴퓨터에 계산 작업을 분산하는 것을 쉽게 만들어준다.

스파우트, 볼트, 토폴로지

스톰 시스템은 튜플의 스트림을 처리한다. 스톰의 튜플은 5장에서 보았던 것과 비슷하다. 주요한 차이점은 엘릭서의 튜플과 달리 스톰 튜플의 요소들은 이름을 가지고 있다는 점이다.

튜플은 스파우트에 의해서 생성되고 볼트에 의해서 처리된다. 그런 처리과정은 또한 튜플을

20 http://storm.incubator.apache.org/documentation/Home.html

생산할 수 있다. 스파우트와 볼트는 하나의 토폴로지를 형성하기 위해서 스트림으로 연결된다. 다음은 단일 스파우트가 볼트의 파이프라인에 의해서 처리되는 튜플을 만드는 모습이다.

그림 8-13 간단한 토폴로지

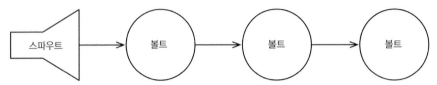

토폴로지는 이보다 훨씬 더 복잡해질 수 있다. 볼트는 여러 개의 스트림을 소비할 수 있고, 단일 스트림은 여러 개의 볼트에 의해서 소비될 수 있다. 이런 과정은 방향성 비순환 그래프^{directed} ^{acyclic graph} 혹은 DAG를 형성한다.

그림 8-14 복잡한 토폴로지

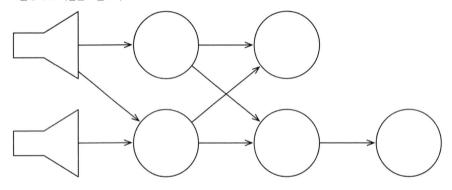

하지만 스파우트와 볼트는 병렬적이면서 동시에 분산되기 때문에 우리의 간단한 파이프라인 토폴로지마저 보기보다 복잡하다.

작업자

스파우트들은 서로에 대해서 병렬적일 뿐만 아니라, 자기 내부에서도 병렬적인 동작을 수행한다. 각 스파우트는 작업자의 집합으로 이루어져 있다. [그림 8-15]는 우리의 간단한 파이프라인 토폴로지가 세 개의 작업자로 이루어졌을 때 어떤 모습일지를 보여주고 있다.

그림에서 보는 것처럼, 파이프라인에 있는 각 노드의 작업자들은 다운스트림 노드에 있는 어떤 작업자에 튜플을 보낼 수 있다. 뒤에서 스트림을 그룹으로 묶는 방법을 설명할 때 정확히 어떤 작업자가 어떤 튜플을 받도록 조절하는지에 대해서도 살펴볼 것이다.

끝으로 작업자들은 분산된다. 4개의 노드로 이루어진 클러스터에서 실행을 한다면, 스파우트의 작업자들은 1, 2, 3번 노드에서 동작할지 모른다. 첫 번째 볼트의 작업자는 2번과 4번 노드 (두 개는 2번 노드, 다른 하나는 4번 노드)에서 작업을 하는 식이다.

그림 8-15 스파우트와 볼트의 작업자들

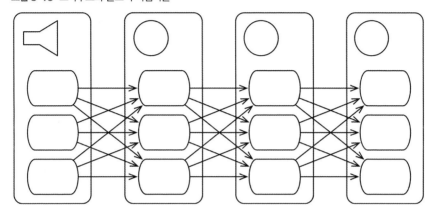

스톰이 주는 장점은 우리가 이런 분산에 대해서 직접 염려할 필요가 없다는 점이다. 우리는 그냥 토폴로지만 정해주면 되고, 그러면 스톰의 런타임이 알아서 작업자들을 여러 노드에 분산시키고 튜플들이 적절하게 전달되도록 한다.

장애 허용

단일 스파우트 혹은 볼트를 여러 대의 컴퓨터에 분산시키는 이유는 장애 허용 때문이다. 클러스터에 있는 컴퓨터 중 하나에 장애가 일어난다고 해도, 우리의 토폴로지는 튜플을 정상적으로 동작하는 컴퓨터에 보냄으로써 계속 작업을 수행할 수 있다.

스톰은 튜플 사이에 존재하는 종속성을 추적하고 관리한다. 어느 특정한 튜플의 처리가 정상적으로 완료되지 않으면, 스톰은 해당 튜플이 종속성을 갖는 다른 튜플도 에러로 간주하고 다시 처리한다. 이는 스톰은 기본적으로 처리가 "최소한 한 번"은 일어나는 것을 보장함을 뜻한다. 애플리케이션은 튜플들이 중간에 다시 처리될 수도 있고, 그런다고 해도 계속 정상적으로 기능을 수행한다는 사실을 의식할 필요가 있다.

이제 우리의 위키피디아 기여자 애플리케이션을 위한 속도 계층의 구현을 위해서 스톰을 이용해보도록 하자.

내 애플리케이션이 재시도를 다룰 수 없으면 어떻게 하는가?

스톰이 제공하는 "최소한 한 번"이라는 보장은 대부분의 애플리케이션에 적절하다. 하지만 어떤 애플리케이션은 "정확히 한 번"이라는 보장이 필요 할 수도 있다.

스톰은 트라이던트 API[21]를 통해서 "정확히 한 번" 처리되는 것을 지원한다. 트라이던트는 이 책에서 다루지 않는다.

8.4.3 스톰을 이용해 기여 세기

다음은 속도 계층을 위한 가능한 토폴로지의 모습이다.

그림 8-16 속도 계층을 위한 토폴로지의 예

기여자 로그를 읽어들여서 그들을 튜플의 스트림으로 전환하는 스파우트에서 시작한다. 이러한 스트림은 로그 항목을 해석하여 해석된 로그 항목을 출력하는 볼트에 의해서 소비된다. 끝으로, 이 스트림은 다시 실시간 뷰를 저장하고 있는 데이터베이스를 업데이트하는 볼트에 의해서 차례로 소비된다.

하지만 우리는 두 가지 이유로 이와 조금 다른 토폴로지를 만들 것이다. 첫째, 우리는 위키피디아의 기여자 로그에 대한 직접적인 접근을 할 수가 없다. 둘째, 데이터베이스를 업데이트하는 자세한 내용은 (병렬성과 동시성에 초점을 맞추는) 우리의 관심과 동떨어져 있다.

다음 그림은 우리가 구축할 토폴로지의 모습이다.

---

21 http://storm.incubator.apache.org/documentation/Trident-tutorial.html

그림 8-17 구축할 토폴로지의 모습

로그 시뮬레이션 → 로그 해석 → 기여 기록

우리는 위키피디아의 기여 피드를 흉내 내는 스파우트와 해석기를 만든 다음, 실시간 뷰를 메모리에 기록할 것이다. 이것은 실전에서 사용하기에 좋은 모습은 아니지만, 스톰에 대한 공부 목적으로는 적합하다.

기여자 로그 시뮬레이션하기

다음은 임의의 로그 항목을 생성함으로써 기여자 피드를 흉내 내는 스파우트의 코드다.

LambdaArchitecture/WikiContributorsSpeed/src/main/java/com/paulbutcher/
RandomContributorSpout.java

```
1  public class RandomContributorSpout extends BaseRichSpout {
-
-    private static final Random rand = new Random();
-    private static final DateTimeFormatter isoFormat =
5      ISODateTimeFormat.dateTimeNoMillis();
-
-    private SpoutOutputCollector collector;
-    private int contributionId = 10000;
-
10   public void open(Map conf, TopologyContext context,
-      SpoutOutputCollector collector) {
-
-      this.collector = collector;
-    }
15
-    public void declareOutputFields(OutputFieldsDeclarer declarer) {
-      declarer.declare(new Fields("line"));
-    }
-
20   public void nextTuple() {
-      Utils.sleep(rand.nextInt(100));
-      ++contributionId;
```

```
  -      String line = isoFormat.print(DateTime.now()) + " " + contributionId + " " +
  -        rand.nextInt(10000) + " " + "dummyusername";
 25      collector.emit(new Values(line));
  -    }
  - }
```

(1번 줄에서) baseRichSpout를 상속함으로써 스파우트를 만들 것이라고 명시한다. 스톰은 (10번 줄의) 초기화하는 과정에서 우리의 open() 메서드를 호출한다. 우리는 SpoutOutputCollector의 레코드를 하나 보관해 놓고 출력되는 내용을 그곳으로 보낼 것이다. 스톰은 초기화 과정에서 이 스파우트에 의해서 만들어진 튜플이 어떤 구조를 가지고 있는지 알기 위해 (16번 줄에서) declareOutputFields() 메서드도 호출한다. 여기에서는 튜플이 line이라는 단일 필드만 가지고 있다.

대부분의 일을 수행하는 메서드는 (20번 줄의) nextTuple() 메서드다. 우리는 최대 100밀리초에 달하는 임의의 시간 동안 기다린 다음, 8.3.4절의 기여자 로깅에서 보았던 것과 동일한 포맷으로 문자열을 생성한다. 그리고 collector.emit()을 호출함으로써 출력으로 내보낸다.

이런 줄들은 다음에 보게 될 해석기 볼트로 전달된다.

로그 항목 해석하기

볼트는 로그 항목을 담고 있는 튜플을 받아들이고, 해석하고, 로그 항목 한 줄에 대해서 4개의 필드를 가진 튜플을 출력한다.

LambdaArchitecture/WikiContributorsSpeed/src/main/java/com/paulbutcher/
ContributionParser.java

```
 1  class ContributionParser extends BaseBasicBolt {
 2    public void declareOutputFields(OutputFieldsDeclarer declarer) {
 3      declarer.declare(new Fields("timestamp", "id", "contributorId", "username"));
 4    }
 5    public void execute(Tuple tuple, BasicOutputCollector collector) {
 6      Contribution contribution = new Contribution(tuple.getString(0));
 7      collector.emit(new Values(contribution.timestamp, contribution.id,
 8        contribution.contributorId, contribution.username));
 9    }
10  }
```

(1번 줄에서) BaseBasicBolt를 상속함으로써 볼트를 만들 것을 명시한다. 스파우트의 경우와 마찬가지로 (2번 줄에서) 우리는 스톰이 우리가 출력하는 튜플의 구조가 어떤지 알도록 하기 위해서 declareOutputFields()를 구현한다. 이 경우에는 timestamp, id, contributorId, 그리고 username이라는 4개의 필드를 가지고 있다.

대부분의 작업을 수행하는 메서드는 (5번 줄의) execute()다. 이 경우에는 로그 항목을 원하는 컴포넌트로 해석하기 위해서 배치 계층과 마찬가지로 Contributor를 사용하고 있다. 그 다음 contributor.emit()을 호출해서 결과를 출력한다.

이렇게 해석된 튜플들은 이제 곧 살펴볼 각 기여자의 기여 내용을 기록하는 볼트에 전달된다.

기여자 기록하기

볼트는 각 기여자의 기여 내용을 단순히 (기여자의 ID를 타임스탬프의 집합으로 매핑하는) 메모리에 있는 데이터베이스에 기록한다.

LambdaArchitecture/WikiContributorsSpeed/src/main/java/com/paulbutcher/
ContributionRecord.java

```
1  class ContributionRecord extends BaseBasicBolt {
-    private static final HashMap<Integer, HashSet<Long>> timestamps =
-      new HashMap<Integer, HashSet<Long>>();
-
5    public void declareOutputFields(OutputFieldsDeclarer declarer) {
-    }
-    public void execute(Tuple tuple, BasicOutputCollector collector) {
-      addTimestamp(tuple.getInteger(2), tuple.getLong(0));
-    }
10
-    private void addTimestamp(int contributorId, long timestamp) {
-      HashSet<Long> contributorTimestamps = timestamps.get(contributorId);
-      if (contributorTimestamps == null) {
-        contributorTimestamps = new HashSet<Long>();
15       timestamps.put(contributorId, contributorTimestamps);
-      }
-      contributorTimestamps.add(timestamp);
-    }
-  }
```

여기에서 우리는 아무런 결과도 출력하지 않기 때문에 (5번 줄의) declareOutputFields()
가 비어 있다. (7번 줄의) execute() 메서드는 입력된 튜플에서 단순히 필요한 필드를 추출
한 다음 그들을 addTimestamp()에 전달한다. 그러면 해당 기여자의 타임스탬프에 새로운
내용이 추가된다.

끝으로, 이러한 스파우트와 볼트를 사용하는 토폴로지를 하나 만들어보자.

토폴로지 만들기

볼트가 여러 개의 작업자를 가지고 있기 때문에 ContributionRecord의 구조가 약간 걱정될
지도 모른다. 각 기여자를 위한 타임스탬프를 어떻게 하나의 집합으로 관리할 수 있는 것일까?
토폴로지를 만들고 나면 그러한 방법을 알게 될 것이다.

타임스탬프의 집합을 기록하는 이유는 무엇인가?

8.3절 2일 차 배치 계층에서 보았던 배치 뷰는 각각의 기여자에 대해서 하루 단위 혹은 한 달 단
위의 횟수를 기록한다. 그런데 실시간 뷰는 왜 타임스탬프 전체를 기록하는 것일까?

우선 앞에서 언급했던 것처럼, 우리가 만든 실시간 뷰는 많아봐야 몇 시간에 걸친 분량의 데이터
를 기록한다. 따라서 타임스탬프 전체를 기록하거나 질의하는 것은 그렇게 값비싼 작업이 아니다.
하지만 거기에는 더 중요한 이유가 있다. 어떤 항목을 집합에 추가하는 멱등[idempotent]이다.

(앞의 장애 허용에서 본 것처럼) 스톰이 "최소한 한 번"이라는 원리를 지원한다는 사실을 기억하
기 바란다. 따라서 튜플은 다시 계산될 수 있다. 멱등 연산은 그것이 얼마나 많이 실행되는가와
상관없이 언제나 동일한 결과를 낳는다. 그런 속성은 우리가 튜플을 계산할 때 정확히 필요한 속
성이다.

LambdaArchitecture/WikiContributorsSpeed/src/main/java/com/paulbutcher/
WikiContributorsTopology.java

```
1  public class WikiContributorsTopology {
-
-    public static void main(String[] args) throws Exception {
-
5      TopologyBuilder builder = new TopologyBuilder();
-
-      builder.setSpout("contribution_spout", new RandomContributorSpout(), 4);
```

```
 -
 -        builder.setBolt("contribution_parser", new ContributionParser(), 4).
10          shuffleGrouping("contribution_spout");
 -
 -        builder.setBolt("contribution_recorder", new ContributionRecord(), 4).
 -          fieldsGrouping("contribution_parser", new Fields("contributorId"));
 -
15        LocalCluster cluster = new LocalCluster();
 -        Config conf = new Config();
 -        cluster.submitTopology("wiki-contributors", conf, builder.createTopology());
 -
 -        Thread.sleep(10000);
20
 -        cluster.shutdown();
 -    }
 - }
```

우선 (5번 줄에서) TopologyBuilder를 하나 만들고, (7번 줄에서) setSpout()를 통해서 스파우트의 인스턴스를 추가한다. 거기에서 두 번째 인수는 병렬성과 관련된 힌트다. 이것은 명령이 아니라 힌트지만, 이 예에서는 스톰이 스파우트 하나당 4개의 작업자를 만들라는 명령 어에 해당한다고 생각해도 무방하다. 스톰이 병렬성을 어떻게 통제하는지에 대한 전체적인 설명이 필요하면 "무엇이 실행하는 토폴로지를 만드는가: 작업자 프로세스, 실행자 그리고 작업들"[22]을 보라.

다음으로 우리는 (9번 줄에서) setBolt()를 통해서 ContributionParser 볼트의 인스턴스를 추가한다. 이 볼트가 스톰에 shuffleGrouping()을 호출해 스파우트에서 입력을 받게 하고, 스파우트에 주었던 이름을 전달한다. 이러한 것은 스트림 그룹이라는 주제와 연관된다.

스트림 그룹

스톰의 스트림 그룹은 어느 작업자가 어느 튜플을 받는가라는 질문에 대한 대답을 제공한다. 해석기 볼트를 위해서 사용하는 셔플 그룹shuffle grouping은 가장 단순하다. 단순히 튜플을 임의의 작업자에게 보내는 일만 수행한다.

기여를 기록하는 볼트는 (12번 줄에서) 필드 그룹을 이용한다. (여기에서는 contributorId

----

22 http://storm.incubator.apache.org/documentation/Understanding-the-parallelism-of-a-Storm-topology.html
(단축 URL http://goo.gl/127ye4)

필드에 해당하는) 특정한 필드 값이 같은 모든 튜플들이 동일한 작업자에게 전달되도록 보장하는 기능이다. 우리는 이러한 기능을 활용해서 각 기여자에 대한 타임스탬프 집합이 하나만 존재하도록 만든다. 이 절의 처음 부분에서 우리가 질문했던 내용에 대한 답이 바로 이것이다.

지역 클러스터

스톰 클러스터를 설정하는 것은 그리 어려운 일이 아니지만, 그것은 이 책의 범위를 넘어선다. 그리고 이것은 막 태어난 기술이기 때문에 우리가 쉽게 사용할 수 있는 스톰 클러스터를 제공하는 회사도 없다. 따라서 우리가 만든 토폴로지는 (15번 줄에서) LocalCluster를 생성함으로써 지역적으로 실행하도록 한다.

우리가 작성한 예제는 이 토폴로지가 10초 정도 실행한 후 cluster.shutdown()을 호출해서 동작을 멈추도록 한다. 실제 현장에서는 물론 배치 계층이 작업을 따라잡아서 실시간 뷰가 해야 할 일이 없게 되었을 때 토폴로지를 멈출 수 있는 기능을 따로 만들어주어야 한다.

8.4.4 3일 차 마무리

3일 차에서는 람다 아키텍처의 속도 계층에 대해 알아보았다.

3일 차에서 배운 내용

속도 계층은 가장 최근의 배치 뷰가 만들어진 이후에 도착하는 데이터에 대한 실시간 뷰를 제공함으로써 람다 아키텍처를 완성한다. 속도 계층은 동기적일 수도 있고 비동기적일 수도 있는데, 스톰은 비동기적인 속도 계층을 만들 때 사용할 수 있는 방법이다.

- 스톰은 튜플의 스트림을 실시간으로 처리한다. 튜플은 스파우트에 의해서 만들어지고 볼트에 의해서 처리되면서 하나의 토폴로지를 형성한다.
- 스파우트와 볼트는 병렬로 동작하고 클러스터의 노드들에 분산되어 있는 여러 작업자들이 있다.
- 스톰은 기본적으로 "적어도 한 번"의 의미를 지원하지만, 볼트는 재시도되는 튜플을 적절히 조절할 필요가 있다.

3일 차 자율학습

찾아라

- 트라이던트는 스톰의 최상위에 만들어진 상위 수준 API를 제공한다. 그 중에서도 스톰이 기본적으로 제공하는 "최소한 한 번"이라는 보장 외에 "정확히 한 번"이라는 기능을 제공한다. 언제 트라이던트를 사용하는 것이 바람직하고, 언제 낮은 수준 API를 사용하는 것이 바람직한가?
- 셔플과 필드 그룹 이외에 스톰이 지원하는 스트림 그룹 기능에는 어떤 것이 있는가?

수행하라

- 3일 차 과정에서 다뤘던 예제를 지역적이 아닌 분산된 환경에서 실행될 수 있도록 스톰 클러스터를 만들어라.
- 매 분마다 만들어진 기여의 총 합계를 계산하는 볼트를 하나 만들고, 그 볼트와 ContributionRecord가 ContributionParser의 출력을 소비하도록 토폴로지를 만들어라.
- 3일 차 과정에서 만든 예제는 튜플의 도착을 자동적으로 확인해주는 BaseBasicBolt를 사용한다. 예제가 BaseRichBolt를 상속하도록 수정해서 튜플의 도착을 명시적으로 확인할 수 있도록 만들어라. 도착을 알리기 전에 여러 개의 튜플을 처리하는 볼트는 어떻게 만들 것인가?

8.5 마치며

람다 아키텍처는 우리가 다른 곳에서 배웠던 여러 개념을 하나로 통합한다.

- 원천 데이터가 영원히 진실을 담는다는 인식은 클로저가 아이덴티티와 상태를 분리하는 것을 떠올리게 한다.
- 하둡이 문제를 잘게 나누어 매핑 함수를 적용하고 다시 축소 함수를 적용함으로써 병렬적인 처리를 하는 접근 방법은 우리가 앞서 다뤘던 병렬적 함수 프로그래밍과 비슷하다.
- 액터와 마찬가지로, 람다 아키텍처는 성능을 향상시키고 하드웨어 장애가 일어났을 때 장애 허용 수준을 높이기 위해서 작업과정을 클러스터에 분산시킨다.
- 스톰이 사용하는 튜플의 스트림은 액터와 CSP에서 보았던 메시지 전달을 연상케 한다.

8.5.1 장점

람다 아키텍처는 전적으로 거대한 양의 데이터를 다루기 위한 것이다. 전통적인 데이터 처리 아키텍처로는 쉽게 다룰 수 없는 양을 의미한다. 이러한 아키텍처는 과거에는 데이터 웨어하우스 같은 방식으로 해결되었던 보고서와 분석에 특히 적합하다.

8.5.2 단점

람다 아키텍처의 장점, 즉 거대한 양의 데이터에 초점을 맞춘다는 사실은, 동시에 단점이기도 하다. 데이터의 양이 최소한 수십 기가바이트에 달하지 않으면 (컴퓨터의 계산 그리고 사람의 이해라는 측면 모두가 갖는) 오버헤드 때문에 바람직한 방법일 수 없다.

8.5.3 대안

람다 아키텍처는 맵리듀스만 사용하는 것이 아니다. 배치 계층은 어떤 분산형 배치 처리 시스템으로도 구축될 수 있다.

그렇다고 했을 때 아파치 스파크가 특히 관심을 끈다.[23] 스파크는 DAG 실행 엔진을 구현하는, 수많은 알고리즘(특히 그래프 알고리즘)이 맵리듀스와 비교해서 더 자연스럽게 표현되도록 만들어주는 클러스터 컴퓨팅 프레임워크다. 내부에 스트리밍 API를 가지고 있기 때문에 배치 계층과 속도 계층이 모두 스파크를 이용해서 구현될 수 있다.[24]

8.5.4 마지막 생각

람다 아키텍처는 이 책에서 보았던 여러 개념을 활용하면서 이 책의 마지막을 장식한다. 이것은 병렬성과 동시성이 없으면 제대로 해결할 수 없는 문제들을 어떻게 해결할 수 있는지를 잘 보여주는 아주 좋은 사례에 속한다.

다음 장에서 우리는 그동안 다뤘던 내용을 복습하면서 최근에 출현한 폭넓은 주제들을 이야기하도록 한다.

----

23 http://spark.apache.org
24 http://spark.apache.org/streaming/

CHAPTER 9

마치며

모든 과정을 완료한 것을 축하한다!

우리는 데이터-병렬 GPU에 의해서 지원되는 미세한 차원의 병렬성에서부터 맵리듀스 클러스터의 거대한 스케일에 이르기까지 다양한 내용을 모두 학습했다. 그러한 공부를 하면서 우리는 동시성과 병렬성이 현대적인 멀티코어 CPU를 어떻게 활용하는지와 전통적인 순차적 코드의 한계를 넘는 어떤 이점을 제공하는지도 살펴보았다.

- 엘릭서, 하둡, 그리고 스톰이 독립적인 컴퓨터로 이루어진 클러스터에 계산을 분산시킴으로써 하드웨어 고장에서 안전하게 복구할 수 있는 시스템을 만드는 방법을 살펴보았다.
- core.async를 학습할 때, 동시성이라는 개념이 전통적인 사건 처리 코드와 관련되어 있는 "콜백 지옥"에서 어떻게 우리를 구원해주는지 살펴보았다.
- 함수형 프로그래밍에서 우리는 동시적인 해법이 어떻게 순차적인 코드에 비해서 더 간결하고 이해하기 쉬운지 살펴보았다.

이러한 내용이 미래에 어떤 의미를 갖는지 생각해보자.

9.1 어디로 나아가는가?

20년 전보다 더 오래 전에 필자는 병렬 그리고 분산 프로그래밍이 곧 주류가 될 것이라고 예측한 바 있다. 생각해보니 그렇게 뛰어난 예언가는 아니었던 셈이다. 그렇지만 오늘날 동시성과 병렬성에 대한 요구가 점점 늘어나고 있는 현상은 프로그래밍의 미래가 어떤 모습일지에 대해서 확실한 결과를 보여주고 있다.

9.1.1 미래는 불변이다

내가 보기에 모든 내용을 통합하는 핵심적인 내용은 불변이라는 속성이 미래에는 코드 내에서 더 큰 역할을 담당하게 될 것이라는 사실이다.

불변은 명백하게 함수형 프로그래밍과 관련이 있다. 가변 상태를 피하는 것은 함수형 코드에서 병렬성과 동시성을 구현하기 쉽게 만들어준다. 하지만 불변이라는 속성의 장점을 취하기 위해 반드시 함수형 프로그래밍을 해야 하는 것은 아니다. 여태까지 보았던 증거를 복습해보자.

- 클로저는 순수 함수형 언어는 아니지만 핵심적인 자료구조가 불변이고, 4.2.3절에서 보았던 것처럼 영속적이다. 영속적인 자료구조는 클로저가 아이덴티티와 상태를 분리하는 가변 참조를 지원하는 것을 가능하게 만들어준다. 이러한 지원은 가변 상태와 연관된 문제를 피할 수 있도록 해준다.
- 낮은 수준에서 보았을 때 반드시 함수형 코드로 작성되는 것이 아님에도 불구하고, 람다 아키텍처는 배치 계층이 영원히 진실인 (불변의) 원천 데이터를 처리하도록 제한함으로써 불변을 지원한다. 따라서 우리는 데이터를 클러스터에 안전하게 분산시키고, 병렬적으로 처리하고, 기술적인 장애와 사람의 실수가 발생했을 때 확실하게 복구할 수 있다.
- 엘릭서는 순수 함수형 언어는 아니지만, 가변 변수가 없기 때문에 얼랭 가상기계가 제공하는 놀라운 효율성과 안전성을 활용할 수 있다.
- 액터와 CSP가 전달하는 메시지들은 모두 불변이다.
- 불변성은 스레드와 잠금장치를 이용하는 코드를 작성할 때조차 도움이 된다. 더 많은 데이터가 불변일수록 더 적은 잠금장치가 필요하고, 따라서 메모리 가시성에 대해서도 더 적게 고민해도 된다.

이렇게 말하고 보면 함수형 프로그래밍을 하지 않는다고 해도, 우리가 사용하는 프레임워크나 작성하는 코드가 함수적인 원리에 의해서 점점 더 많은 영향을 받고 있음을 알 수 있다. 이것은 대단히 좋은 소식이다. 그러한 원리는 우리가 병렬성이나 동시성을 활용하는 것에 도움을 줄 뿐만 아니라, 우리가 작성하는 코드를 더 간결하게, 이해하기 쉽게, 안정적이게 만들어 준다.

9.1.2 미래는 분산이다

병렬성과 동시성에 대한 최근의 관심은 멀티코어 위기와 관련되어 있다. 개별적인 코어의 속도가 빨라지는 대신 CPU가 점점 더 많은 코어를 내장하는 것을 볼 수 있다. 우리가 그동안 공부한 내용을 활용하면 이런 코어를 더 잘 이용할 수 있다.

하지만 우리 눈앞에 또 다른 위기가 펼쳐지고 있다. 메모리의 대역폭이 바로 그것이다. 2개, 4개, 혹은 8개의 코어를 이용하는 현대 컴퓨터들은 공유 메모리를 이용해서 커뮤니케이션을 수행한다. 하지만 16개, 32개, 혹은 64개의 코어를 이용하는 컴퓨터라면 어떻게 될까?

코어의 수가 현재 추세로 계속 상승하면 공유 메모리는 곧 병목지점이 될 것이고, 따라서 우리는 분산 메모리라는 대안을 고민해야만 한다. 미래의 컴퓨터는 하나의 상자에 담길 지라도 프로그래머의 시선으로 보았을 때 독립적인 컴퓨터 여러 대로 이루어진 클러스터에 가까울지도 모른다.

내가 보기에 액터나 CSP처럼 메시지 전달을 기반으로 삼는 테크닉이 시간이 갈수록 더 중요한 역할을 수행하게 될 것이라는 점은 피할 수 없다.

우리가 공부한 내용이 동시성이나 병렬성을 활용하는 내용을 완전하게 포함한 것이 아니라고 해도 놀랄 일은 아니다. 그럼 우리가 포함하지 않은 내용으로는 어떤 것들이 있을까?

9.2 포함하지 않은 것들

이 책을 만들면서 제일 어려웠던 것은 어떤 내용을 생략할지 정하는 것이었다. 다음은 우리가 포함하지 않은 것을 간략하게 언급하고, 원하는 사람에게 살펴볼 수 있는 자료를 소개한다.

9.2.1 포크/조인과 작업 훔치기

포크/조인Fork/Join은 C와 C++의 병렬적 변형인 실크Cilk 언어[1]에 의해서 대중화된 병렬성에 대한 접근 방법이다. 지금은 자바를 포함하여 많은 환경에서 포크/조인의 구현을 볼 수 있다.[2]

---

1 http://www.cilkplus.org

2 http://docs.oracle.com/javase/8/docs/api/java/util/concurrent/ForkJoinPool.html

포크/조인은 특히 3.3.5절에서 본 것과 같은 분할과 정복 알고리즘에 적합하다(사실 클로저의 축소자는 배후에서 자바의 포크/조인 프레임워크를 사용한다).

포크/조인 구현은 대개 스레드 풀 내부에서 작업을 공유하기 위한 기법인 작업 훔치기 알고리즘을 사용한다. 이것은 클로저의 고 블록과 매우 비슷한 개념이다(6.2.2절의 '고 블록' 참고).

9.2.2 데이터흐름

우리는 3.4.3절에서 데이터흐름^{dataflow}에 대해서 간략하게 언급한 적이 있다. 이 주제는 사실 더 깊은 논의가 필요하다. 이 주제를 자세하게 설명하지 않은 이유는 범용의 데이터흐름 언어를 만들고자 하는 시도 중에서 특별히 흥미를 끄는 것이 없기 때문이다. 가장 좋은 예는 아마도 멀티패러다임 프로그래밍 언어인 오즈^{Oz}(모차르트 프로그래밍 시스템의 일부다)일 것이다. [3]

그렇다고 해서 데이터흐름이 중요하지 않다는 것이 아니다. 정반대다. 데이터흐름에 기초한 병렬성은 하드웨어 설계에서 매우 중요하게 활용되고 있다. VHDL과 베릴로그^{Verilog}는 모두 데이터흐름 언어다. [4, 5]

9.2.3 반응형 프로그래밍

데이터흐름과 밀접하게 연관된 것으로 반응형 프로그래밍$^{reactive\ programming}$이 있다. 여기에서 프로그램은 어떤 변화가 확산되는 사건에 대해서 자동으로 반응한다. 마이크로소프트의 Rx$^{Reactive\ Extensions}$ 라이브러리 등으로 인해서 반응형 프로그래밍에 대한 관심이 매우 높아졌다. [6, 7]

이러한 반응형 프로그래밍은 우리가 이 책에서 살펴본 내용인 스톰의 토폴로지나 액터와 CSP가 사용하는 메시지 전달에 기초한 접근 등과 겹치는 부분이 많다.

---

3 http://mozart.github.io
4 http://en.wikipedia.org/wiki/VHDL
5 http://en.wikipedia.org/wiki/Verilog
6 https://rx.codeplex.com
7 https://github.com/Netflix/RxJava

9.2.4 함수형 반응형 프로그래밍

함수형 반응형 프로그래밍functional reactive programming은 시간을 명시적으로 모델링하는 방식으로, 함수형 프로그래밍을 확장한 일반적인 반응형 프로그래밍의 특수한 버전이다. 앨름Elm[8]은 브라우저 내에서 동작하면서 동시적인 버전의 FRP를 구현한다. 이것은 core.async와 마찬가지로, 사건을 처리할 때 종종 마주치는 콜백 지옥을 피하는 방법을 제공해준다. 앨름은 이 시리즈의 다음 책에 해당하는 『Seven More Languages in Seven Weeks』[9]에 나와 있다.

9.2.5 그리드 컴퓨팅

그리드 컴퓨팅은 분산 클러스터를 구축하기 위해서 노드를 매우 느슨하게 결합하는 접근 방식이다. 그리드의 요소들은 대개 매우 다양한 성격을 갖고 있으며, 지리적으로 흩어진 노드들이 필요할 때마다 자유롭게 그리드에 참여하거나 그리드를 떠날 수 있다.

그리드 컴퓨팅의 예로 가장 잘 알려진 것은 아마 누구나 자유롭게 다양한 프로젝트에 자신의 컴퓨팅 파워를 기부할 수 있도록 해주는 SETI@Home 프로젝트일 것이다.[10]

9.2.6 튜플 공간

튜플 공간은 프로세스 사이의 커뮤니케이션을 구현하는 데 사용될 수 있는 분산 연합 메모리distributed associative memory의 한 형태다. 튜플 공간은 처음에 (1990년대에 내 박사논문 주제였던) 린다 조율 언어Linda coordination language에 의해서 처음으로 소개되었고, 현재 튜플 공간에 기초해서 개발되고 있는 시스템이 여럿 존재한다.[11, 12, 13]

---

8 http://elm-lang.org

9 Bruce A. Tate, Fred Daoud, Jack Moffitt, and Ian Dees. 『Seven More Languages in Seven Weeks』. The Pragmatic Bookshelf, Raleigh, NC and Dallas, TX, 2014.

10 http://setiathome.ssl.berkeley.edu

11 http://en.wikipedia.org/wiki/Linda_(coordination_language)

12 http://river.apache.org/,

13 https://github.com/vjoel/tupelo

9.3 여러분 차례다

나는 자동차광이기 때문에 매 장마다 자동차와 관련된 비유를 들었다. 자동차와 마찬가지로 프로그래밍 문제들은 여러 모습과 크기로 다가온다. 여러분이 작성하는 프로그램이 초경량 레이싱 카인지, 대량생산된 가정용 세단인지, 혹은 거대한 트럭인지와 상관없이, 내가 확신을 가지고 말할 수 있는 것은 앞으로 병렬성과 동시성이 점점 더 많이 중요해질 것이라는 점이다.

이 책에서 소개한 내용을 직접 사용하든 사용하지 않든 지금까지 살펴본 서로 다른 접근 방식과 테크놀로지가 여러분이 미래에 수행하는 프로젝트를 성공으로 이끄는 데 어떤 혜안과 도움을 줄 것을 진심으로 희망한다. (스레드) 안전운행을 하시길!

INDEX

INDEX